KB202211

마케터를 위한 **에스노그라피**

질적 조사 시대를 사는 마케팅 담당자의 생존전략

ETHNOGRAPHY FOR MARKETERS by Hy Mariampolski

Copyright © 2006 by Sage Publications, Inc.

All rights reserved.

This Korean edition is published by arrangement with Sage Publications, Inc., Thousand Oaks, California, through Duran Kim Agency, Seoul.

이 책의 한국어판 저작권은 듀란킴 에이전시를 통한 Sage Publications과의 독점계약으로 (주)일조각에 있습니다.
저작권법에 의하여 한국 내에서 보호를 받는 저작물이므로 무단전재와 무단복제를 금합니다.

마케터를 위한 에스노그라피

ETHNOGRAPHY FOR MARKETERS

질적 조사 시대를 사는 마케팅 담당자의 생존전략

하이 매리엄폴스키 지음

이용숙 · 한경구 · 전승우 · 김용욱 · 채주헌 옮김

일조각

일러두기
* 는 옮긴이 주입니다.

머리말

　오늘날 마케팅 리서치 담당자에게 가장 큰 도전은 조사결과를 기업의 의사결정자가 직면한 전략적 결정과 어떻게 잘 연계하여 가치를 산출할 것인가라는 점이다. 에스노그라피*의 활용은 소비자를 '자연스러운' 환경에서 관찰하고, 이러한 만남을 통해 브랜드나 제품의 범주 자체를 변형하는 아이디어를 얻음으로써 이러한 도전에 대응하는 방법이다.

　에스노그라피는 실험실 안이 아니라 실험실 밖에서, 즉 사람들이 생활하고, 먹고, 쇼핑하고, 일하고, 노는 장소인 가정, 사무실, 매장, 거리에서 이루어지는 리서치이다. 에스노그라피는 소비자들의 만족, 좌절, 그리고 한계에 대하여 어떤 연구방법보다도 총체적이며 정교한 시각을 갖게 해주는 연구방법이다. 에스노그라피는 소비자들의 언어, 신화, 열망, 통찰 등을 꿰뚫

_____

* ethnography 는 흔히 그 어원을 고려하여 '민족지'라고 번역하며 학자에 따라 '문화기술지' 또는 '민속지'라는 용어를 사용하기도 한다. 외래어표기법에 따르면 '에스노그래피'로 표기해야 하지만 이 책에서는 한국에스노그라피연구소의 용례에 따라 '에스노그라피'라고 표기한다.

어보는 능력을 갖게 하므로 전략적 사고가들과 브랜드 기획자들이 제기하는 가장 어려운 도전에 대응할 수 있는 방법이다.

에스노그라피는 최근에 마케팅 리서치 관련 의제의 총아로 부상했는데, 이는 상품이나 서비스를 만들고 파는 사람들을 소비자와 새로운 방식으로 만나게 해주기 때문이다. 현장연구, 자연주의적 연구, 관찰적 연구, 맥락 연구 등의 이름으로 불리는 에스노그라피라는 방법론을 통해 마케터는 상품이 실제 사용되거나 서비스가 제공되거나 이익이 발생하는 구체적 이유와 상황을 탐색할 수 있다.

이 책의 목적은 에스노그라피의 근간이 되는 이론적 관점들을 개관하고, 상품 마케팅 및 커뮤니케이션 관련 결정 과정에서 매우 유용한 정보를 산출하는 분석적 접근방법을 제시하는 것이다. 더불어 '질문의 한계'와 같은 문제들을 검토함으로써, 자연주의적 및 맥락적 리서치로 대체되어 가고 있지만 마케팅 리서치 분야에서 여전히 더 우세한 인식론들에 대해서도 비평한다. 또한 최근 에스노그라피의 혜택을 보고 있는 새로운 마케팅 리서치 응용 영역에 대해서도 살펴본다. 이는 일종의 틈새시장으로서, 예를 들어 지역적 하위문화나 에스닉 하위문화, 유통환경 기획, 컴퓨터 기술을 위한 사용자 인터페이스 디자인 등이 있다.

무엇보다도 이 책은 에스노그라피 활용 연구에 임하는 학생, 회사, 에이전시, 연구 컨설턴트 들의 훈련과 참고용 자료로 기획되었다. 이러한 맥락에서 이 책은 이들에게 다음과 같은 도움을 줄 수 있을 것이다.

- 프로젝트의 계획, 수행, 보고에 대해서 논의할 때 공동의 언어를 사용할 수 있다.
- 프로젝트를 시행할 때 일관된 단계별 시스템을 만들어낼 수 있다.
- 여러 도시 또는 여러 나라에서 이루어지는 프로젝트가 정교하고 일관되게 운영되도록 조정하는 명확한 관리구조의 성립을 촉진한다. 상세한 관리체계가 성립되어야 예상치 못한 문제가 생겼을 때 효과적으로 빨리 해결할 수 있다.

- 지역의 조건이나 프로젝트의 독특한 요구에 맞출 수 있도록 융통성과 협상의 여지를 충분히 주면서도 에스노그라피를 수행하거나 수집한 자료를 분석할 때 일정한 원칙을 공유할 수 있다.
- 연구를 발주한 의뢰인이 프로젝트의 전 과정에 참여하면서 연구를 진행하는 이들을 모니터하거나 통제할 수 있도록, 일반적으로 에스노그라피에서 얻을 수 있는 바를 알려 준다.

이 책은 에스노그라피라는 분야에 대해서 추상적인 논의를 하는 데 많은 지면을 할애하지 않는다. 이를 다룬 책들은 이미 많이 나와 있다. 이 책은 에스노그라피 활용 연구를 곧 시작해야 하거나 고려하는 중으로서, 구체적이고 실질적인 자문과 안내가 필요한 사람들을 위한 것이다.

이 책은 네 부분으로 나누어져 있다. 제1부에서는 에스노그라피의 배경에 대해서 기술한다. 제2부에서는 에스노그라피의 시행 단계와 전반적인 얼개를 소개한다. 제3부에서는 자료 수집과 해석 및 현장방문과 관련된 모든 요소들을 관리하는 방법을 설명한다. 제4부에서는 에스노그라피적 자료를 효과적으로 표현하는 방법에 대한 가이드라인을 제시한다. 이 책 전체에 걸쳐서, 어떠한 종류의 에스노그라피 연구를 하건 간에 부딪히게 되는 결정지점decision points에 대하여 살펴보고, 현장연구와 자료 수집 중에 드러나는 문제들을 해결하는 데 필요한 가이드라인을 제시한다. 이를 구체적으로 설명하기 위해 실질적이며 전략적인 문제들이 해결되는 과정을 보여 주는 사례연구들을 살펴볼 것이다.

이 책에 실린 나의 작업은 지속적이고 공동체적인 과정의 성과물로서, 조사연구를 의뢰한 고객들의 높은 기대수준과 에스노그라피 연구의 수행 절차와 과정을 끊임없이 개선하려는 우리의 노력을 통해 이끌어낸 것이다. 또한 현장연구를 할 때, 비록 순진하고 어설픈 방문객이 오더라도 기꺼이 자신들의 습관과 생각을 공유해 주는 협조적인 연구참여자*들에게 인간적인 관점으로 다가서야 함을 강조하고 있다(이에 대해서는 Mariampolski 1988, 1998, 1999 참조).

20여 년간 수십 개의 조사연구를 수행하고 30여 년간 교육 및 훈련을 해 온 만큼, 내가 고마움을 표시할 이들과 동료들이 무척 많다.

나의 첫 번째 에스노그라피 연구는 퍼듀 대학교의 사회학 및 인류학과 대학원재학 당시 수행한 참여관찰 과제였다. 내가 관심을 두었던 국제적 연구에 이 접근법을 적용할 수 있겠다는 전망에 영감을 받은 나는 20세기 초에 도입된 이스라엘의 협동농장 체제인 키부츠에서의 이데올로기 변화를 분석하는 에스노그라피 연구를 1973년부터 1974년까지 2년에 걸쳐 수행했다. 이 경험은 내가 에스노그라피의 유망함과 문제점을 동시에 깊이 인식하는 계기가 되었다. 당시 나의 멘토이자 지도교수였던 월터 허시 교수와 딘 크누센 교수는 항상 나를 지지해 주는 인정 많고 사려 깊은 분들이었다.

나는 캔자스 주립대학교 대학원 조교수로서 처음 에스노그라피 방법을 가르치기 시작했다. 이 책의 앞부분 내용 중 일부는 수업 과제물이나 학위 논문을 쓰기 위해 연구를 수행할 때 현실적인 딜레마에 부딪힌 학생들을 돕던 이 시기의 경험에 기반했다.

1980년대 초에 나는 전문직업으로서의 시장 리서치라는 더 푸른 초원으로 나가기 위해 퀄리데이터 리서치 주식회사QualiData Research Inc.를 설립하고 학계를 떠나기로 결정했다. 그러나 마케터를 위한 응용적 연구기술로서의 에스노그라피의 유용성을 고객들에게 확신시키기까지는 그 후로도 상당한 시간이 걸렸다. 당시에는 질적 연구방법으로서 포커스 그룹focus group 면담이 주로 사용되었고, 에스노그라피는 인지도와 실제 적용 면에서 이제 막 성장

---

* 어떤 문화인류학자들은 연구의 주체와 객체의 확연한 구분에 불편함을 느껴 '연구대상자'라 는 용어 대신에 '현장(사회)구성원' 또는 '연구참여자'라는 표현을 사용한다. 이 책에서 말하 는 '연구참여자'는 연구진에 참여한 공동연구자가 아니라 현장의 구성원으로서 관찰이나 인 터뷰의 대상이 되는 사람들, 전통적인 용어로 '연구대상자'를 의미한다.

하는 중이었다. 감사하게도, 이제는 모든 하위산업 영역subindustry에서 에스노그라피 조사를 통하여 소비자와 관계를 맺으려는 움직임이 생겨나게 되었다. 개척자적인 생각으로 우리를 지지해준 초기 퀄리데이터 사의 고객들인 알렉스 러챈스, 빌 스택, 클로디아 슈워르츠에게 감사의 인사를 전한다.

이 교재의 기본 구상 중 많은 것들은 오랫동안 마케팅 리서치 연합체를 대상으로 한 교육과 훈련, 강연을 하는 가운데 개발되었다. 나의 두 번째 집이나 다름없는 질적연구자문연합회The Qualitative Research Consultants Association; QRCA에서 나는 내 관점을 수많은 이들과 공유할 수 있었다. 전문적인 조사 연구원들의 세계적 조직인 ESOMAR는 우리의 국제적 워크숍인 '에스노그라피와 관찰 연구: 문화분석 도구를 소비자 연구에 적용하기'라는 공개행사들을 주관했다. 공동 강연자였던 필리 드사이와 끊임없는 지지를 보내준 애나 알루, 빅토리아 스티븐에게 감사드린다. 광고연구재단The Advertising Research Foundation은 계속 진화 중인 에스노그라피 방법론에 대한 내 생각들을 발표할 수 있는 포럼을 열어 주었다.

미국 이외의 나라에서 강연한 경험은 개인적으로 매우 유익한 기회였을 뿐만 아니라 다른 문화의 이해 범위 내에서 나 자신에게 도전하고 또 도전받는 기회가 되었다. ESOMAR 외에도 나는 남아프리카, 호주, 뉴질랜드, 중국 등 세계 각국의 마케팅 리서치 조직들(South Africa Market Research Association, The Market Research Society of Australia, The New Zealand Market Research Society, China Market Research Association)의 초청을 받아 이 나라들을 여행하고 강연도 했다. World-Class Qualitative Research TM에서 나의 양심이자 협력자인 팻 사비나는 그 여정을 함께한 사람이자 공동 강연자였다.

나는 12년 넘게 조지아 대학교 테리 경영대의 마케팅 석사과정 자문위원회에서 일해 왔다. 그 기간 동안 내가 준 것보다 훨씬 많은 것을 얻을 수 있었음에 감사드린다. 이 프로그램을 이수한 학생들은 데이터 마이닝data mining*이나 다중회귀분석만큼이나 에스노그라피를 비롯한 여러 질적 방법들에 대해서도 정통할 만큼 성장했는데, 이는 매우 의미 있는 성취임에 틀림없다. 이처럼 훌륭한 '질적조사자들qually'이 나오는 데에 크게 공헌한 엘런 데이 교수는 이 책을 만드는 데도 매우 큰 도움을 주었다. 지금은 윈스럽 대학교에 근무하는 카라 리 오클센 피터스 교수 역시 소중한 길잡이가 되어 주었다.

이 책의 각 절을 정리하는 데 연구조교인 베로니카 크리스웰과 리사 하디의 도움이 컸다.

내 인생의 파트너이자 사업 동료인 샤론 울프는 언제나 나의 바위이자 하늘이었다. 그녀는 이 책의 내용에 대해 귀중한 조언을 해주었고, 내가 글을 쓰기 위해서 시골 오두막에서 지내는 동안 회사에서 내 빈자리를 채워 주었다. 그녀에게 감사를 표한다.

---

* 대규모로 저장된 데이터 내에서 체계적이고 자동적으로 통계적 규칙이나 패턴을 찾아내는 등 이전에 발견되지 않았던 데이터들 간의 상호관계를 분석하는 방법이다.

옮긴이의 글

　최근 마케팅 조사에서 에스노그라피ethnography 방법론이 급속도로 확산되고 있다. 서구 업체에서 에스노그라피를 본격적으로 활용하기 시작한 때가 1980년대인데, 불과 10여 년 후인 1990년대에 이미 기업체에서 에스노그라피 전문가를 고용하는 것이 일반화되기 시작했으며, 정성조사를 하는 회사에서는 어떤 형태로든 에스노그라피적 작업을 조사에 포함시키게 되었다. 이처럼 에스노그라피가 확산된 가장 중요한 이유는, 에스노그라피가 소비자들이 '원하는 것뿐만 아니라 앞으로 무엇을 원할지'도 알려 준다는 이점이 있다고 인식되었기 때문이다. 2000년대에 들어서자 에스노그라퍼ethnographer의 임용이 더욱 일반화되어서, 2006년에 인텔은 24명, 마이크로소프트는 20여 명의 에스노그라퍼를 임용했다.

　1990년대 중반 이후 각종 신문 헤드라인과 뉴스, 다큐멘터리, 경영학 잡지 등에서 특집으로 기업이 소비자를 '정말로 이해하기' 위한 '새로운' 수단으로서 에스노그라피를 활용하고 있다는 내용의 기사들이 자주 게재되었다. 마케팅이나 소비자 관련 분야의 학술저널에서도 에스노그라피에 대한 관심이 계속 높아졌다. 2006년에는 *Journal of Advertising Research*가 한 호 전체를 에스노그라피적 연구에 할애하는 특별호를 발간했고, 최근 *Journal of Consumer Research*에 실린 논문의 20퍼센트 이상이 에스노그라피 접근법을 활용한 연구이다. 미국의 마케팅 연구에서 에스노그라피는 더 이상 '일부 연구자의 대안적 시도'가 아니라 '주류 연구' 중 하나로 여겨지게 되었다.

서구와 같은 수준은 아니지만 우리나라에서도 일부 대기업의 마케팅 부서와 리서치 회사에서 몇 년 전부터 문화인류학 전공자를 고용하여 참여관찰을 포함한 마케팅 조사를 맡기고 있다. 또한 여러 대기업 연구소 연구원들이 고객을 통찰하는 능력을 얻기 위해서 인류학적 조사가 필요하다는 주장과 함께 조사기법을 소개하는 논문들을 지난 수년간 지속적으로 발표해 왔다.

이처럼 에스노그라피에 대한 관심이 급격히 커지고 있지만 우리말로 된 참고서적은 많지 않았다. 이러한 현실에서 이 책은 실무자는 물론 학자나 학생 등 마케팅 에스노그라피의 실제에 관심이 있는 사람들에게 매우 유용할 것이다. 마케팅 에스노그라피 연구방법을 구체적이면서도 이해하기 쉽고 재미있게 소개했기 때문이다. 특히 대학교수를 역임하고 이후 수십 년간 에스노그라피 조사에 중점을 둔 리서치 회사를 운영해 온 지은이의 폭넓은 경험이 그대로 녹아든 다양하고 구체적인 사례들이 적재적소에 배치되어 있다.

옮긴이들은 3년 전 마케팅 에스노그라피 스터디를 하면서 이 책을 교재 중 하나로 사용했다. 이 책의 유용함에 감탄한 우리는 하나같이 매우 바쁜 상황에도 불구하고 이 책을 번역하기로 결정했다. 몇 개월 만에 초벌 번역을 완성했으나, 회의를 하면서 한 장후씩 번역문을 다듬어 나가는 데 1년, 일조각 편집부의 조언에 따라 전체적으로 번역문을 검토하고 덕성여대 이응철 교수님의 제언을 반영하여 또다시 다듬는 데 거의 1년이 걸렸다. 이처럼 좋은 번역을 위해서 최선을 다했으나 지은이의 의도가 잘못 전달된 부분이 있다면 전적으로 옮긴이들의 책임이다. 다만, 사회학과 인류학을 통합하여 박사과정에서 훈련을 받은 지은이의 배경으로 인하여 인류학 전공자인 옮긴이들이 보기에 용어를 약간 다르게 번역하는 것이 더 적절하다고 판단한 경우에는 용어를 바꾸거나 옮긴이 주에서 바꾼 이유를 설명했다. 예를 들어 지은이는 '참여관찰participant observation'이라고 해야 알맞은 곳에서 '관찰observation'이라는 단어를 사용하거나 참여관찰의 대상인 '연구참여자'를 '응답자respondent'라고 표현했다. 이에 따라 옮긴이들이 맥락에 알맞게 용어를 번역하고 설명을 달았다.

이 책이 나오기까지 많은 분들의 도움이 있었다. 우선 '소비자 행동 연구를 위한 에스노그라피 활용방안 연구'(한국연구재단의 2009년도 기초연구과제 연구비 지원 연구)의 공동연구자(이용숙·유창조·김영찬)로서 마케팅 에스노그라피 스터디 모임을 시작하도록 지원해 주신 동국대학교 경영대 유창조 교수님과 연세대학교 경영대 김영찬 교수님께 감사드린다. 또한 번역문 전체를 두 차례나 꼼꼼히 읽어 주시고 제언해 주신 덕성여대 문화인류학과 이응철 교수님께도 감사드린다. 마지막으로 스터디 모임을 함께 하면서 처음 번역할 때 많은 도움을 주신 전하민 선생님(당시 서울대학교 인류학과 대학원생이었으며, 현재 LG전자 마케팅 리서치 부서 근무), 그리고 출판과정에서 지원을 아끼지 않으신 일조각 사장님께 감사드린다.

2012년 6월
옮긴이 일동

차례

제4부 분석과 발표

부록

#1

배경

1
에스노그라피를 마케팅 담당자에게 소개하기

에스노그라피 조사연구의 목적은 지난 100여 년간 이루어진 인류학 및 사회학의 연구를 바탕으로 기업의 중요한 문제를 해결하기 위해 마케팅 담당자, 디자이너, 기획 담당자들을 소비자에게 되도록 가까이 다가가게 하는 것이다. 소비 현장을 방문하고 소비자가 익숙한 거주환경에서 소비자를 만나는 것은 마케팅 에스노그라피의 핵심적인 부분이다. 에스노그라피는 소비자에게 익숙한 환경에서 그들의 자연스러운 행동을 관찰하고 의견을 직접 청취한 결과를 해석함으로써 기업의 조사 담당자들과 기업 내부의 동료들이 소비자의 욕구와 소망을 통찰할 수 있도록 돕는다. 소비자와 나누는 격식을 갖춘 상호작용뿐만 아니라 자연스러운 상호작용 또한 마케팅 에스노그라피의 기초 자료가 된다.

마케팅에서 에스노그라피는 목표시장targeted market에 대한 지식이 없거나, 특정한 시장이나 소비자의 행위에 대한 신선한 통찰이 요구될 때 효과적인 방법이다. 특정 시장에 대해 일반적으로 알려진 사실들은 실질적인 수명이 매우 짧아 그리 오래 도움이 되지 않는다. 오늘날 사회 변화는 모든 곳에서 일어나고 있으며, 세계 어디서나 사람들은 기술, 경제구조, 정치제도상의 발전에 지속적으로 적응하고 있다. 사람들은 인생이 흘러감에 따라 변화하는 건강, 가족 구성, 공동체에서의 역할, 일과 여가의 관계 등의 새로운 현실에 적응하고 있다.

시장을 이렇게 동태적으로 생각할 경우 우리는 종종 우리의 소비자들을 새롭게 다시 파악해야 할 필요성을 절감하게 된다. 소비자들에 대해 우리가 모든 것을 파악했다고 생각했던 지난번 작업 이후 너무나 많은 것이 변했을 수 있다. 첫 아기가 태어나자 올빼미 체질이던 사람은 기저귀를 갈게 되었고, 회사를 그만두고 창업한 사람은 이제 사무용품 대형 판매장을 기웃거리고 있다.

다국적 연구 및 비교문화적 연구는 에스노그라피적 접근에 매우 적합하다. 사람들은 고용의 기회와 자유를 찾아서 전 세계적으로 이동하고 있으며, 생산과 소비의 세계화는 계속 진전되고 있다. 세계 어디서나 소비자들은 생산성과 라이프스타일을 향상시킬 수 있는 새로운 기회를 잡고 있다. 우리가 새로운 시장의 현실을 발견하기 위해 노력하는 상황에서, 에스노그라피는 소비자에게 이미 익숙한 제품이든 혹은 사용법을 새로 배워야 하는 제품이든, 소비자의 실제 관행을 기록하는 데 매우 유용한 도구이다.

에스노그라피적 접근이 필요한 연구 주제는 집안 청소 등 개인 생활 관리, 구매 결정, 음식 준비 등 매우 과정 집약적인 것들이다. 아기 돌보기, 세일즈 협상, 의사−환자 관계, 게임 등 상호작용이 중심이 되는 행위도 에스노그라피를 적용하기에 적합한 대상이다. 사람과 사람 간의 상호작용뿐만 아니라, 기계의 기술적 수준에 상관없이 기계와 사람 간의 상호작용도 연구 주제가 된다. 예를 들면 컴퓨터 내비게이션, 금전 거래, 의료 기기의 사용 등이 여기에 해당한다. 에스노그라피는 본래 그 행위가 일어나고 있는 장소에 주목하기 때문에 소매점, 가정 및 기업, 공항이나 병원, 학교 등 공공시설의 환경 및 행위를 평가하는 데에도 적합하다.

1. 기원

에스노그라피는 20세기 초에 학자들이 사회적 삶과 사회제도를 과학적으로 연구하기 시작하면서 발전했다. 실제로 태평양의 북서해안이나 남태평양 등의 전통사회를 찾아가 그 세계의 삶에 깊이 빠져들어 감으로써 프란츠 보아스Franz Boas, 브로니슬로 말리노스키Bronislaw Malinowski, 마거릿 미드Margaret Mead, 루스 베네딕트Ruth Benedict [1] 등은 현재 지구상의 어디에든 적용되는 접근법을 새로이 발전시키는 데 크게 공헌했다. 이 개척자들의 의도는 자연과학에서 사용되고 있던 탐색 도구들, 즉 직접 관찰, 엄밀한 측정, 분류, 비판적 탐구 등을 다양한 인간 사회의 연구에 활용하는 것이었다. 이들의 목적은 사회적 개입도 아니었고 (하늘에 맹세코!) 상업적 개입도 아니었다. 오히려 이들은 인간의 본성, 사회적 협력, 일상생활의 영위 등에 관한 근본적인 진리를 발견하고자 했다.

에스노그라피적 접근이 지지자들을 확보하는 데 성공하면서 이 접근법은 소위 이상야릇한 미개인들의 사회만이 아니라 지극히 현대적인 도시 환경 속 일상생활을 분석하는 데에도 점점 더 빈번히 사용되고 있다. 시각 또한 사회생활을 정태적으로 보던 것에서 동태적으로 파악하는 방향으로 변화했다. 달리 말하자면, 사회집단들을 고립되고 변화하지 않는 이상야릇한 흥밋거리가 아니라 적응과 전파와 갈등을 통해 끊임없이 문화적으로 변화할 수밖에 없는 존재로 보게 되었다는 의미이다. 허버트 간스Herbert Gans (1967), 오스카 루이스Oscar Lewis(1965), 엘리엇 리보Elliot Liebow(1967) 등 1960∼1970년대 인류학자들의 연구를 통해서 에스노그라피는 지역 개발 계획이나 빈곤 대책 등과 관련된 문화적 쟁점들을 탐구하게 되었다. 에스노그라피를 현대의 도시 연구에 적용한 것은 1920년대 시카고학파의 작업(Wirth 1928, 1956;

Zorbaugh 1929, 1976)에서 비롯되었다.

새로운 도시 에스노그라피^{urban ethnography}는 현대사회가 다양하고 때로는 상호 갈등을 겪는 다수의 문화집단으로 구성된다는 사실을 인정한다. 각 문화집단들은 가족이나 민족의 유대를 통해서뿐만 아니라 사회적 계급, 연령, 성적 취향, 소비 패턴 등의 특성으로도 서로 연관되어 있다.

1980년대에 이르기까지 에스노그라피의 기법과 이와 관련된 문화를 바라보는 시각들은 소비자 조사 및 마케팅 조사에 점점 더 많이 활용되었다. 마케팅학 내에서 에스노그라피는 소비자의 역할에 대한 통찰력을 얻고 의식과 정체성이 어떻게 제품 및 브랜드의 사용과 밀접하게 연계되는가 등을 연구하는 일련의 도구로 진화하기에 이르렀다.

이즈음 에스노그라피 접근법의 활용 방식이 크게 달라지기 시작했다. 응용 연구의 영역에서는 에스노그라피 작업을 수행하는 사람이 지역공동체에 장기간 거주하면서 일정한 역할을 획득하고 수많은 주민들을 직접 면담하거나 이들과 상호작용을 하는 등의 활동이 꼭 필요하지 않게 되었다. 로렌스 와일리^{Laurence Wylie}(1976)의 『보클뤼즈의 마을^{Village in the Vaucluse}』은 사회학자가 자신의 가족과 함께 프랑스 남부의 어느 조그만 읍내에 장기간 거주하면서 수행한 전통적인 에스노그라피 연구의 모범 사례이다. 그는 한 마을이 여러 해에 걸쳐 산업화를 겪으면서 변화하는 모습을 추적하여 묘사했다. 윌리엄 콘블럼^{William Kornblum}(1974)은 시카고 남부의 어느 지역공동체에서 거의 3년 동안 살면서 대부분이 노동자인 이웃주민들의 정치적 감정을 관찰했다.

전통적인 에스노그라피는 조사자 개인의 주관적 경험에 기반을 둔 귀납적인 분석을 요구한다. 이와 대조적으로 응용적 접근법은 상대적으로 짧은 기간에 복수의 조사자로 구성된 연구팀이 집중적인 관찰을 수행하는 방법을 사용하기 시작했는데, 때때로 연구대상자 한 명에 대해 겨우 몇 시간만 할애하기도 한다. 귀납적인 분석 과정은 백화점 쇼핑이나 세탁행동 등 상대적으로 별개 영역의 경험을 설명하는 방법으로 변형되었다. 마케팅 목적으로 에스노그라피 연구 비용을 부담하는 사람들은 짧은 기간 내에 조사를 수행해 소비자의 환경을 신속히 평가해줄 것을 요구했다.

이러한 적응이 시작된 이유는 명백하다. 에스노그라피적 접근이 신제품 개발이나 전략적 마케팅의 기초작업 등 개입 전략의 기반을 제공하기 시작했기 때문이다. 브랜드 및 제품의 범주와 관련하여 소비자의 행동, 감정, 의식, 언어 등을 학습하는 것은 마케팅이라는 모험적인 작업의 출발점이 되었다(Hirschmann 1989; Mariampolski 1988).

더구나 제품에 대한 만족의 원천, 사용의 편의, 진입 지점, 영향과 감수성의 동태적 관계 같은 쟁점을 분석하는 작업은 대중을 조작하려는 엄청나게 냉소적인 전략이 아니었다. 오히려 이러한 통찰력은 마케팅과 제품 개발에 관한 새로운 소비자 중심적 접근법의 본질이었다. 시어도어 레빗Theodore Levitt(1983)은 "기업의 목적은 소비자를 창조하고 유지하는 것이다."라고 주장한 바 있다. 도널드 A. 노먼Donald A. Norman(1990)은 유용한 제품을 디자인하고자 한다면 "사용자의 욕구needs"와 "사용자 친화성"을 염두에 두라고 요구한다. 그 결과 현대의 시장marketplace에서는 기업들이 소비자의 욕구를 예견하고 충분히 만족시키기 위해 노력하며, 분명한 혜택을 전달하고, 무엇보다도 구매자를 사업 파트너로 만들고자 노력하게 되었다. 에스노그라피는 기업이 투자를 할 때 소비자의 목소리를 반드시 반영하는 데 필요한 또 하나의 접근방법이 된 것이다.

2. 현대적 정의

마케팅과 관련해 논의할 때 에스노그라피란 일반적으로 두 가지 상호 보완적인 의미 가운데 하나를 뜻한다. 에스노그라피는 이를 하나의 지적 접근법 또는 분석적 틀로 보는 입장과, 하나의 응용 가능한 실제 관행의 모델로 보는 입장에 따라 달리 정의된다.

❖ 이론

에스노그라피는 소비자의 역동성을 분류하고 설명하는 주요 분석도구로서 문화의 개념 및 문화와 관찰된 행위와의 관계에 주목하는 이론적 시각이다. 이러한 맥락에서 문화는 사물과도 같은 존재가 아니라 세계관이나 가치체계의 기초로서, 안정된 면과 역동적인 면을 모두 가질 수 있고 사람들의 자아관념 및 일상생활에서 사람들의 역할에 의미를 부여하기도 한다. 문화는 사람들의 개인적 의식, 이상, 열망 등의 뼈대가 되는 물질적·지적 환경의 주요 구성요소이기도 하다.

행위의 인과관계를 설명하는 이 같은 사회문화적 시각은 시장에서의 행동을 형성하는 요인으로서 동기, 본능적 욕구, 일시적 충동 등을 강조하는 정신역동학적psychodynamic 시각과 흔히 대조된다. 사회문화적 시각 및 상황적 시각을 배제한 채, 순수한 심리적 근거만으로 소비자의 선택을 설명하는 종합적인 패러다임을 세우는 것은 사실상 불가능하다. 구매자의 일시적 충동은 개인적 욕구를 충족하기 위하여 발생할 수도 있으나 이러한 역동관계는 본능적 충동에 영향을 주고, 이를 지지하고, 수정하고 또는 억제하는 사회구조와 문화적 규범을 통해 중재된다. 동기부여나 충동 때문에 고객이 판매장까지 올 수는 있으나 만일 브랜드 이미지, 표지, 상품화 계획 등이 기대에 미치지 못한다면 만족도는 높지 않을 것이다. 포괄적인 문화 개념은 질적 조사를 수행하는 이들이 성취하고자 하는 총체적인 통찰력을 강화해 줄 수 있다.

❖ 방법

에스노그라피는 제품을 구입하고 사용하는 소비자를 자연스러운 상황에서 직접 접촉하고 관찰하는 방법을 지향한다. '현실세계'를 직접 다루는 것을 규범으로 삼기 때문에 에스노그라피는 흔히 실험실에 기반을 둔 시장 분석 또는 전화 설문조사나 쇼핑몰에서 지나가는 사람을 붙들고 물어보는 기법intercept interview 등에 의존하는 확률적 및 통계학적 시장 분석과 대조된다. 또한 에스노그라피는 포커스 그룹focus group 조사 등의 다른 질적 연구 기법과도 대조되는데, 인위적으로 만들어낸 응답자 집단에 의존하지 않는다는 점에서는 다르지만 직접 소비자와 접촉한다는 정신은 공유한다고 할 수 있다.

그러나 에스노그라피적 방법론은 계량화를 전적으로 혐오하지는 않으며, 지식을 습득하는 다른 방법들에 공감하고 있다. 따라서 삼각기법triangulation 및 타당성 분석 기법으로서 통계적 측정법이나 집단 면담법 등을 연구에 사용하기도 한다.

3. 질적 조사로서의 에스노그라피

에스노그라피는 현장조사field research, 관찰조사observational research, 또는 참여관찰participant observation이라고 불리는데* 오늘날 질적 조사라는 범주로 분류되는 조사 전통의 원형이다.[2] 여러 마케팅 조사기법 가운데 에스노그라피는 가장 질적인 기법으로서, 지식을 습득하고 세상을 이해하는 데 있어 보다 인문주의적이고 자연주의적naturalistic이며, 창의적이고 직관적인 방식을 포괄한다. 이러한 맥락에서 에스노그라피는 집중 면담, 포커스 그룹, 생애사 분석, 기호학, 텍스트 분석 등의 조사방법과 많은 특징을 공유하는 동시에 대조되기도 한다. 에스노그라피는 1960년대 이후 질적 조사라는 용어가

---

* 이는 인류학보다 사회학 전통이 더 강한 프로그램으로 교육받은 지은이의 입장이 반영된 것으로, 인류학에서는 에스노그라피를 '관찰조사'라고 부르지 않는다. 또한 현장조사(현장연구)와 참여관찰은 다음 그림과 같이 에스노그라피에 포함되는 개념이지 동등한 개념이 아니다.

거의 전적으로 포커스 그룹 조사와 동일시되어 온 마케팅 조사 분야에서는 일종의 반란자의 도구처럼 간주되고 있다. 이와 대조적으로 인류학, 사회학, 그리고 여러 응용학문 분야에서는 에스노그라피 연구를 질적 연구의 전형으로 간주해 왔다.

질적 접근법으로서의 에스노그라피는 실제로 지식을 습득하고 조사연구를 수행하는 과정에서 다음과 같은 방향성들이 결합된 특성을 지닌다. 이들은 모두 연구대상이 되는 사람들의 시각을 통해 귀납이라는 과정을 거쳐 현실을 보여 주려 한다.

참여(앙가주망·Engagement): 에스노그라피의 응용적 실천은 연구대상자와의 집중적인 면대면 접촉에 기반을 둔다. 에스노그라퍼들은 연구보조원들이 표본으로 선택된 소비자와 30분 동안 전화로 대화하거나, 대화 내용을 설문지의 질문으로만 엄격히 제한하거나, 그 결과를 통계 분석으로 집계하는 방법을 통해 인간을 철저하게 이해할 수 있다는 전제를 경멸하는 경향이 있다. 이들은 이 같은 단계를 거칠 때마다 연구자가 연구대상자의 현실로부터 더욱더 멀어진다고 주장한다. 이와 대조적으로, 에스노그라피적 접근의 기초는 연구대상자들을 그들의 공간에서 그들의 방식으로 만나기 위해 가능한 모든 노력을 다하는 것이다.

맥락Context: 에스노그라퍼는 연구대상자를 가정이건, 동네건, 직장이건 그들의 환경 속에서 조우하는 것을 매우 중시한다. 이러한 점에서 에스노그라피라는 방법은 실험실에 기반을 둔 면담(면접) 및 관찰 방법과 상이하다. 여기에서 중요한 가정은, 연구대상자가 일상적 삶에서 경험하는 가장 구체적인 현실을 반영하는 것이 진정한 맥락이라는 점이다.

연구대상자 중심: 에스노그라퍼는 자신의 가정과 분석적 범주를 잠정적

으로 전면 중지하는 한편, 연구대상자들을 그들의 방식으로 이해하고자 시도한다. 즉 에스노그라퍼는 말리노스키가 남긴 "현지인의 관점, 그의 삶 속의 관계를 포착하고, 세계에 대한 그의 이상을 인식하라."라는 교훈(p.25)이나 다음과 같은 호텐스 파우더메이커Hortense Powdermaker(1966)의 말을 따르고자 노력한다.

> 사회를 이해하기 위해서 인류학자는 전통적으로 그 사회에 침잠하여 가능한 한 그 문화의 구성원처럼 그리고 동시에 다른 문화 출신의 훈련된 인류학자처럼 생각하고, 보고, 느끼고, 때로는 행동하는 것을 배우려고 해왔다. (p.9)

이러한 내부자 관점과 외부자 관점의 팽팽한 관계 속에서 연구자의 이해 수준이 높아지고 패턴, 유형, 모델 등을 볼 수 있는 능력이 확장된다. 에스노그라퍼는 연구대상자들을 통해 기존의 가설이 유효함을 확인하거나 확립된 이론의 타당성을 증명하기보다는 연구대상자의 삶의 세계를 전적으로 파고듦으로써 바니 글레이저Barney Glaser와 앤셀름 스트로스Anselm Strauss(1967)가 '근거 이론grounded theory'이라고 불렀던 것을 생성해낼 수 있다.

신속하게 평가해야 하는 연구팀들이 사용하는 에스노그라피 접근방법은 말리노스키 등이 보여준 모범적인 전통적 방법만큼 연구대상자의 세계에 들어가는 데 효과적이지는 않을 것이다. 그러나 이들도 이러한 이상과 목표에 도달하기를 갈망한다.

임기응변적이며 유연할 것: 에스노그라피의 기반이 되는 면담과 관찰 절차에서는 공식적인 방법과 임기응변적인 방법 모두가 사용된다. 에스노그라퍼는 현장에 들어갈 때 계획을 세우지만 현장에서 드러나는 현실에 맞추어 쟁점, 질문, 접근방법 등을 변경할 수 있다. 이러한 유연성이 있어야만 연구자는 현장에서 예상치 못하게 발견한 사실이나 뜻하지 않은 사건에 부딪

혀도 곧 현실에 적응할 수 있다. 이러한 능력은 설문조사의 가변성이 없는 질문지 방법과 대조적이다. 이 방법은 원래의 계획을 완전히 충실하게 따를 것을 요구하기 때문에, 현장에서 드러난 예상치 못한 발견이 초기의 가정과 어긋나는 경우 연구자는 매우 중요한 진실을 놓칠 수도 있다.

삼각기법Triangulation: 에스노그라퍼는 자신들이 새로이 얻는 지식에 비판적인 입장을 취한다. 이들은 흔히 삼각기법이라고 알려진 방법을 사용해 이중, 삼중으로 확인하여 증거를 확보하고 타당성을 확인한다. 즉, 복수의 연구대상자, 관찰자, 그리고 방법론적 도구(예를 들면 집중 면담, 비개입적 관찰 등)를 사용하여 사실을 검증하고 확립한다.

총체적Holistic: 에스노그라피는 종합적이며 포괄적이어야 한다. 에스노그라피는 태도에 대한 진술들의 통계학적 집계보다는 전형적인 연구대상자의 세계관을 철저히 맥락에 따라 이해하는 것을 목표로 한다.[3] 인류학과 사회학의 문화 개념을 기반으로, 에스노그라퍼들은 일상생활 속에서 연구대상자의 행위를 형성하는 내면세계와 외부세계의 요소들을 짜 맞추기 위해 노력한다.

4. 비교와 이점

에스노그라피 접근방법이나 관찰 접근방법은 포커스 그룹이나 개인 심층 면담 등 다른 질적 방법에 비해 전략적 통찰력을 생성하는 독특한 기회를 제공한다. 에스노그라피 방법은 조사의 목적이 총체적 이해이며 개방적이고 응답자가 주도하는 면담 전략에 주력한다는 점에서는 다른 질적 방법과 유사하다(예를 들면 Merton et al. 1990). 그러나 에스노그라피는 정보 수집 전략으로서 한층 더 가치를 높여 주는 차이점들을 갖고 있다.

현실에 기반을 둠 : 포커스 그룹과 심층면담이 실험실에 기반을 두는 경향이 있는 반면 에스노그라피는 연구참여자*가 제품을 사용하고 구입하는 등의 일상생활 속에서, 즉 연구참여자의 삶이라는 맥락 속에서 이루어진다. 게다가 연구참여자의 가정, 직장 또는 친숙한 공공장소 등에서 조사를 진행하기 때문에 연구참여자가 인위적으로 만들어진 상황이나 낯선 다른 연구참여자 등에 적응할 필요도 없다. 포커스 그룹은 편의에 따라 만들어진 집단이다. 응답자들은 서로 개인적 친분이나 감정이 전혀 없는 관계이다. 이와 대조적으로 에스노그라퍼는 자신의 가족이나 친구들 가운데 있는 소비자들을 관찰하여 통찰력을 얻는다. 포커스 그룹의 응답자들도 아침에 아이들에게 무엇을 먹였는지에 대해 이야기할 수 있지만, 에스노그라퍼는 연구참여자의 아침 식탁에 같이 앉아 정확히 어떤 일이 일어나는지를 목격할 수 있다.

관찰하기 : 에스노그라피는 전통적인 토론과 질문·답변 기법뿐만 아니라 자료 수집의 도구로서 바라보기looking를 사용한다. 그리하여 에스노그라피는 단지 소비자의 보고나 회상에만 의존하지 않고 행위를 직접 관찰하여 얻은 결과로 조사를 보완한다. 소비자가 스스로 털어놓는 이야기는 사람들끼리 서로 미치는 영향 때문에 이상화되거나 숨겨지거나 왜곡되기도 하며, 기

---

* 지은이는 'respondent'라는 용어를 사용했다. 이 용어는 일반적으로 '응답자'로 번역되지만, 에스노그라피의 연구대상자는 질문에 응답만 하는 것이 아니기 때문에 이는 적합한 번역이 아니다. 이 책에서 지은이는 면담 대상만이 아닌 관찰 및 참여관찰의 대상을 표현할 때에도 'respondent'라는 용어를 사용했다. 따라서 'respondent'를 대부분의 에스노그라피 조사 상황에 더 적합한 용어인 '연구참여자' 또는 맥락에 따라서 '연구대상자'로 번역했다. 이는 앞의 옮긴이 주에서도 언급했지만, 에스노그라피의 연구대상을 최근 '연구참여자'로 지칭하는 경우가 늘고 있다는 사실을 반영한 것이다. 또한 마케팅 에스노그라피의 경우 자발적인 참여 희망자 중에서 조사 대상자를 선정하는 것이 일반적이라는 점에서, '연구참여자'로 부르는 것이 적절하다고 보았다. 그러나 포커스 그룹 인터뷰나 일대일 면담 같은 상황에서의 연구대상자는 '응답자'라고 번역하는 것이 적합하기 때문에 이런 경우에는 '응답자'라고 번역했다.

억 자체가 희미한 경우도 있기 때문에 관찰은 행위의 패턴을 발견하고 확인하는 데 필요하다는 주장이 성립한다.

즉흥적: 에스노그라피 현장의 방문은 다른 면담 방법에 비해 조사자에 의한 구조화나 규제(지시)가 덜한 편이다. 에스노그라피가 진행될 때 소비자는 대개 일의 진행순서를 자유롭게 결정할 수 있으며, 관찰자는 이미 만들어진 가설을 검증하려 들기보다는 귀납적인 전략을 사용하여 통찰에 이르고자 한다. 연구대상자에 의해 자극받는 관찰을 하는 연구자는 전혀 기대하지 못했던 것들을 발견할 수 있다. 범주가 폐쇄적이거나 일련의 선험적인 기대가 중요한 부분을 차지하는 전통적인 조사에서는 이러한 점들을 발견하지 못할 수 있다.

종합적: 에스노그라피는 '일상생활 가운데 어느 하루' 또는 제품 사용이나 소비, 구입 주기 전체를 탐구하는 방법이다. 그 과정에서 에스노그라피는 다른 조사방법에서는 흔히 무시당하거나 기대되지 않는 세부사실이나 미묘한 차이 등을 잡아낼 수 있다.

맥락적: 에스노그라피는 전체 맥락과 제품 사용과 관련된 환경 전체를 설명하려 한다. 이는 실질적으로 조사 현장[site]이 개개인의 소비자와 마찬가지로 분석의 초점이 된다는 의미이다. 보통 식구들 간의 또는 사용자와 특정 맥락이나 상황 간의 상호작용이 제품을 사용하거나 구입 여부를 결정하는 과정에 영향을 미친다. 에스노그라피적 분석은 바로 이러한 본래의 환경[in situ]에서의 변수들을 설명하고자 한다.

참여(양가주망): 모든 질적 전략은 연구대상자와 직접 대면하고자 한다. 그 중에서도 에스노그라피는 시장조사자가 소비자에게 가장 가까이 다가가는 전략이다. 에스노그라퍼와 연구대상자(연구참여자) 간의 관계를 가로막지 않도록 최대한 노력해야 한다.

자발성^{Spontaneity} : 에스노그라피는 조사방법 중에서 연구자의 지시가 가장 적은 방법으로, 연구자는 거의 여과되지 않은 소비자의 자연스러운 모습을 볼 수 있다.

문화에 근거함^{Culturally grounded} : 에스노그라피 방법은 제품의 구입과 사용의 문화적 차원에 관심을 갖는다. 그것은 단순히 심리적 범주에만 의존하지는 않는다. 예를 들어 연구대상자(연구참여자)가 분투 중인지 혹은 억압되어 있는지 등은 각 문화집단 내의 맥락에 따라 타당할 수도 있고 아닐 수도 있기 때문이다.

행태적: 에스노그라피는 태도에 관한 자료뿐만 아니라 행동에 관한 자료도 제공한다. 에스노그라피는 소비자들이 '했다고 말한 것'이나 '하기를 원한 것' 외에 실제로 '하는 것'에 주목한다. 포커스 그룹이나 다른 면담에 기반을 둔 연구의 경우, 소비자의 이야기는 이상화되거나 사회적으로 승인된 일련의 행위를 대변하는 것에 불과할 수도 있다. 예를 들어 『뉴욕타임스』가 보도한 미국미생물학회^{American Society of Microbiology}의 연구에 따르면, 화장실에 다녀온 뒤에 손을 씻느냐는 질문에 대한 응답 결과(어느 전화 조사에서는 '그렇다'는 응답이 95퍼센트에 달했음)를 미국의 다섯 개 도시의 붐비는 화장실에서 실제로 사람들의 행동을 관찰한 결과와 비교해 보았더니 큰 차이가 있었다고 한다. 실제로는 여성의 67퍼센트, 남성의 58퍼센트만 손을 씻었는데, 이러한 사실은 응답자가 답변한 내용의 타당성이 낮을 수 있음을 증명한다(Dewan 2000).

맥락에 민감함Context sensitive: 에스노그라피는 가정, 상점, 사무실 등 제품이 본래 사용되는 맥락에서 제품 사용에 대한 정보를 제공하므로 조사자가 다른 사람이나 물리적 환경의 영향을 평가할 수 있다.

창의적Creative: (참여)관찰*조사를 통해 소비자의 행동에 대한 새로운 통찰력을 얻게 된다. 소비자를 바라보는 데 사용하던 렌즈를 바꿈으로써 놀랍고도 소중하며 기대하지 못했던 사실을 발견할 수 있다.

【주】

1. 에스노그라피라는 학문 분야의 역사를 상세히 설명하는 것은 이 논의의 범위를 벗어난다. 초기의 접근방법과 절차를 잘 요약한 이 분야의 고전은 루스 베네딕트의 『문화의 패턴 *Patterns of Culture*』(1934)이다.

2. 보그단과 테일러Bogdan & Taylor(1975)는 에스노그라피 방법의 기원을 19세기 중엽 프레데릭 르플레Frederick LePlay가 유럽의 가족과 지역공동체를 조사한 것이라 주장한다. 이 접근방법은 1920~1930년대에 주목받은 시카고학파의 연구를 통해 막스 베버의 지식사회학 Wissensoziologie과 융합되었으며, 1940~1970년대에 상징적 상호주의symbolic interactionism 와 민속방법론ethnomethodology 등의 다양한 관점을 가진 조사자들에 의해 더욱 발전되었다.

3. 로버트 머튼의 포커스 면담 관행은 실험실에 기반을 둔 조사와 현실세계에 기반을 둔 조사 양쪽을 위해 개발되었다(Merton, Fiske, Kendall 1990을 참조할 것).

---

* 지은이는 'observational research'라는 용어를 사용했지만 에스노그라피에서는 단순한 관찰만이 아니라 참여관찰participant observation이라는 개념을 매우 중시한다는 점에서 옮긴이들은 '(참여)관찰'이라는 표현을 사용했다. 이 책 전반에 걸쳐서 'observation'을 맥락에 따라서 '관찰', '참여관찰', '(참여)관찰'로 다양하게 번역했다.

2
지적 유산

에스노그라피 이론과 실행이 마치 충격파처럼 마케팅이라는 학문 분야에 퍼져 나가기까지 거의 100년 가까운 시간이 걸렸다. 왜 이렇게 오래 걸렸을까? 그리고 에스노그라피에 대한 최근의 인기는 어떻게 설명할 수 있을까?

그렇게 시간이 오래 걸린 것은 인간에 관한 일련의 모델과 가정의 근저에 거대한 정신적 장벽mental block*이 들끓고 있었기 때문이라 할 수 있다. 모델이란 어떤 사물의 모습이나 작용을 표상하는 개념이며 이미지, 즉 지적 창조물이다. 예를 들어 비행기 모델이란 실제 비행기의 축소판이며 사람이 탈 수 없는 것을 말한다. 이와 비슷하게, 사회과정 모델은 사람들이 일상사를 어떻게 꾸려 가는지, 선거 기간에 투표를 하는지, 자식들을 어떻게 교육하는지, 아침용 시리얼로 어떤 브랜드를 고르는지 등과 같은 사실들을 나타내는 일종의 관념idea이다.

---

* 감정적 요인으로 인해 생각·기억을 차단하는 것을 말한다.

가정은 실제 또는 상상된 사실로서 우리가 여러 가지 인간사를 생각하는 방식의 토대가 된다. 가정은 인식과 믿음의 초석으로서, 카드로 만든 집에 비유하면 가장 아랫줄에 해당한다. 그 줄을 잡아 빼면 전체 구조가 무너진다. 토론에서 상대방의 가정을 공격한다는 것은 단지 상대방의 주장을 조목조목 반박하는 것을 넘어서 상대방의 논리 전개와 신빙성의 근간 자체를 무너뜨리려는 시도이다. 소외된 청소년들은 자동차 범퍼에 "내가 조금이라도 신경 쓸 거라고 넘겨짚지 말 것"이라는 문구가 쓰인 스티커를 붙이곤 한다.

1. 마케팅이라는 학문영역과 사회과학

마케팅 분야는 발전된 시장 자본주의가 지배하는 체제 안에서 소비자의 선택과 연관된 역학관계를 이해하기 위해 여러 가지 사회과학 이론과 방법론에 관심을 가져 왔다. 이 과정에서 지금까지 여러 학문 영역에서 장시간에 걸쳐 진행되어 온 인식론적 가정들과 이와 연관된 여러 가지 논쟁이 이어지고 있다.

마케팅이라는 학문은 사람의 사고와 행동에 관한 실증주의자 모델과 깊이 연관되어 왔다.[1] 실증주의의 운영 기초를 이루는 가정은 실재하는 모든 것은 객관적으로 인식되고 열거될 수 있다는 견해에 기반을 두고 있다. 실증주의에 기반을 둔 사상가들은 이런 사고체계와 관련한 몇몇 추론들을 기정사실로 받아들인다. 즉, 어떤 사물에 대해 열거할 수 없다면 그것은 존재하지 않는다고 본다. 이들은 사회를 부분들이 맞물려 잘 돌아가는 폐쇄계closed system라고 여긴다. 아이들 방에 있는 레고 구조물을 떠올리면 이해하기 쉬울 것이다. 이와 같은 가정은 인간 행동과 소비자 선택을 기계적이며 행동주의적인 것으로 모형화하는 데 크게 기여했다.

'기계적' 또는 '행동주의' 같은 용어는 가치 없고 우스운 것인가, 아니면 인간 행위의 역학관계를 이성적으로 이해하는 데 필요한 희망인가? 대다수의 마케팅 학자들은 후자라고 주장할 것이다. 기계적인 관점은 원인과 결과에 대해 분명하고 패턴화된 주장을 가능하게 해준다. 만약 당신이 특정 자동차 모델을 구매하고 싶지 않은 소비자 그룹을 결정해야 한다면, 실증주의자들은 사회적 지위, 연령, 성별, 개인의 환상, 자녀 수, 통근 시간, 주차 공간, 처갓집과의 거리 등과 같은 여러 요소들의 최적의 조합을 바탕으로 처방전을 만들 것이다. 이렇게 해서 당신은 하나의 세분화된 시장 또는 다른 시장으로 소비자의 흥미를 이끌어 내는 자동차의 본질적 요소를 파악할 수 있을 것이다.

이 논리는 꽤 매혹적이다. 마케팅 관리자들은 수많은 의사결정을 해야 한다. 광고 예산도 관리하고 신제품도 출시해야 한다. 이들은 자신의 결정을 지지해 주는 것이라면 뭐든지 가치 있게 여기고 마치 보상받은 듯한 느낌을 가질 것이다. 깊고 복잡한 고민들을 단순화하고, 여러 이해 당사자들(직장 상사, 고객, 주식 분석가)에게 자신의 주장을 강력하게 내세울 수 있다. 또한 원인-효과 모델은 마케팅 투자를 확보해 주는 모든 것을 제공한다. 이것이 많은 사람들이 이 모델에 충성하는 이유이다. 마케팅 조사자들은 불확실함으로부터의 구원을 판매한다고 해도 과언이 아니다.

반면에 질적 연구의 결과는 관리자들이 찾으려고 애쓰는 구원에 오히려 혼란을 초래하기도 한다. 질적 연구는 인간의 의지, 선택, 감정, 맥락 등과 같은 개념들을 끌어들여 단순한 것을 복잡하게 만들곤 한다.

여기에 중대한 문제점이 하나 존재한다. 실증주의적 접근이 우리에게 주는 구원은 불행히도 실현 불가능한 꿈이다. 이 접근방법은 인간 행위의 복잡함을 설명하는 데 한계가 있을 뿐만 아니라 예측 도구로서도 그 성과가 회의적이다. 통계학적 모형화는 기껏해야 감사기술^{audit technique} 정도의 역할을 할 뿐이며, 다원적인 방법론을 통해 도출된 심층적인 시각을 가지지 않고서는 인간이 가지는 의미나 감정의 진화를 예측하기란 불가능하다.

어떤 사람들은 다중회귀분석(요인분석이나 군집분석도 마찬가지이다.)에 근거한 통계학적 기법들이 문제를 해결해줄 것이라고 주장한다. 실제로 계산 능력이 급격히 강화되면서 이 같은 통계학적 기법들이 더욱 확산되었다. 그러나 이 방법론은 실제 활용 측면에서 보면 여러 가지 한계가 있다. 그리고 그 자체만으로는 깊이 있는 통찰력과 소비자에 대한 이해(마케팅 조사 의뢰인이 요구하는 숫자 뒤의 의미들)를 제시하지 못한다.

2. 질적 마케팅 조사의 진화

1950~1960년대에 신프로이트 학자들이 회생한 후 마케터들은 다음과 같은 사실을 깨닫기 시작했다. 즉, 소비자의 바람, 욕구, 기대에 관해 의미 있는 소통을 하기 위해서는 인간의 마음을 더 깊게 탐구해야 한다는 것이다. 기업 관리자들은 사람은 다면적이라 기계적인 모델에 잘 맞지 않는다고 주장했다. 통계학적 추론이 '깊은 사고hard thinking'를 대신할 수는 없다는 것이다. 마케터들은 인간이 이성적이고 계산적인 존재인 동시에 내면의 깊은 곳에 존재하는 감정, 욕구, 비이성성을 바탕으로도 행동한다는 사실을 깨달았다. 그리고 이 사실이 마케팅 과학에 녹아들어갈 필요가 있었다.

신프로이트 학자들의 심리학적 추론은 어니스트 디히터Ernest Dichter(1964)의 '동기조사motivational research' 접근법에서 잘 나타난다. 마케터들은 이 접근법을 통해 현실에 더 가깝게 다가갈 수 있었다. 디히터는 풍부한 상상력을 바탕으로 평범한 일상용품에 연역적으로 접근해 그 깊은 의미를 밝혀냈고, 이는 소비자 선택에 대한 생각에 강력하고 새로운 통찰력을 불어넣었다. 디히터의 작업은 밴스 패커드Vance Packard 2 같은 사회비평가들에게 혹독하게 비판받았음에도 불구하고, 질적 연구 방법론의 부활을 예고하는 것이었다.

1960~1970년대에 독자적 학문체계를 가진 다수의 사회과학자들은 선도적인 사상가들에게 19세기 독일 역사주의로 회귀하면 인간 경험에 관한 대

안적 가정들이 존재한다는 점을 상기시켰다. 여러 대학원 과정에서 막스 베버Max Weber 3의 이해 사회학verstehende Soziologie과 에밀 뒤르켐Emile Durkheim(1966)의 사회적 사실에 근거한 실증주의 사이의 커다란 논쟁이 부활했다. 베버주의자와 그의 후예들은 사회 탐구의 목적은 인간의 일상사를 더 깊이 이해하는 것이며 이것은 통계학적 관계 이상의 것이라고 주장한다. 어빙 고프먼Erving Goffman(1959), 해럴드 가핑클Harold Garfinkel(1967), 바니 글레이저Barney Glaser와 앤셀름 스트로스Anselm Strauss(1967)가 이러한 전통의 계승자들이다. 이들은 이러한 전통의 질적 연구 접근법을 구체화할 본격적인 이론적·방법론적 도구를 만들기 시작했다.

1970년대에 들어와서 포커스 그룹 토론focused group discussion은 소비자 연구에서 질적 방법론에 대한 충동적 욕구를 보여 주는 필수적 기법이 되었다. 칼 로저스Carl Rogers(1951, 1961)의 인본주의적인 신프로이트적 접근법은 1940년대에 로버트 머튼Robert Merton과 폴 라자스펠드Paul Lazarsfeld가 제2차 세계대전 때 후방을 전시체제로 전환하는 데 도움을 주기 위해 개발한 연구기술과 결합했다. 칼 로저스는 대면집단encounter group, T집단, 인간의 잠재행동을 통한 자기의식 고양과정 등과 같은 연구기술의 붐을 주도한 것으로 유명하다. 환자에 대한 동정과 무조건적이고 긍정적인 호의를 강조하는 로저스의 고객중심 접근법은 머튼의 포커스 인터뷰 기술과 잘 들어맞는다. 포커스 그룹이란 연구 목적으로 사용된 소규모 집단 토론에서 진화한 용어로서 소비자 연구에서 중요한 질적 연구 방법론으로 구현되었다. 포커스 그룹의 진화는 폭넓게 환영받았으며, 소비자 선택의 인간적 측면을 간파하는 데 명백히 우수한 방법론으로 알려졌다. 이것은 설문 연구자의 생명력 없고 무미건조한 표와 차트를 보충해 주었다. 하지만 허니문 기간은 오래가지 못했다. 포커스 그룹 실행자들과 이 방법을 후원한 고객들은 이 연구방법이 질적 본질을 근본적으로 이해하고 현상을 추론하는 데에 부족한 점이 있다는 사실을 알아차렸다. 포커스 그룹 연구에서는 종종 딱딱하고 정형화된 문제들을 응답자에게 질문했다. 결과도 단순히 머릿수에 따라 도출했다. 예를 들어 "이 중 개념 A보다 개념 B를 더 선호하는 분이 몇 분이나 될까요?" 또는 "여러분 중 몇 분이나 이 광고를 보고 제품을 구매하시겠습니까?"라고 묻고 통계를 냈다.

설상가상으로, 이와 같은 질적 연구들은 '단순히 가설을 생산하는' 하부 영역으로 격하되었으며, 이렇게 만들어진 가설들은 더 '엄격하고 과학적'이라고 여겨지는 확인 과정을 통해 확증되어야 했다. 근거 이론grounded theory과 질적 검증verification 접근법은 거의 무시되었다(Glaser & Strauss 1967).

이와 같은 실행 방식은 결코 인본주의적이지도 질적이지도 않다. 이것은 질적 연구 방법론이 처음에 도전하려 했던 빈약하며 유효성이 떨어지는 기계적이고 행동주의적인 사고의 그림자에 불과하다. 따라서 질적 조사 연구의 수가 늘어나면서 이의 남용, 부적절함, 무의미함에 대한 비판이 따라왔다는 사실은 그다지 놀랄 만한 일이 아니다.

실제로 통찰력과 제품 사용 이면의 의미들을 생산해 내기 위한 기법으로서 포커스 그룹을 바르게 사용한 의뢰인client들과 연구수행자practioner들도 집단 토론의 한계에 불만을 느꼈다. 매우 민감하고 전문적인 상당수의 연구수행자들은 행동주의로 다시 회귀하지 않도록 창조적인 문제해결 기술과 상상력을 요구하는 게임, 그리고 추정 면접projective interview 접근 등을 집단 토론과 함께 사용하여 보완하기 시작했다.

바로 이런 맥락에서 1980년대 중반에 질적 마케팅 조사방법론의 유용성을 극대화하기 위해 에스노그라피를 부활시키려는 움직임이 일어난 것이다.

에스노그라피는 포커스 그룹의 대체수단으로서가 아니라 질적 마케팅 조사의 필수적 보완체로서 지지를 받고 있다. 그 어떤 질적 방법론도 적절하게 계획되고 조직된 포커스 그룹이 가진 논리적 편리함과 실증적 즉각성을 대신할 수는 없었다. 그럼에도 불구하고 참여관찰은 포커스 그룹 기술에 내재한 많은 단점들을 개선하고 더 미묘하고 질감 있는 소비자의 견해를 전달할 수

있는 방법이다. 현명한 의뢰인은 소비자친화 도구로서 그리고 신제품 아이디
어 창출의 영감을 얻기 위해 마케팅 연구자에게 집단 토론, 창조적 활동
creative exercises*과 함께 에스노그라피적 관찰을 함께 사용할 것을 요구한다.

【주】

1. 마케팅 분야에서 실증주의자와 해석주의자의 입장 차이를 더 자세히 알고 싶다면 Ozanne
   (1989)이나 Hirschmann(1989)의 논문들을 참조할 것.

2. 디히터에 대한 패커드의 비판 내용을 보려면 신패커드주의자의 글에 대한 Rothenberg
   (1997)의 논평을 참조할 것.

3. 베버의 이론적 원칙은 그의 모든 저작에 스며들어 있지만 『사회과학방법론』(1949)이 가장
   기본적인 저서이다.

---

* 여기에서 'creative exercises'는 소비자를 이해하기 위한 조사방법으로서 최근 크게 각광받고
  있는 'creative idea workshop' 등의 활동을 의미하는 것으로 보인다.

3
에스노그라피의 힘

앞에서 언급한 대로 에스노그라피를 단순히 하나의 연구방법이나 기술로 분류하는 것은 상당한 무리가 있다. 본질적인 측면에서 보면 에스노그라피는 조직 개념^{an organizing concept}으로서의 문화에 기반을 둔 학문 분야이자 역동적인 인간행위를 기록하기 위한 (참여)관찰과 면담 전략의 혼합체이다. 특히 에스노그라피는 연구참여자들의 거주공간, 쇼핑공간, 레저공간, 직장과 같은 일상생활 공간으로의 진입을 중요하게 여긴다. 연구자는 근본적으로 일상생활의 실제 제품 사용 상황에서 연구참여자들과 관계를 맺음으로써 그 공간의 천진난만한^{naive}* 방문자가 된다. 바로 여기에 에스노그라피의 힘이 존재한다.

그것이 현장연구, 관찰조사, 자연주의적 연구나 맥락적 연구 등의 용어

＊ 여기에서는 'naive'가 제품 사용법을 잘 몰라서 이것저것 물어보면서 배운다는 의미로 사용되었으므로 '천진난만한'으로 번역했다.

중 무엇으로 불리든지 간에 에스노그라피적 방법론은 마케터에게 제품이 사용되고, 서비스가 제공되고, 그로 인한 혜택이 소비자에게 주어지는 실제 상황을 깊이 탐구할 수 있게 해준다.

포커스 그룹에서 에스노그라피로 이동하는 것은 마치 흑백에서 천연색으로 변화하는 것과 같다. 향취, 감촉, 맛, 열기, 소리, 움직임, 그리고 근육의 꿈틀거림까지, 이 모든 것을 직접 경험함으로써 그에 대한 이해는 더욱 깊어진다. 만약 연구 목적이 소비자의 쇼핑 패턴에 대한 것이라면 에스노그라퍼는 백화점이나 슈퍼마켓에서 소비자들을 철저하게 따라다닌다. 만약 연구 목적이 집안 청소와 이와 관련된 제품들을 이해하는 것이라면 연구자는 제품 성능이 효과적인지 아닌지를 직접 경험하기 위해 소비자의 집을 방문해 집안의 냄새를 맡거나 소파에 굴러다니는 고양이 털뭉치를 관찰할 것이다. 연구자는 소비자가 어떤 일을 완수한 후 느끼는 뿌듯함과 만족감을 공유할 것이다. 또한 요리사가 음식을 예상한 대로 만들어 내지 못했을 때 느끼는 실망감도 함께 경험할 것이다.

에스노그라피는 실험실이 아닌 실제 세상에서 이루어진다. 결과적으로 에스노그라피 연구수행자나 연구의뢰인은 소비자의 만족, 실망, 그리고 한계에 대해 다른 어떤 연구방법을 통해 얻을 수 있는 것보다 더 총체적이며 미묘한 차이까지 분간할 수 있는 관점을 얻게 된다. 동물행동에 대한 연구를 예로 들어 보자. 실험실이나 동물원에서 동물을 관찰한다면 영장류의 행동에 대해 다분히 제한적인 부분만을 알 수 있다. 반면 제인 구달[Jane Goodall] (1991)은 야생의 침팬지를 연구하기 위해 아프리카로 직접 찾아가 동물원이나 실험실에서는 얻을 수 없는 사실을 더 많이 알아냈고 침팬지를 더 깊이 이해하게 되었다.

이는 소비자 연구에도 마찬가지로 적용된다. 콜센터나 포커스 그룹 면담실 같은 실험실은 인간의 모든 면을 포착하기에 한계가 있다. 반면에 자연주의적인 에스노그라피는 다른 방법론으로는 추론할 수 없는 소비자의 습관,

언어, 신화, 열망에 대한 통찰력을 제공할 수 있다. 이렇게 확대된 통찰력은 마케팅 전략가나 브랜드 설계자들이 고민하는 난해한 문제를 해결하는 데 많은 도움을 준다.

포커스 그룹 면담은 그 나름의 분명한 역할이 있다. 이 방법은 동류 집단의 영향력을 평가하거나 브랜드에 대하여 실제 상황에 가까운 담론을 얻어 내는 데 적합하다. 예를 들어, 브랜드에 대한 일부 부정적인 견해로 인해 토론에 참여한 모든 이들이 한쪽으로 치우친 의견을 보이는 현상은 매우 의미 있는 일이다. 실망한 카피라이터나 이해당사자들은 이런 현상을 다수의 참여자에 의한 곡해 효과로 폄하하겠지만, 노련한 질적 연구자는 바로 이런 변덕스러운 응답자들이 브랜드 개념의 근본적인 약점을 드러내 준다는 사실을 잘 알고 있다. 이 연구방법론의 조건은 친구들 또는 지인들 사이에서 서로 주고받는 상호작용 방식과 유사하다.

에스노그라피의 힘은 문화라는 개념과 그것을 인간행위를 이해하는 데 중심이 되는 원칙으로 여긴다는 점에서 나온다. 에스노그라피의 주요 과업은 인간행위를 참여관찰하고 해석하는 것이다. 이것은 구조화되지 않은 참여관찰을 통해 행위 이면에 있는 의미들을 파악하는 작업이며, 전략적인 의사결정을 추론하기 위해 감정과 의도를 이해하는 작업이다. 이 같은 분석을 하기 위해서는 문화와 연관된 개념들을 이해해야 한다.

1. 문화적 관점

제임스 스프래들리[James P. Spradley](1979)는 문화를 "사람들이 경험을 해석하고 사회적 행위를 하기 위해 사용하는 습득된 지식"(p.5)이라고 정의한다. 이 정의는 어찌 보면 조금 평범해 보인다. 우리는 문화의 정의에 대해 에드워드 홀[Edward T. Hall](1959, 1977)의 보다 폭넓은 견해를 받아들여 왔다. 그는 "문화는 드러나는 것보다 훨씬 더 깊은 내면에 숨어 있다."라고 주장한다. 문화는 우리의 느낌, 감정, 감각을 관장하는 두뇌의 깊숙한 중심에 자리 잡고 있다. 즉, 문화는 사고보다 더 깊은 곳에 존재한다.

우리가 문화 간 비교 마케팅 조사를 수행할 때, 한 나라에서 다른 나라로 여행할 때, 더 나아가서 한 나라에서 서로 다른 사회계급들 사이 또는 민족들 사이를 이동할 때 문화의 중요성이 드러난다. 최근 퀄리데이터 사가 의뢰받은 세탁행위에 대한 다문화적 연구를 진행한 에스노그라퍼들은 서구의 세탁행위와 너무나 다른 이슬람 문화의 세탁법을 접하고 매우 놀랐다. 예를 들어 대부분의 이슬람 가정에서는 남녀의 옷을 구분하여 세탁한다. 또 이슬람 주부들은 양말을 세탁하는 데 특별한 주의와 노력을 기울인다. 문화라는 렌즈는 이와 같은 행위의 이면에 있는 이유와 기대를 구체화하는 데 필요하다. 즉, 이슬람 문화의 뿌리 깊은 성적 차별과 기도할 때 신발을 벗고 절하는 이슬람교의 특성상 발의 청결함과 신발을 벗는 행위에 특별한 관심이 있다는 점을 이해해야 한다.

문화는 이렇게 원초적인 수준에서 경험되는 것이기 때문에 어떤 특정한 문화적 관행을 깔끔하게 설명할 수 있는 적절한 방법이란 존재하지 않는다. 에티켓 문제처럼 모호한 관습은 역사적으로 설명할 수는 있겠지만 원래의 타당한 이유가 사라져 버린 지금, 어떤 특정한 문화적 규범이 눈에 금방 들어오지도 않고 분명하게 표현되기도 어렵다. 그 규범은 단지 그 문화권에 사는 사람들에게는 당연하게 느껴지고, 다른 문화권에 사는 사람들에게는 약간 어색한 것이다. 미국인을 비롯한 서양인들은 자신의 문화를 정상적이고 자연적인 행동양식으로 여기는 일종의 자민족 중심주의ethnocentric 성향을 가지고 있다. 이와 같은 맥락에서 보면 연구자의 목적은 자신의 문화를 초월하는 것이다. 그러기 위해 연구자들은 우선 문화의 본성과 그것이 가지는 일상에서의 역할을 반드시 이해해야 한다.

문화에 대한 인간의 능력이 생물학적이라고 해도 문화적 내용 자체는 결코 선천적이지 않다. 인간은 인생 전반에 걸친 경험을 관리하는 일련의 심오

한 원칙들을 통해 문화적 내용을 학습한다. 또한 다양한 문화 요소들은 서로 연결되어 있으며, 이 요소들의 전체는 요소들의 합보다 크다. 우리는 앞에서 종교적 원리가 평범한 일상에 어떻게 영향을 미치는가를 살펴보았다. 문화에서 작은 한 부분의 변화는 전체에 영향을 미친다. 결론적으로 문화는 집단 구성원이 공유하는 것으로, 구성원들이 그 집단의 삶의 방식을 규정한다고 의식하고 있거나 그들의 잠재의식에 존재하는 청사진과 같다. 문화는 서로 다른 집단들을 구분 지어 주고, 다른 집단과 우리를 비교했을 때 느끼는 차이점들을 명료하게 해준다.

문화는 어떤 무리의 집단 기억의 원천이며 의식의 토대를 제공한다. 사람들이 갖고 있는 가치는 소중하고, 그들의 집단적 자아와 집단적 열망은 문화적 학습에 기인하여 만들어진다. 더 나아가서 우리가 일상적으로 사용하는 도구나 의복 같은 문화의 물질적 요소들도 이와 같은 관념적 측면과 깊이 연관되어 있다. 이처럼 문화는 소비자가 제품을 선택하고 사용하며, 제품에 반감을 가지게 되는 과정에서 매우 중요한 역할을 한다. 어린이 감기약의 브랜드를 선택하는 행위는 질병, 보육, 병의 원인에 대한 생각이나 가치와 밀접하게 연관된 행위로서 문화적 행동으로 볼 수 있다.

사람은 계속 배우고 적응할 수 있는 능력을 가지고 있다. 자신들이 처한 상황뿐만 아니라 내면에 있는 의미, 기대, 상징적 체계에도 반응한다. 문화적 변화는 거부할 수 없는 인간 경험의 불변율 같은 것이다. 그러나 우리는 문화적 변화의 속도, 방향, 정도 등을 면밀한 검토 없이는 예측할 수 없다. 행위의 변화는 문화 안에서 발생한다. 그러나 이런 변화는 문화적 요인이 가진 독립성 때문에 많은 비용을 지불하기도 한다. 예를 들어 전사 문화에서 무기 수준이 창에서 총으로 갑자기 올라가게 되면 살인이 드문 문화에서 대살육이라는 끔찍한 사태를 불러올 수 있다. 이와 비슷하게, 한 문화의 사람들이 새로운 음식, 레저, 청소의례 또는 여러 가지 기술에 아무런 의심 없이 적응할 것이라는 기대는 타당하지 않다.

문화의 성격을 파악하고 자리매김하고 소통하고 호흡하는 도구는 언어이다. 따라서 우리가 행위나 믿음을 묘사할 때 사용하는 단어들은 문화적인 뿌리와 떼어서 생각할 수 없다. 세계 시장에서 제품의 특징과 혜택을 소통하면서 발생하는 문제는 단순히 통역이 잘되고 못되고의 문제가 아니다. 마케팅 문제의 해결책을 제시할 때에는 문화에 기반을 둔 언어 체계에서 나온 다양한 의미들을 반드시 고려해야 한다.

에스노그라퍼는 일상적으로 사용되는 언어를 비판적인 시각에서 검토함으로써 일상제품의 사용과 구매에 기본이 되는 감정과 의도에 좀 더 가깝게 다가갈 수 있다.

2. 언어: 의미의 근원

언어는 소리, 상징, 단어, 표현에 기반을 둔 문화적 체계이다. 언어는 의미체계를 공유하는 사람들과 소통하고 내적 경험을 조직하기 위해 설계된 것이다. 동물도 소리와 냄새로 서로에게 신호를 보내며 소통하지만, 오로지 인간만이 복잡한 언어체계를 사용한다.

언어는 인식을 구체화하는 데 중요한 영향을 미친다. 벤저민 리 워프^{Benjamin} Lee Whorf(1956)의 언어학 가설에 따르면, 우리가 보는 것은 우리가 이름 붙일 수 있는 것으로 한정되며, 이 이름들은 문화적인 방식으로 제한된다. 영어에도 눈을 묘사하는 단어가 몇 가지 있지만 이누이트 족(에스키모)의 언어에는 눈을 표현하는 어휘가 훨씬 더 풍부하고 다양하다. 그들의 삶에서 눈이 아주 중요한 부분이기 때문이다. 이것은 하나의 개체에 대해 여러 가지 단어가 있다는 것 이상의 의미가 있다. 중요한 점은, 문화가 분류에 대한 인식을 만드는 전체적인 방식을 규정한다는 것이다. 즉 이누이트 족은 눈에 관하여 미국인의 인식의 한계를 넘어서 더 다양한 경험을 한다는 의미이다.

언어의 기계론적 힘에 관한 사례를 과장해서는 안 된다. 의사소통은 그저 다른 사람의 두뇌에 단어를 각인하는 과정이 아니다. 실상을 보면, 우리들 대부분은 단어를 적절하게 사용하지 못한다. 우리가 일상적으로 표현하는 어휘 수준은 언어 전문가나 시인이 사용하는 어휘 수준에 훨씬 못 미친다. 더욱이 의사소통은 해석과정과 분리해서 이해될 수 없다. 인간은 매우 선택적으로 중요한 것에만 주의를 기울인다. 인간은 단어들과 경험을 구분하며, 자신이 가진 예상, 편견, 가정에 입각해 세상을 본다. 홀(1977)이 주장한 대로, "문화를 묘사하는 데 가장 많이 쓰이는 언어는 속성상 이처럼 어려운 일에 부적합한 도구이다. 언어는 지나치게 직선적이며 충분히 포괄적이지도 못하고, 너무 느리고, 너무 제한적이며, 너무 속박되어 있고, 너무나 자연스럽지 못하며, 지나치게 자체적인 진화의 산물이고, 너무나 인위적이다."(p.57)

광고주들은 이 문제에 꽤 민감하다. 그들은 여러 경험을 통해 소비자들이 브랜드에 관한 주장을 무조건 믿지는 않는다는 사실을 배웠다. 소통은 반드시 의미와 신뢰에 바탕을 두어야 한다.

인간은 단어체계의 한계를 극복하고자 문화에 근거한 단어체계와 비슷한 비언어 소통방식을 사용한다. 이 방식은 주로 언어의 수많은 함축적 요소들을 명료화한다. 홀(1977)에 의하면 시간과 공간에 따라 차이는 있지만, 비언어 소통방식은 표정과 몸짓, 목소리의 강약, 미묘한 뉘앙스 등 어떤 것으로 표현되든, 의미를 해석하는 데 매우 중요하다.

우리의 소통 도구들은 우리를 더 복잡한 곳으로 데려간다. 우리의 상호작용은 얼굴을 마주하는 데 한정되지 않고 시간과 공간, 언어를 초월한다. 상호작용은 인쇄물, 형상화된 이미지, TV, 라디오, 컴퓨터, 인터넷과 같은 전달 방식의 영향을 받는다.

마케터와 광고주들은 이와 같은 쟁점들을 너무나 잘 이해하고 있다. 그들은 브랜드 이미지가 슬로건이나 제품이 내세우는 주장 이상의 것들로 소통된다는 사실을 잘 알고 있다. 광고모델에 대한 태도, 상호작용 방식, 색깔, 서체, 포장, 유명인의 제품 추천 등 여러 요소들이 브랜드에 대한 시청자의 인상을 결정한다. 이 과정에서 소비자는 결코 수동적이지 않다. 기호학은 상징 의미를 부여하는 과정에서 해석자 역시 필수적인 요소임을 분명히 한다.

우리는 언어를 형식적이고 상호적인 또는 관계적인 수단으로 학습한다. 따라서 언어를 습득함으로써 일상생활에서 우리를 이해하는 수단을 얻게 된다. 단순히 단어뿐만 아니라 몸짓, 이미지, 상징도 학습 수단이 될 수 있다. 경험 역시 효과적인 학습 수단이다.

에스노그라피는 언어적으로 표현된 것에 대해 매우 비판적인 태도를 취한다. 에스노그라피는 주어진 단어와 표현을 우리가 그대로 받아들이는 것을 거부하며, 그것들의 표면 아래에 존재하는 의미와 가치를 찾는다.

심층면담 상황에서 언어로 표현된 소통의 수단과 비언어로 표현된 수단 사이의 차이를 극복하려는 노력이 여기에 해당한다. 예를 들어 연구참여자가 특정 식료품에 대해 말로 표현한 의견과 실제 행동 및 표정, 그리고 몸짓에 차이가 난다면 우리는 그 답변의 근저에 존재하는 진짜 이유와, 연구참여자가 사실과 다른 답을 하게 된 이유를 모두 찾아야 한다.

에스노그라피는 이렇게 문화와 상황에 근거한 언어를 파악하는 데 매우 효과적인 도구이다. 문화와 상황에 근거한 언어란 다양한 연령집단 또는 민족집단들이 일상의 사물에 대해 말할 때 실제로 사용하는 적절한 어휘를 뜻한다. 카피라이터와 전략적 사고가strategic thinker들은 제품과 브랜드에 대하여 독창적이면서 좋은 느낌을 환기시켜 주는 이야기를 만들어 내라는 압력에 항상 시달리고 있다. 에스노그라피는 이들이 목표를 이루는 과정에서 발견과 평가의 도구로서 큰 도움을 줄 수 있다.

3. 보는 것과 묻는 것의 한계

우리는 언어가 상호 의사소통의 총체성을 설명하는 데 많은 한계가 있다는 사실에 대해 이미 살펴보았다. 그러나 이와 같은 언어의 비효율성이 문제의 출발점은 아니다. 언어는 마키아벨리적인Machiavellian 책략에도 사용된다. 언어는 음모를 꾸미고, 속이고, 유혹하고, 숨기고, 오해하게 만들고, 지배하는 수단으로도 쓰인다.

어빙 고프먼Erving Goffman(1959)은 제스처와 표현을 해석하는 여러 가지 중요한 단서들을 제공했는데, 이들은 일상적인 연구 활동에서 꼭 설명되어야 하는 것들이다. 그는 사람의 행동은 내적인 것의 투영일 뿐만 아니라 일종의 상호작용으로서 마치 생활이라는 극장에서 그곳에 있는 관객들을 대상으로 연극을 하는 것과 비슷하다고 말한다. 행동이란 사람들이 다른 사람들의 마음에 자리 잡는 인상을 관리하고 '상황을 정의'하기 위해, 즉 상호작용의 바탕이 되는 배경과 가정을 제어하기 위해 이루어진다. 표현은 반드시 소통을 지배하는 맥락 속에서 이해되어야 하기 때문에 결코 그 표현의 진정성이 자동적으로 확보되지는 못한다.

이 주장은 관찰된 현실이라는 맥락 안에서 언어에 기반을 둔 의사소통에 대해 비판적인 태도를 가질 필요가 있다는 점을 강조한다. 고프먼(1959)은 다음과 같이 주장한다.

> 한 개인이 다른 사람에게 잘 보이기 위해 자신을 표현한다는 것을 알면 사람들은 그들이 목격한 것을 두 부분으로 나눈다. 하나는 그 개인이 비교적 쉽게 의지대로 조작할 수 있는 것으로서 주로 언어로 표현한 언명들verbal assertions이며, 또 하나는 그 개인이 쉽게 통제할 수 없거나 개입하려 하지 않는 것으로서 주로 그가 드러내는 표정expressions이다. (p.7)

그것이 전화 면담이건, 대면 면담이건, 아니면 포커스 그룹 토론이건 간에 우리는 연구 과정을 통해 주로 응답자에게 질문하고 그에 대한 답을 얻는다. 우리는 당연히 응답자의 대답이 그의 느낌을 정확하게 표현하고 있다고 생각한다. 하지만 응답자가 연구자에게 좋은 인상을 주고 싶어서 대답을 조작할 수도 있기 때문에 질문하기는 정보를 얻는 데 매우 제한적인 방법이다. 응답자는 자신이 잘 모르더라도 잘 아는 것처럼 보이도록 노력하거나, 어리둥절하더라도 전문가인 양 행동하거나, 잊어버렸더라도 기억하는 척하거나, 설령 부정적인 의견을 가지고 있더라도 긍정적으로 생각하는 것처럼 말하거나, 별로 신경 쓰지 않는 일에 꽤 관심 있는 척할 수 있다.

만약 언어와 의사소통이 통제와 조작으로써 왜곡될 소지가 있다면, 연구를 진행할 때는 신뢰할 수 있고 타당한 정보를 찾기 위해 노력해야 할 것이다. 그런 의미에서 보는 것looking은 묻는 것의 한계를 극복할 수 있는 도구이다. 요기 베라Yogi Berra는 "보는 것만으로 많은 것을 관찰할 수 있다."라는 유명한 말을 남겼다. 에스노그라피의 관찰방법은 두 가지이다. 첫째, 행동을 정확하게 기록하고, 잘못된 기억과 주의를 선택적으로 기울이는 데에서 오는 한계를 극복하는 것이다. 둘째, 진실을 말하게 하는 약(자백약自白藥, truth serum)의 역할로서 언어와 비언어 의사소통 사이의 일치성을 확인하는 것이다.

또한 관찰은 하나의 학문영역에서 얻은 연구 결과들을 보다 더 깊고 풍부히 이해하게 해준다. 표현 자체는 자료의 원천이 될 수 없다. 미묘함과 맥락을 이해함으로써 우리는 이해의 폭을 넓힐 수 있다. 행동환경과 상황을 표로 정리하고 세밀하게 묘사하면 분석의 차원을 달리할 수 있다.

4. 맥락의 중요성

맥락은 여러 수준에서 작동한다. 우리에게 직접적인 영향을 줄 수 있는 물질적·상황적 환경, 언어, 기질, 문화, 역사 등이 그것이다. 그리고 이 모든 것들은 역할과 행위에 담긴 중요성과 의미의 기초가 된다. 과연 우리는 현재 경제적 교환이 발생하는 문화적·언어적 맥락으로부터 제품 구매와 사용, 제품에 대한 이야기를 완전히 분리할 수 있을까? 그 대답은 분명히 '아니다'이다.

마케터들은 종종 심리학자나 사회분석가가 말하는 기본적 귀인오류fundamental attribution error; FAE를 범한다. 기본적 귀인오류란 사람의 행위를 결정짓는 요소로서 상황이나 맥락의 중요성을 최소화하고 사람 성격의 중요성을 과대평가하는 것을 말한다. 이타적 또는 폭력적인 행동을 할 가능성은 양육과 개인적 헌신, 신념의 결과인가? 또는 상황적 기회에 따라 결정되는가? 생물학적이고 무의식에 근거한 설명도 어느 정도 그럴듯하지만, 사회과학자들이 실행한 실험 결과에 따르면, 착한 사마리아인처럼 행동할 것인가를 결정하는 데 개인적 신념보다 시간 압박이 더 중요하게 작용할 수 있다. 맬컴 글래드웰Malcolm Gladwell(2000)은 사회적 전염이 어떻게 확산되는지를 다룬 『터닝포인트The Turning Point』에서 이 쟁점에 대해 잘 정리했다.

> 성격이란 우리가 생각하는 것이 아니라 차라리 우리가 갖고자 하는 바라고 볼 수 있다. 성격은 결코 안정적이지 못하며 쉽게 알아낼 수 있는 비슷하고 서로 연관성 있는 특징들의 집합이 아니다. 우리 두뇌가 유기체로 활동하는 데서 오는 결함 때문에 단지 그렇게 보일 뿐이다. 성격은 이를테면 습관의 묶음이나 특정한 시기에 상황이나 맥락에 좌우되는 흥미나 경향성에 더 가깝다. 우리가 일정한 성격을 가진 것처럼 보이는 이유는 우리가 대부분 자신의 환경을 통제하는 데 매우 뛰어나기 때문이다. (p.163)

마케팅이란 학문영역은 기본적 귀인오류에 의존해 왔던 역사로 인해 제대로 발전되지 못했다. 성격이나 소속 집단으로 행동을 설명하는 것은 마케터들이 차별화되지 않은 대중시장을 공략할 때나 의미가 있었다. 맞춤형 생산이나 개인 맞춤 마케팅이 대두되는 상황에서 영혼psyche과 동기에 의존하는 방법은 매우 제한적일 수밖에 없다. 우리는 새로운 통찰을 얻기 위해 소비자가 제품이나 서비스를 구매하고 사용하는 상황과 환경을 이해하는 새로운 방법을 창안해야 한다. 세계적인 브랜드를 만들기 위해 끊임없이 노력할 때에도 우리는 각 지역 상황의 자세하고 세부적인 내용까지 이해하고 있어야 한다.

열망이 생겨나고, 결정이 이루어지고, 제품이 사용되는 시간, 공간, 상태, 환경은 이후에 경험할 만족의 수준에 영향을 미친다. 소비자들이 설문에 답할 때 과연 그들은 자신의 성격을 드러내는가 아니면 다른 어떤 것들을 드러내는가? 맥락을 무시한 연구행위가 소비자의 행동을 완전히 나타낼 수도 이해할 수도 없다는 점은 명백하다.

불행히도 현재 많은 마케팅 행위들은 우스울 정도로 맥락을 무시하고 있다. 어떤 마케터들은 마치 구매자의 마음을 적중시킬 수 있는 마술탄환이라도 가진 것처럼 행동한다. 소비자는 고립된 개인들로 여겨지며, 마케터는 영리한 감정소구를 사용하면 소비자의 세포 수준에 영향을 미칠 수 있다고 믿는다. 하지만 우리는 한 사람이 TV를 볼 때 정말 집중해서 시청하는지 또는 마케터가 소비자에게 말하고자 하는 바가 정말 잘 전달되었는지 알 수가 없다. 젊은이를 대상으로 한 약물예방 홍보는 특히 크게 실패하는 대표적인 사례이다. 힙합 음악을 가미한 '그냥 싫다고 해요Just Say No' 캠페인 등 여러 캠페인에 수백만 달러가 쓰였지만, 이 캠페인 때문에 청소년들이 파티에서 마약을 흡입하지 않게 됐다는 증거는 거의 없다.

에스노그라피는 마케팅이 가진 이 같은 자만심에 마치 해독제와도 같다. C. 라이트 밀스C. Wright Mills(1967)가 말한 추상적 경험주의abstracted empiricism는 우리가 어떤 행동을 하는 광범위한 상황에서 특정한 몇 가지 세세한 행동을 선택적으로 제거하려는 경향성을 의미한다. 어머니가 자녀를 위해 간편한 아침 식사거리를 찾는 상황을 생각해 보자. 부모의 역할, 어린이의 음식 취향, 건강과 영양에 대한 생각, 젊은 가족이 겪는 경제적 부담과 같은 요소에 대한 이해 없이 이 상황에 대한 간략한 사실적 진술 하나만으로는 만들어낼 만한 것이 거의 없다.

그렇다면 에스노그라피는 이런 한계를 지적하는 폭로자나 비방자를 기다리는 새로운 학설인가? 에스노그라피 연구자들은 제국주의적이고 패권주의적인 시각에서 연구 산업 전체를 정복하기 위해 나선 것이 아니다. 그와 반대로, 이들은 다른 형태의 연구관행에서 유용한 도구들을 흡수하고자 한다. 동시에 이들이 가진 도구와 관점이 정당한 대우를 받기를 요구한다. 이와 관련된 몇몇 사례들을 다음 장에서 살펴본다.

4
새로운 마케팅 에스노그라피의 적용 사례

우리는 새로운 마케팅 에스노그라피가 소비자 행동과 선택에 대해 매우 세세하고 맥락 의존적인 이해를 촉진하는 데 유용한 방법이라고 주장한다. 이 접근방법은 단순히 학문적으로만 만족스러운 것이 아니라 사업 측면에서도 독창적이며 경쟁력 있는 자산이다. 이 장에서는 에스노그라피 방법론을 사용해 성과를 얻은 선구적인 적용 사례들을 소개한다. 각각의 영역에서 관리자와 구매자, 사용자가 서로 역동적으로 관계하면서 의미의 새로운 음영이 드러나고 마케터들은 더 많은 기회를 얻게 될 것이다.

1. 신제품 개발

에스노그라피적 접근방식은 신제품 개발에 적합하다. 소비자가 현재 제공된 상품offering에 대한 불만 또는 신제품의 필요성을 마케터에게 말하고 싶어 한다는 생각은 기업 관리자들 사이에 만연한 일반적인 오해 가운데 하나이다. 실상은 결코 그렇지 않다는 것을 우리의 경험이 보여 주었다.

물론 몇몇 사람들은 터무니없이 잘못된 서비스나 불량제품을 경험하면 회사에 불만을 표시하는 편지를 쓰거나 인터넷에 자신의 느낌을 남긴다. 이보다 적은 수의 고객들만이 좋은 경험을 한 뒤 야단스러운 칭찬을 퍼트린다. 하지만 이들은 무시해도 좋을 만큼 소수에 불과하다. 대부분의 소비자들은 제품의 모자란 점에 적응한다. 그리고 소비자는 구매 후 인지부조화 postpurchase cognitive dissonance를 통해 자신에게 친숙한 제품이 시장에서 가격 대비 최상의 것이라고 확신하게 된다. 소비자들은 제품을 어떻게 향상시킬지 또는 어떤 신제품이 그들에게 도움이 될지를 고민하는 데 시간을 거의 들이지 않는다. 소비자가 매장에 있는 제품 이상의 것을 생각하기란 불가능하다. 물건을 사는 대다수의 사람들은 실용적인 신제품이라는 기회를 상상하는 데 필요한 통찰력과 창의력이 부족하다. 그리고 설령 그런 제안을 하더라도, 소비자들이 상상한 혁신은 상품화할 수 없거나 너무 진부한 경우가 많다. 예를 들어 그들의 요구는 저렴한 가격이나 재활용이 가능한 포장 이상을 넘어서지 못한다.

하지만 소비자는 신제품을 만들 때 활용할 수 있는 여러 가지 암시와 단서를 남긴다. 마케터는 이를 주의 깊게 관찰하고 해석해야 한다. 소비자는 제품을 사용하거나 제품의 특징과 편익에 자연스럽게 반응하는 동안 그 제품에 대한 전문성을 드러낸다. 그들은 제품에 대한 불만족과 새로운 요구를 행동으로써 표현한다. 즉, 소비자는 사용 중인 제품에 대한 불만을 의식적으로 표현하지는 못한다. 오히려 제품을 상황에 맞게 변형하며, 이를 훌륭한 상식이나 창조적인 집안일로 여긴다. 다음에서는 신제품 개발의 기회를 제안하는 대표적인 소비자 행동 몇 가지를 소개한다.

제품과 가정에서 만든 개선책의 결합: 만약 만족스러운 제품이 전혀 없거나 현재의 제품이 소비자가 집안일을 할 때 느끼는 필요를 전부 만족시키지 못한다면 소비자는 가정에서 서로 다른 범주의 제품들을 결합해 사용하거나 나름대로의 개선책을 마련해낼 것이다. 우리는 집안 청소에 관한 에스노그라피 연구에서 연구참여자들이 액체 식기세척제와 세탁용 표백제를 혼합해 밝은 리놀륨 바닥을 청소할 세제를 직접 만드는 모습을 보았다. 자세히 조사해 보니 그들이 원하는 효과는 얼룩을 지우고, 완벽히 깨끗하게 청소하고, 더 나아가 살균하는 것이었다. 다른 가정에서는 욕실 청소의 마지막 단계로 탈취제를 뿌렸다. 여기서도 소비자가 얻고자 하는 편익은 청소가 완결되었음을 후각으로 인식하고 싶다는 것과 추가 살균이다. 이와 같은 제품 간의 결합을 관찰함으로써 연구를 의뢰한 회사는 현재 보유한 청소 부문 제품들을 개선하는 데 필요한 정보를 얻는다.

돌아서 가기|work-arounds: 목표를 달성하지 못하고 좌절한 경우, 소비자는 문제점을 해결하기 위해 종종 임시변통으로 장애물을 돌아서 간다. 예를 들어 소비자가 어떤 데이터베이스 프로그램으로 일을 완수하는 데 필요한 기능을 전혀 모르거나 이해하지 못하는 경우를 상상해 보자. 아마도 소비자는 문제를 해결하기 위해 여러 가지 독특한 방법을 시도하거나 제한된 프로그램 기능만 가지고 일을 수행할 것이다. 소비자는 무지할 수도 있고 혁신적일 수도 있다. 문제는, 현재로서는 더 간단한 조작방법을 만들 수 없거나 현재 가진 정보로는 쉽게 배울 수가 없다는 것이다.

무관심—간신히 합격선에 이른 결과를 받아들이기: 제품의 성능이 실망스러울 때 많은 소비자들은 평범한 제품이라는 결과를 그대로 받아들인다. 소비자는 만족할 만한 수준의 결과를 얻을 수 없다고 주장한다. 예를 들어, 우리는 욕실 청소세제 사용자들이 그저 그런 청소 결과를 받아들이는 모습을 목격했다. 어느 정도의 노력으로 비교적 깨끗해지기만 한다면 그들에게 욕실 타일을 완벽히 하얗게 만드는 일은 중요하지 않았다. 관찰하고 분석한 결과, 소비자들은 자신들을 혼란스럽게 만드는 사용지침서를 따르고 싶어 하지 않는다는 사실을 알게 되었다. 사용지침서에는 세제가 타일 표면에 침투하도록 세제를 뿌린 후 최소한 15분간 기다리라고 나와 있다. 하지만 이 절차를 따르는 참을성 있는 소비자는 많지 않다. 합리적인 수준의 노동으로 더 좋은 결과를 얻을 수 있음에도 불구하고 소비자는 최소한의 노력 이상을 원하지 않는다. 예를 들어, 우리가 실시한 이 조사의 연구참여자들은 제품에 어느 정도 만족한다고 말했다. 하지만 그들이 보여준 체념적인 보디랭귀지와 무관심은 적절한 수준의 결과를 얻는 데 필요한 시간과 과정에 대한 불만족을 드러냈다. 이 관찰을 통해 회사는 최소한의 노력으로 더 향상된 결과를 얻을 수 있는 '무노력effort-free' 욕실세제를 개발하게 되었다.

실수: 제품이 제 성능을 발휘하는 데 실패해도 소비자는 종종 그것을 자신의 탓으로 돌린다. 소비자들은 무력함과 숙달 부족감을 이미 내면화하고 있기 때문이다. 그들은 종종 VCR를 조작할 수 없거나 조리기구로 계란을 휘저어 수플레를 만들 수 없는 자신의 무능력을 농담거리로 삼기도 한다. 도널드 A. 노먼Donald A. Norman(1990, pp.35~36)은 제품 개발자들이 오작동을 예상하고 제품을 제작해야 한다고 지적한다. 하지만 사용자들은 실패한 제품을 탓하기보다는 자신이 제대로 된 기술을 익히는 능력이 부족해 제품을 잘 다루지 못한다고 생각한다. 그들은 제품에 설정된 오차 허용범위가 지나치게 좁다거나, 제품 사용 실패와 관련한 피드백이 전혀 없다는 사실을 문제 삼지 않는다.

한 예로, 당뇨병 환자들이 사용하는 혈당 측정 장치에 대한 에스노그라피 연구에서 연구자들은 사용자들이 기계의 작동에 크게 영향을 주지 않는 요소인 높은 실내 습도나 시약지의 과포화 상태oversatuation 등을 탓한다는 사실을 발견했다. 사용자들이 스스로를 탓하는 이러한 경향으로 인해 이들은 측정 장치가 사소한 부주의나 오차에도 쉽게 반응하거나 적응력이 부족해 제대로 작동하지 않는다는 사실을 간과하게 되었다.

회피하기: 만약 어떤 일을 해결하는 데 꼭 맞는 완벽한 제품이 없다면 소비자는 그 일을 회피하거나 해야 할 일 목록에서 제외할 것이다. 우리는 집안 청소 습관을 조사하면서 전자제품과 컴퓨터 제품 후면에 정전기 때문에 먼지가 많이 모인다는 사실을 알게 되었다. 집안을 청소하는 사람들은 이 먼지가 꽤 신경에 거슬렸지만 별다른 주의를 기울이지 않았다. 많은 전선들과 엄청난 양의 먼지에 겁을 먹었기 때문이다. 그들이 이 문제를 해결하는 데 도움을 주는 제품을 분명하게 언급하지는 않았지만, 이러한 회피에서 얻을 수 있는 명백한 시사점은 최소한의 노력으로 가전제품 뒷면의 먼지를 제거할 어떤 제품이 필요하다는 것이다.

이와 유사하게, 세탁에 대한 연구에서도 면밀하고 주의 깊은 관찰을 통해 기름기 있는 음식이 옷에 튀어 생긴 얼룩을 세탁기로는 지울 수 없어서 소비자들이 그 옷을 외출복으로 입지 않는다는 사실을 알게 되었다. 이런 옷은 운동할 때나 집에서 입기에는 아무런 문제가 없지만, 의류 착용 주기의 마지막인 누더기 옷으로 가는 길로 이미 들어섰다. 끊임없이 나타나는 이런 종류의 증거들은 얼룩을 더 효과적으로 제거하는 세제에 대한 요구가 존재하며, 세제의 편익으로서 섬유보호 촉진기능을 홍보하는 것도 기회가 될 수 있음을 보여 준다.

완벽함에 대한 상상: 제품이 기대대로 작동하지 않을 경우 소비자들은 단순히 이 필요성을 충족시킬 만한 역량이 아직 시장에 존재하지 않는다고 가정한다. 사실은 완벽한 제품이 지금 생산될 수 있는데도 불구하고, 구매자들은 미래에 완벽한 제품이 나올 때까지 만족을 연기하는 경향이 있다. 예를 들어 휴대전화 사용자를 인터뷰하고 관찰한 결과, 음성 조작 방식이 키패드를 누르는 방식보다 사용하기가 더욱 편리하다는 사실을 알게 되었다.

결국 음성을 이용한 커뮤니케이션이 이 제품의 근본적인 목적이며, 작은 버튼을 누르거나 조그마한 스크린을 읽는 것은 이와 같은 범주의 제품이 보장하는 기동성이라는 편익과 일치하지 않는다. 급행키express key나 단축키는 이런 소비자의 욕구를 부분적으로 해결해줄 수 있지만, 소비자들은 언젠가는 말과 소리로만 휴대전화를 작동할 수 있게 될 것이라고 계속 상상한다.

우리는 샤워기에 대한 연구를 통해 소비자들이 여러 개의 샤워기가 서로 다른 방향에서 동시에 몸에 물을 뿌리면 좋겠다고 생각한다는 사실을 발견했다. 그들이 찾고 있는 편익은 극도로 깨끗하게 씻어 주면서도 사치스러운 느낌이 들 정도로 물이 사방에서 몸으로 쏟아지는 샤워기이다. 현재 시장에서 쉽게 구할 수 있는 손에 쥐는 샤워기는 이런 편익을 일부 제공할 수 있는데다 씻기 어려운 몸 부분을 공략할 수 있다는 환상적인 이점이 있어서, 소비자들은 이 샤워기가 현재 기술로 가능한 최상의 제품이라고 생각했다. 소비자들이 상상하는 완벽함을 이해하게 된 제조회사는 여러 가지 대안적인 제품의 개발 방향을 잡을 수 있었다.

2. 상업 · 기업문화

에스노그라피적 접근은 기업을 구성하는 단위, 피고용자 집단, 상업적 환경 등의 내적 작동방식을 연구하는 데 매우 유용하다. 조그마한 프로젝트팀과 사업체에서부터 대형 서비스 기관과 다국적 기업에 이르기까지 모든 업무 집단들은 각기 독특한 기업문화를 갖고 있다. 기업문화는 그 조직의 집단적 특징과 성격이라고 할 수 있으며, 내부 소통, 위계체계, 유동성과 같은 조직의 역학관계를 형성하는 데 기초가 되는 가치, 이상, 규범을 제공한다. 문화적 양식은 조직의 리더십 스타일과 직원들의 매일매일의 현실을 지배한다. 기업문화는 기업이 고객에 대해 생각하는 방식도 정의한다. 예를 들어 기업은 고객을 조종 대상이나 불신의 대상으로 여길 수도 있고 가치 있는 파트너로 여길 수도 있다.

기업문화는 조직이 겪는 내·외부 경험에 중요한 영향을 미친다. 또한 기업이 직면한 여러 가지 중요한 문제들에도 영향력을 행사하는데, 직원 만족과 직원 유지, 근로자의 생산성, 조직 운영과 장악력, 신기술에 대한 성공적인 적응, 소비자와 원재료 공급자들과의 관계, 소비자 만족 수준, 공동체 전체와의 관계, 기업의 사회적 책임 등에 영향을 미친다. 제임스 P. 스프래들리James P. Spradley와 브렌다 J. 만Brenda J. Mann(1975), 제이버 F. 구브리움Jaber F. Gubrium(1975)은 서비스 기업에 대한 에스노그라피 연구에 선구적인 업적을 남겼다. 예를 들어, 칵테일 바텐더가 식당과 고객의 관계에 중요한 영향을 미칠 수 있다는 사실을 알게 되었다. 즉, 바텐더는 고객이 주문할 술의 종류와 얼마 정도의 팁으로 그날 저녁을 마무리할지를 결정하는 데 영향을 미친다. 또 양로원의 하급직원이 환자를 대할 때 종종 고위 간부들의 기대에 어긋나는 일을 한다는 사실도 관찰했다. 간호사와 간병인은 담당 환자의 신뢰와 협조를 얻기 위해 공식적인 입장에서 살짝 비켜나곤 한다.

주요 조직에서 기업문화는 기업의 성공과 이익을 위해서 반드시 필요한 여러 가지 사안들에 영향을 미친다. 에스노그라피적 접근은 문화적 하부구조를 파악하려는 관점에서 크거나 작은 조직을 연구할 때 중요한 역할을 할 수 있다. 이러한 문화적 하부구조는 기업의 조직도 분석이나 인사 담당 고위 간부들과의 인터뷰에서는 명확히 드러나지 않는다. 다음은 기업 활동에 도움이 되는 조직 구성에 대한 실질적인 사안들이다.

하위집단의 통합: 어떤 조직의 기업문화는 성별, 민족, 나이, 종교, 장애여부 또는 임신처럼 인생의 중요한 결정으로 새로 생긴 하위집단에 적대적이다. 여러 직원 집단들 간의 공식적·비공식적 소통 방식, 기회구조나 보상제도, 조직 내의 사회적 구조들, 이 모든 것들은 오랜 시간을 거치면서 존속된 문화적 규범의 산물이다. 많은 기업들이 여성에게 적대적인 분위기나 소

수자에 대한 기회 부족과 같은 결함이 노출되어 법정분쟁을 일으켜 정부의 중재를 받았으며, 이는 다시 직원들의 낮은 도덕심, 높은 사직률, 그리고 이보다 더 심각하게는 나쁜 여론과 주식가치의 하락 등에 시달렸다.

작업의 흐름과 신기술의 적용: 기술을 적용해 조직의 업무 방식이 바뀔 때 여기에 적응하려면 반드시 문화적 측면을 고려해야 한다. 컴퓨터는 작업의 흐름과 조직에 필요한 기술을 크게 변화시키는 것 이상으로 일상 업무에서 직원들이 경험하는 만족도에 영향을 주며, 새로운 형태의 위계질서를 만들고, 신입사원을 조직 구성원으로 만드는 사회화 과정을 바꾼다. 이처럼 수많은 잠재적 마찰은 문화적 수준에서 해결되어야 한다.

기업문화와 작업 흐름의 관계를 이해하면 새로운 사업 기회를 발견할 수도 있다. 몇 년 전에 우리가 한 기업장비 제작사의 의뢰를 받아 수행한 연구를 예로 들어 보자. 컴퓨터화된 데이터 저장과 검색 기술은 기업이 정보를 축적하고 편집하는 방식을 변화시켰다. 법률 또는 규정상의 이유로 기업 관련 기록을 보존해야 하지만, 그때까지만 해도 보존되는 기록은 많지 않았다. 자료 관리에 대한 에스노그라피 연구를 한 결과, 발전한 검색 속도와 자료병합 기술로 인해 자료 관리사에 대한 새로운 수요와 기회가 만들어졌음을 알 수 있었다. 이 중 핵심 기술은 판매회사와 직접적으로 연관된 고객에 대한 정보를 수집하는 능력이다. 이 회사는 정보를 수집하고는 있었지만 잘 활용하지 못하고 있었다. 우리는 이 기술이 단순한 자료 관리 이상의 기능을 가지고 있음을 보여 줌으로써 이 기술의 영업 개발 잠재력을 강조하고, 이렇게 확장된 기회를 통해 앞으로 나아갈 수 있도록 기업문화를 바꾸라고 제안했다.

생산성: 전체 맥락에 근거해서 기업의 작업 흐름을 이해하는 일은 그 기업의 잠재적인 문제점과 기회의 파악 이상의 것을 가져다준다. 장벽을 없애고, 소통을 늘리고, 직원의 사기와 헌신을 촉진하며, 새로운 기술 도입을 가

속화해 생산성을 더 높은 수준으로 끌어올린다. 기업문화를 조정하면 기업이 고객과 맺고 있는 관계를 변화시킬 수 있다. 이런 관점에서 보면 기업문화에 대한 분석은 기업이 보다 큰 목표를 달성하고 전체적으로 건강한 체질을 유지할 수 있도록 만드는 진단적이고 전략적인 도구이다.

기업의 합병: 새로운 회사를 인수 합병할 경우 기업문화를 조정할 필요가 있다. 위계질서가 매우 엄격한 조직이 갑자기 협동적이고 팀워크를 중시하는 회사와 합병할 수도 있고, 국내에서 시작한 기업이 세계 시장의 통합에 매우 열정적인 외국 기업의 소유가 될 수도 있다. 세계 시장으로 진출하려는 열망은 새로운 관리 체계에 대한 수요와 기대를 끌어올린다. 이 변화역시 문화적 수준에서 인도되고 촉진될 필요가 있다.

변화에 대한 적응: 기업이 갑작스럽게 성공하여 성장하거나, 예상치 못한경제적 환경의 변화로 사업 규모가 축소되면 이런 변화에 알맞은 소통과 지배 방식을 갖추어야 한다. 우리는 부서의 주요인물이 다른 분야로 옮기거나특정 기능이 갑자기 제거되었을 때 부서가 마비되는 상황을 종종 목격했다. 여기서 문제는 어느 누구도 축소 이후에 따라올 문화적인 변화를 예상하지못했다는 것이다.

기업의 사회적 책임: 기업과 브랜드 이미지는 사회적 책임의 실행 여부와점점 더 긴밀하게 연결되고 있다. 가장 멋지거나 기술적으로 재밌거나 광고를 가장 잘하는 브랜드 정도로는 더 이상 충분하지 않다. 소비자와 주주들은 제품 사용 여부를 결정할 때 그 기업의 환경에 대한 관심, 제품을 만드는개발도상국에서 노동자의 권리를 존중하고 임금을 정당하게 지급하는 문제, 민주적인 회사 구조, 제품 원료의 친자연성과 친건강성 등에 점점 더 주목하고 있다. 기업의 사회적 책임은 높은 수준의 문제인식, 조직적인 집중,

내·외부 청중과의 의사소통으로써 조성된 문화적 사안이다.

3. 민족적·지역적 하위문화

현재 전 세계의 인구는 활발히 이동하며, 다문화주의는 현대사회에 깊숙이 뿌리내렸다. 선진국 사회는 다양한 종교, 국가, 인종, 언어, 성별, 성적 성향, 계급의식에 해당하는 하위문화들의 다채로운 모자이크처럼 보인다. 소수문화를 긍정하거나 억제하는 정도, 그리고 서로 다른 문화들이 갈등하기보다는 관용적이고 서로를 받아들이는 정도도 국가에 따라 매우 다르다.

마케터들은 지역적이고 민족적인 하위문화가 기회를 제공한다는 사실을 잘 알고 있다. 대량판매용 제품을 틈새시장의 취향과 선호도에 맞게 바꾸든, 그들만의 언어나 은어를 사용하는 하위문화집단에 호소하기 위해 상업적 클리셰를 사용하든 간에 마케터들은 하위문화에 효과적으로 어필해야만 브랜드 충성도와 제품 사용을 시도하는 행동이 강화된다는 사실을 확인했다. 공동체의 욕구를 효과적으로 만족시키는 방법은 질적 연구를 통해 배울 수 있다. 예를 들어 지역은행이나 보건센터는 지역 기념일 챙기기, 지역민을 관리원으로 고용하기, 지역사업과 서비스 사업자에게 투자하기 등이 모두 브랜드 충성도를 강화한다는 사실을 잘 알고 있다.

민족집단ethnic groups은, 설령 모국에서 추방당한 집단이라 하더라도, 전체 사회에서 제품과 서비스의 소비자로서뿐만 아니라 혁신의 근간으로서도 중요한 존재이다. 민족집단의 음식, 음악, 예술의 스타일과 취향은 주류 사회의 구성원들에게 처음에는 이국적이거나 낯설게 보이지만, 결국에는 전체 사회에 완전히 동화된다. 그 예로 미국에서 살사라고 불리는 멕시코 소스는 식탁에서 이미 케첩을 앞질렀다.

민족집단을 타깃으로 삼아 펼치는 마케팅은 복잡하다. 모든 민족집단에 같은 수준으로 접근할 수는 없기 때문이다. 즉, 민족집단이 눈에 띄는 정도나 동화 정도, 언어 관련 문제, 문화적 특색과 가치 등 여러 가지가 서로 매우 상이하다. 주류 사회는 민족 공동체들을 구별점 없는 집단으로 여긴다. 즉, 주류 사회는 민족 정체성이라는 민감한 특색에 관심이 없거나 이를 무시한다. 그러나 아이러니하게도 한 민족집단 안에서도 매우 다양한 관점이 존재한다. 예를 들어 남플로리다 주에 자리 잡은 재미 쿠바인은 남캘리포니아 주로 새로 이동한 재미 멕시코인과 공통점이 거의 없다. 하지만 전체 사회 속에서 이 두 집단은 '히스패닉'으로 동일하게 인식된다. 대중사회에 존재하는 집단 동질성의 경향성은 사람들이 자신을 위해 더 작은 정체성 단위를 만들려는 필요성에 의해 상쇄된다.

한 사회에는 다양한 태생적 특징에 기반을 둔 정체성을 공유하고 있는 대규모의 가시적 범주인 사회적으로 확립된 민족집단과 그보다 작은 규모의 민족 하위공동체 ethnic subcommunities가 존재한다. 후자는 언어보다는 방언으로, 국민보다는 지역 출신으로 정의되며, 많은 사람들은 스스로를 이민자라기보다 장기 체류 중인 손님으로 인식하곤 한다. 미국에서 디트로이트 지역의 이라크인, 텍사스 지역의 남아시아인, 뉴욕 시의 유태인과 러시아계 유태인, LA 지역의 베트남인 등이 주요 민족 하위공동체로 남아 있는 동안 히스패닉은 확립된 민족집단 모델로 빠르게 발전하고 있다.

마케터들은 종종 민족 하위공동체와 직접 소통해야 하는 상황을 만난다. 전략적 통찰력을 제공하고 집단 규범이나 선호도에 대한 정보를 얻기 위해 선호되는 기술은 문화적 민감성이 높은 방법론들이다. 자택 방문 면담이나 사교모임에서의 만남, 또는 에스노그라피적 관찰과 면담으로 민족집단의 행동의 문화적 맥락을 이해하는 데 상당히 유용한 지식을 얻을 수 있다. 다음은 이러한 접근법에 잘 맞는 예들이다.

- 민족 하위공동체의 문화적 특징에 직접적으로 호소하는 제품. 예를 들어 디왈리Diwali(힌두교의 축제 중 하나로 화려한 등을 켜고 폭죽을 터뜨린다.) 때 쓸 축

하카드나 민족적 식단에 맞는 음식이나 식재료 등이다.

- 특수한 상황에 영향을 받는 하위공동체를 대상으로 하는 공공적 보건 메시지. 뉴욕의 푸에르토리코 공동체는 다른 민족집단에 비해 천식으로 고생하는 사람들이 많다. 동유럽 유태인은 고셔병 같은 유전병의 발병률이 높다. 이 같은 집단들을 목표고객으로 삼는 제약회사들은 특수한 문화적 요인들을 고려한 연구를 진행하여 이 지역 주민들이 약품과 보건 서비스를 받을 기회를 늘릴 수 있다.
- 하위 민족집단과 모국의 유대관계를 강화해 주는 상품과 서비스. 예를 들어 교육, 여행, 통신, 또는 송금 서비스 등.
- 제품에 대해 모국어로 자세히 설명하고 신뢰도가 높아야만 판매할 수 있는 상품의 경우, 같은 민족 하위공동체의 구성원을 판매원으로 채용하면 효과가 크다. 예를 들어 안전 관련 서비스, 은행 상품, 보험, 부동산 등.
- 하위 민족집단이 소속된 더 큰 사회에 적응하는 데 필요한 전문적인 서비스. 예를 들어 이민법, 부동산, 재무투자 상품 등.
- 특정 민족 하위공동체가 판매 경로의 상당 부분을 차지하는 분야. 예를 들어 미국 동부와 서부 해안 지역에 있는 슈퍼마켓은 대부분 한국인과 아랍인이 운영한다.
- 민족 하위공동체의 특수한 욕구와 관련해 포지셔닝되거나 유통될 때 이득을 볼 수 있는 대량생산 제품들.

퀄리데이터 사가 수행한 최근의 연구를 보면, 재미 히스패닉에게는 집이 완벽하게 청소되었음을 알리는 데 냄새의 역할(특히 소나무 냄새)이 중요하다는 것을 알 수 있다. 이런 사실은 구체적인 상식으로 통용되지는 않지만, 만약 청소가 끝나고 부엌에서 할머니 집의 냄새가 난다며 기뻐하는 소비자를 보면 왜 이것이 상식이 아닌지 의심하게 된다. 이런 연구에 기반을 둔 이해는 제품을 재구매하는 강력한 동기가 될 수 있다.

마케터는 다양한 민족문화와 연관된 스타일과 이미지에서 '유명인을 닮고 싶어 하는 사람wannabees'을 공략하는 데 필요한 감정 정보를 얻을 수 있다. 이들은 닮고 싶은 사람이나 준거집단의 스타일을 흉내 내고 싶어 한다. 최근 프랑스에서는 미국 빈민가 젊은이들의 패션과 은어가 청소년들 사이에 퍼져 있다. 프랑스 청소년들은 이런 상징들을 개인을 표현하는 수단이자 기성사회를 비판하는 수단으로 사용한다.

그러나 일부 말투와 스타일을 따라하는 것만으로는 충분하지 않다. 마케터가 이와 같은 현상을 정확하게 그리고 맥락과 일치하게 활용하지 않는다면 오히려 역효과가 날 수 있다. 즉, 천박해 보이거나 진정성을 의심받을 수 있다. 예를 들어 미국 농구스타들을 자신들의 모델로 삼은 일본 청소년들은 나이키 신발 브랜드를 받아들였다. 하지만 그들은 나이키 신발을 '격식을 갖춘 신발formal wear'로 여긴다. 실제로 농구를 할 때는 나이키 신발은 벗어서 잘 보관하고, 대신 닳거나 상처가 생겨도 상관없는 싸구려 브랜드 농구화로 바꾸어 신는다. 마케터들이 혁신적인 제품을 위한 전략을 수립하기 위해서는 이처럼 맥락에 입각한 세부사항을 잘 알아야 한다.

산드라 웡Sandra Wong(1993)은 문화와 맥락에 대한 예민한 감수성이야말로 재미 아시아인들이 일반 시장에서 당연한 것으로 간주되는 개념적 구성물들에 부여하는 의미를 해석하는 데 결정적인 요소라고 지적했다. 가족, 가장, 의사결정자가 의미하는 바는 문제가 제기되는 상황과 맥락에 따라 매우 다르다. 이러한 맥락에 부주의하면 연구결과를 잘못 해석하고 불쾌한 오해를 일으킬 가능성을 야기할 수 있다.

개발도상국에서는 소비와 연관된 문화적 가치가 전국적인 현상으로 발전할 수 있다. 예를 들어 중국은 현재 마르크스 사회주의에서 시장 사회주의로 이행하고 있는데, 이 과정에서 과거에 철저히 금지되었던 마케팅과 광고가 중요한 사회문화적 현상이 되었다. 과거에는 개인적인 부의 축적과 독립적인 경제활동에 눈살을 찌푸렸는데, 최근에는 이러한 활동을 근대적인 미디어와 대중시장의 발전, 부의 창출, 그리고 창업자 계급 출현의 결과물로

본다. 데이비드 K. 체^{David K. Tse}, 러셀 W. 벨크^{Russel W. Belk}, 그리고 난 주^{Nan} ^{Zhou}(1989)는 중국 광고 메시지의 내용을 분석해 소비와 관련된 문화적 주제가 엄격한 공리주의^{utilitarianism}에서 서구사회의 특징인 쾌락적 가치로 옮겨 가는 중임을 밝혔다.

4. 소매점에서 소비자의 움직임^{retail navigation}

최근 들어 소매점이나 상업 환경 연구에 마케터들이 에스노그라피적 연구방법을 활용하는 경향이 커지고 있다. 이는 여러 가지 목적 때문인데, 가장 설득력 있는 이유는 이 방법이 판매와 판촉 성과를 상세하게 생태학적으로 분석한다는 것이다. 연구자들은 소매점의 환경을 구성하는 모든 요소들, 즉 빛, 냄새, 표지, 제품 진열, 위치, 구매시점의 광고 상태, 크기, 진열방향, 인접 제품 등이 어떻게 구매행위에 영향을 미치는가를 평가한다. 에스노그라퍼의 역할은 소매점의 성과를 최대화하기 위한 관점에서 이와 같은 생태적 요소들의 의미와 결과를 해독하는 것이다.

이러한 연구에서는 소비자와의 실제 상호작용을 피하고, 상당 기간 동안 사람들의 행위를 저속촬영 카메라로 녹화해 자료를 수집하는 방법을 쓰는 경우가 종종 있다. 예를 들어 파코 언더힐^{Paco Underhill}(2000, p.76)은 이런 도구들을 활용하여, 사람들이 백화점을 돌아다닐 때 자연스레 오른쪽으로 움직이는 경향이 있다는 사실을 발견했다. 한편 소비자가 소매 환경에서의 경험 이면에 있는 의미를 표현할 수 있도록 그들과 동행하는 방법도 활용된다(Mestel 1998). 대부분의 연구들은 능동적 자료수집 방법과 수동적 자료수집 방법을 혼용한다.

퀼리데이터는 최근에 주요 은행에 대한 연구를 실시했다. 이 연구의 목적은 저축과 대출이 이루어지는 전통적인 형태의 은행이 아닌, 투자를 주된 목표로 삼는 새로운 형태의 은행 지점을 방문할 때 소비자들이 느끼는 경험을 분석하는 것이었다. 이 지점에서는 다양한 형태의 투자 상품의 분석과 조사, 구매를 용이하게 하는 데 모든 물질적·관계적 요소들을 총동원했다. 이러한 특색이 가져오는 성과를 평가하는 것이 이 연구를 의뢰한 고객의 목적이었다. 우리는 모집한 참여자들과 함께 지점을 걸어 다니면서 그들이 지점 내에서 직원이나 기술적 자원과 어떻게 상호작용하며 어떤 구두 반응을 보이는지를 면밀히 관찰했다.

제품범주 관리category management는 소매점의 판촉과 관련된 분야로서, 소매점 진열대의 상품과 쇼핑하는 사람 사이의 적합성을 극대화하기 위한 공간·자원의 전략적 배치와 체계적인 자료 수집이 혼합된 형태이다(Corstjens & Corstjens 1995; Nielsen Marketing Research 1993 참조). 제품범주 관리의 근본적인 목적은 특정 상점을 이용하는 고객들의 특징에 따라 제품범주의 구색, 진열대 공간 배치, 가격전략, 촉진활동 등을 조정하는 것이다. 소매환경 에스노그라피 기법, 특히 쇼핑객의 행동을 비디오로 촬영하는 방법은 범주 관리를 도와주는 매우 유용한 자료 수집방법이 되었다. 우리는 면밀한 분석을 통해 쇼핑객들이 제품들을 어떻게 둘러보는지, 여러 브랜드 중에서 어떤 식으로 의사결정을 내리는지, 그리고 구매 장소에 있는 광고 디자인이 소비자들의 구매 선택에 어떤 영향을 주는지 등을 밝힐 수 있다.

5. 게릴라 에스노그라피

다소 논란거리이나, 공개적인 공간에서 행해지는 연구방법 가운데 최근에 급부상하는 것이 게릴라 에스노그라피, 파일럿 에스노그라피 또는 길거리 조사street research라 불리는 연구방법이다. 이 방식은 연구자의 역할을 강조하지 않은 채 소비자들의 자연스러운 생활공간에서 그들을 즉흥적으로 관찰하고 이야기를 나누는 방식이다. 광고회사의 브랜드 설계자나 기타 창조적 업무를 하는 사람들 중에 이런 연구방식을 선호하는 이들이 많다. 이 연구의 목적은 여과되지 않고 사전에 계획되지 않은 채로 실제 목표고객을 직접 만나는 것이다. 연구자들은 자신의 직업적 역할이 무엇이며 소비자들과 상호작용을 하는 목적이 무엇인지를 알리기도 하지만 보통은 이에 대해 공식적으로 말하지 않는다. 대신 동료 소비자나 판매원들과 일상적인 대화를 나누는 과정에서 소비자의 선호, 판매와 관련된 단서, 소비자 언어 같은 것들에 대한 정보를 얻고자 한다.

이와 같은 연구방법의 확실한 장점은 연구자와 연구대상자 간의 사회적 거리나 장벽을 허물 수 있으며, 상호작용이 '자연스럽고' 연구를 위한 장치 때문에 부자연스러워질 염려가 적다는 점이다. 하지만 이 연구방법은 사생활 침해의 여지가 있으며 상호작용의 구조가 조작적이라는 비판을 받기도 한다. 이 방법을 비판하는 이들은 연구자가 연구참여자에게 조사 중임을 사전에 알리고 승낙을 받지 않는다면 어느 누구도 상업적 목적의 상호작용에 끌어들여서는 안 된다고 주장한다.

게릴라 에스노그라피는 종종 포커스 그룹 면담이나 지나가는 사람을 대상으로 한 설문조사를 준비하는 예비조사 형태로도 사용된다. 연구자가 슈퍼마켓이나 체인점을 간단히 둘러보기만 해도 진열대 제품 범주의 역동성에 대해 어느 정도 알게 된다. 진열대 앞에서 손님과 대화하면 면담 접근법으로 영향을 미칠 수 있는 소비자의 동기와 사고방식 등을 알 수 있다. 이 조사의 목적은 (관찰된) 행동에서 결론을 이끌어 내는 것이 아니라 실제 소비자와의 상호작용을 통해서 연구자 스스로를 조사범주에 익숙해지게 만드는 것이다.

암행 쇼핑Mystery Shopping: 퀄리데이터 사는 주로 서비스를 직접 제공하는 사람들을 평가할 때 사용하는 방법인 암행 쇼핑과 관찰 조사를 혼합한 형태의 연구를 수행한 경험이 있다. 우리의 목적은 새로운 휴대전화 판매대의 효과를 이해하고, 판매원이 여러 가지 휴대전화와 통신 서비스를 추천하는 과정에서 이루어지는 왜곡과 특정 제품이나 서비스에 대한 편애를 평가하는 것이었다. 에스노그라퍼들은 판매대 주변에서 벌어지는 쇼핑객들의 행동을 면밀히 관찰하고 기록했을 뿐만 아니라, 소비자가 판매대에서 느끼는 경험을 살펴보기 위해 때로는 마치 고객처럼 행동했다. 예를 들어 판매원이 판매조건을 명확히 제시했는지, 소비자에게 판매 계약을 잘 이해시켰는지 등을 알아보았다.

더 나아가 판매원의 왜곡을 시험하기 위해 여러 가지 '사용 시나리오'를 가지고 여러 점포를 차례로 방문했다. 각각의 시나리오는 연구의뢰인이 미래 목표고객에게 어필할 것이라고 느끼는 바를 대표했다. 우리는 판매원들이 고객과 경쟁제품을 어떻게 인식하고 있는지를 이해하는 데에서 문제의 해결책을 찾았으며, 연구의뢰자가 판매원 교육 및 동기제공 전략을 수립하는 데 도움을 주었다.

6. 맥락적 기술technology: 사용성과 사용자 인터페이스 디자인

끊임없는 기술 진보는 우리 세대의 상징이다. 컴퓨터가 이 시대의 주요 생산도구가 되고 인터넷이 마케팅과 커뮤니케이션의 주요 채널이 된 이상, 기술적 도구도 질적 연구와 에스노그라피 연구의 대상이 될 수밖에 없다. 우리가 사용하는 전화기, 전자레인지, 비디오 플레이어, ATM 기기 등의 디자이너들은 연구를 수행하고 그 결과에 따라 제품을 수정하면서 평균적인 사람들의 욕구와 그들이 특히 좋아하는 것에 대응하는 방법을 배워 왔다.

사람과 도구 사이의 상호작용에 대한 체계적인 연구는 사용성usability에 대한 응용과학을 창출했다. 이러한 하위 분과학문의 목적은 고객이나 사용자가 여러 가지 기술이나 도구를 소비하거나 사용할 때 발생하는 문제, 장애, 그리고 사용을 돕는 요소들을 보다 잘 이해하는 것이다. 일상생활의 편리를 도모하는 물품들, 즉 가정과 직장 환경, 개인 청결 관리나 식사 준비 또는 집안 관리와 관련한 일상적인 문제들을 해결하는 데 사용하는 간단한 제품들, 진입로나 도로 표지판 같은 우리 활동에 친숙한 지형 등을 디자인하는 방법은 우리의 의도와 이상에 부합하기도 하고 문제를 일으키기도 한다.

맥락적 탐구contextual inquiry라는 용어는 종종 직장과 집안 환경을 집중적으로 탐구하는 에스노그라피 조사에 적용된다. 맥락적 탐구의 목적은 기술과 도구를 발전시킬 수 있는 과정과 욕구를 더 잘 이해하는 것이다.

인터넷은 에스노그라피 사용 증가의 또 다른 원인이 되었다. 즉 에스노그라피는 기술 제품을 발전시키고 웹사이트의 사용성, 재미, 효과를 개선하는 도구가 될 수 있다.

노먼(1990)에 따르면 사용성의 원리는 사람들의 심성모형mental model에 따른 것으로, 경험과 학습을 기반으로 사람들이 이해한 사물의 작동 방식이다. 소비자는 자신과 타인에 대한 자연스러운 감각, 인간의 능력에 대한 느낌, 환경을 인식하는 방식, 인과관계와 문화적 관습에 대한 생각 등을 가지고 제품을 사용하게 된다. 제품 디자이너는 이런 근본적인 원리들을 사용성을 향상하는 데 활용할 수도 있고, 무시하여 위험해질 수도 있다. 소비자들이 잠깐 동안은 성능이 좋지 않고 사용성에 주의를 기울이지 않은 제품을 받아들일 수는 있지만, 결국에는 사용성의 원리를 따르는 사업체가 경쟁력을 가질 것이다.

그동안 이루어진 사용성 연구들에 따르면, 소비자는 제품의 기능이 어느 정도 수준의 가시성을 갖고 있기를, 즉 외부자료를 참조하지 않아도 제품 운용방법을 이해할 수 있기를 바란다. 요점은, 사용자들은 제품의 작동방식에 대한 단서와 그들이 취한 행동에 대한 피드백을 기대한다는 것이다. 예를 들어 전등 스위치를 생각해 보자. 사용자는 어떤 행동을 하면 불이 꺼지고 켜지거나 불빛의 양을 조절할 수 있다는 사실을 알고 있다. 예측한 대로 해보아 원하는 반응을 얻으면 사용자는 자신이 맞게 행동했다는 사실을 알게 된다. 그러나 수많은 제품군과 사용 환경에서 사람들이 자신들의 이해에 기반을 두고 제품이 어떻게 작동할지를 내적으로 알고 있는 과정과, 그 제품을 책임지고 만든 엔지니어, 건축가, 디자이너, 화학자 들이 요구하는 과정을 완료하기 위해 실행해야 하는 작동 단계 사이에는 큰 차이가 발생할 수 있다.

쿨리데이터 사는 가정의 해충박멸 행위에 대한 에스노그라피 연구에서 소비자들이 서로 경쟁하는 해충 관리 기술에 대해 오해하고 있다는 문제점을 발견했다. 우리는 이것을 사용성 문제로 파악했으며, 이러한 생각에 기반을 두고 실험을 실시했다.

소비자들은 스프레이 형태와 미끼 형태의 개미 박멸제가 있다는 사실을 알고 있으며 이들을 구입한다. 미끼형 제품은 플라스틱 용기에 들어가 독에 오염되어 나온 소수의 개미들이 다른 개체에 독을 전파하는 방식으로 작동하기 때문에 개미가 돌아다니는 곳 근처에 설치해야 한다. 독에 오염된 개미들은 집에 돌아갈 때까지 상당 기간 생존하며, 집에 돌아간 후 여왕개미를 포함해 집 전체를 오염시킨다.

많은 소비자들이 미끼형 박멸제의 작동방식을 오해하고 있다(물론 대다수가 사용방법을 제대로 읽지 않았거나 읽었어도 이해하지 못했기 때문이겠지만). 소비자들은 덫에서 빠른 속도로 기어 나오거나 덫을 피하는 개미들이 많은 것을 보고 미끼형 박멸제가 제대로 기능하지 못한다고 생각한다. 우리는 실험을 통해 왜 소비자들이 스프레이 같은 독성이 있는 화학약품을 선호하는가를 증명했다. 실제로 화학약품은 개미를 신속하게 공격하는 데는 유용하지만 장기적인 관점에서 완전박멸에는 유용하지 못하다. 그리고 기술적 측면에서 몇 가지 바람직하지 않은 결과를 가져오기도 한다. 스프레이 박멸제가 병든 개미를 죽이면 이 개미들은 보금자리로 돌아가지 못하고 유독성 물질로 오염된 지역에 그대로 남는다. 결국 다른 개미들은 이 지역에 접근하지 않게 된다. 며칠 후 개미가 다시 나타나면 소비자는 두 가지 제품 모두 효과가 좋지 않다고 생각하고 브랜드를 바꿔야겠다는 결론을 내린다.

우리는 연구의뢰자에게 우선 소비자들을 더 교육할 필요가 있고, 제품의 성능과 관련하여 미끼라는 단어를 쓰지 말라고 조언했다. 이 단어는 제품 성능에 대해 소비자에게 제품의 실제 작동방식과는 일치하지 않는 심상 mental image을 구축하기 때문이다.

사용성 실험은 실험실에서만 진행될 수도 있지만, 실험실 환경은 실제와 다르다는 한계가 있기 때문에 자연스러운 맥락에서 실험실이 아닌 곳에서 진행될 수도 있다. 즉 고객이 구매 또는 주문 제작한 기계 제품이 실제로 작동하는 상황이나 인간-컴퓨터 간 상호작용을 관찰하기 위해 고객의 자택이나 회사에서 진행될 수도 있다.

퀄리데이터 사는 연구의뢰자의 홈뱅킹 웹사이트나 ATM 기계를 디자인하는 데 도움을 주기 위해 맥락을 고려한 에스노그라피를 활용해 왔다. 우리는 소비자들이 표출하는 바람을 듣고, 컴퓨터 기술과 상호작용하는 모습을 관찰함과 동시에 그들을 둘러싼 환경을 면밀하게 검토했다. 또한 회사원이 컴퓨터나 소프트웨어 구입을 고민하는 과정에서 대인관계, 전단지, 또는 전산용품과 기기를 어떻게 활용하는지를 알기 위해 에스노그라피를 실시했다. 사무용품을 생산하는 대기업을 위한 연구에서는 비서나 사원들이 보고서를 만드는 과정에서 전산 장비를 비롯한 각종 자원을 어떤 식으로 사용하는지를 파악하는 데 많은 시간을 할애했다. 우리는 이 연구들을 통해 신제품 개발과 마케팅 커뮤니케이션을 위한 개념과 전략을 도출했다. 소비자가 컴퓨터의 기능성을 회피하고, 대신에 포스트잇 같은 종이 자원에 연필로 쓴 메모들을 도처에 붙여 놓는 상황에서 제품의 의미나 기회, 적응 과정 등은 매우 극명하게 드러난다.

마이크로프로세서는 일상 기기와 도구에 점점 더 많이 사용되고 있다. 블루투스같이 본체와 떨어져 기기를 관리하는 시스템은 우리가 일상적으로 제품을 작동하고 조종하는 방식을 바꾸고 있다. 하지만 일상적으로 쓰는 제품에 새로운 기능을 추가한다고 해서 자동적으로 사람들이 만족하게 되거나 신이 나거나 그 제품을 사용하기 쉬워지지는 않는다. 정확히 말하면, 추가된 혜택이 오히려 복잡함과 혼란스러움을 야기할 수 있다. 사용자들의 일반적인 필요와 기호를 예측하는 일을 전적으로 디자이너의 몫으로 돌려서는 안 된다. 그들은 자신의 디자인에 과도하게 몰두하여 객관성을 제쳐놓거나 자신이 원하는 것을 추구하며, 지나치게 미학적인 면을 강조하여 사용성을 희생하거나 보통 사람들의 기술에 대한 반응을 인식하는 능력을 잃어버리기도 한다. 일상생활에서 제품을 실제 사용하는 이에게서 배우는 연구방법은 이제 필수 불가결한 방법론이다.

7. 종합: 소비자 마음속의 문화와 맥락

이 장에서는 에스노그라피가 전통적인 질적 연구방법과 설문연구 관행의 한계에 대응해 어떻게 부활했는가를 기술했다. 또한 최근에 에스노그라피 연구의 유용성과 관점이 확대되고 각광받고 있는 민족적 하위문화나 기타 하위문화들의 분석, 소매 환경 및 기술과 관련한 연구에 대해서도 언급했다.

무엇보다도 우리는 소비자 마음속의 문화와 맥락의 중요성을 보여 주고자 노력했다. 소비자의 갈망과 선택은 우리 뇌 구조에 깊숙이 뿌리 내린 문화에 기반을 두기 때문에, 에스노그라피는 소비자의 행동을 더 많이 이해하는 데 매우 중요한 한 걸음을 내딛게 해준다. 따라서 에스노그라피의 유용성과 적용은 계속 확대될 것이다.

마케팅 분석에서 에스노그라피가 더 많이 활용되도록 다음 장부터는 실제 연구를 실행하는 데 필요한 사항들을 단계적으로 소개한다. 우리의 목적은 에스노그라피가 무엇인지를 분명하게 설명하고, 마케팅 과정에 에스노그라피를 고정적인 조사방법으로 자리매김함으로써 모든 마케터들이 그 혜택을 함께 누리는 데 있다.

#2

프로젝트의 설계와 실행

5
에스노그라피의 종류

에스노그라피로 분류되는 마케팅 지향적 연구의 유형은 다양하며, 각 종
류에 따라 관찰에 필요한 만남과 현장이 상당히 다르게 규정된다. 이 장에
서는 다양한 유형의 에스노그라피 연구에서 나타나는 서로 다른 특징을 살
펴보고, 각 연구들이 지니는 실행계획적logistical 측면의 함의를 짚어 보겠다.

마케팅 지향적인 에스노그라피 연구는 슈퍼마켓이나 공항, 공원 등과 같
은 공공 공간에서 수행되는지, 아니면 가정이나 직장 같은 사적 공간에서
수행되는지를 기준으로 구분할 수 있다. 또는 에스노그라피적 만남의 강도
를 기준으로 구분할 수도 있다. 즉, 연구대상자와 접촉하는 기간이 제한적
이고 구체적인 과업에 집중하는 연구, 상대적으로 기간의 제약에서 자유로
운 총체적 소비경험에 대한* 연구로 구분할 수 있다. 이 두 가지 기준에 따

---

* 'existential'은 일반적으로 '실존주의적', '실존적' 등으로 번역되며 이 책의 다른 장에서도 그
렇게 번역했지만, 여기에서는 독자들의 이해를 돕기 위해 '총체적 소비경험에 대한'으로 의역
했다. 비슷한 맥락에서 7장에서도 'existentially based'를 '총체적 소비경험 중심으로'라고 의
역했다.

른 에스노그라피 연구의 유형 구분 방식을 정리하면 다음과 같다.

	사적 장소	공공장소
제한된 기간/구체적 과업 delimited/task driven	제품 사용 관찰 구조화된 제품 사용법 맥락적 사용성	동행구매 구조화된 제품 사용법 게릴라 에스노그라피
열린 기간/총체적 소비경험 open-ended/existential	문화 연구 일상적인 하루	구매 관찰 암행 쇼핑

1. 사적 상황에서 이루어지고 기간이 제한되며
구체적 과업을 중시하는 연구

❖ **제품 사용 관찰**

제품 사용 관찰 연구는 부엌 청소, 요리, 빨래, 아기 기저귀 갈아주기 등과 같이 가정이나 직장에서 일어나는 전형적이고 구체적이며 규칙적인 활동을 통찰하기 위한 연구이다. 이 연구를 수행할 때 현장에서 소요되는 시간은 활동 종류에 따라 달라지며, 조사자는 각 상황에 맞추어 활동 준비 단계에서 마무리 단계까지 이르는 전 과정을 관찰하기에 충분한 시간을 예상해 두어야 한다. 따라서 식사 준비 과정을 관찰한다면 재료를 준비하고, 음식을 요리하고, 준비된 음식을 먹고, 마지막으로 설거지를 하는 모든 과정을 포함해야 한다. 일반적으로 자연스러운 활동을 관찰하는 데에는 3~5시간 정도가 소요된다.

당뇨병 환자가 포도당 수치 측정기를 사용하는 방식을 관찰한 연구에서 우리는 측정기를 확인하는 시간 패턴이 환자들마다 서로 달라 방문시간을 조정하는 데 어려움을 겪었다. 하루 종일 수시로 측정기를 확인하는 환자가 있는가 하면, 아침과 저녁에만 측정기를 확인하는 환자도 있었는데, 후자의 환자들에게 맞추기 위해서는 하루에 두 번씩 그들을 방문해야 했다. 종이제품 생산업체에 관한 연구에서는 연구참여자들 각자가 식사하러 갈 때마다 따라가 관찰하는 어려움을 겪기도 했다.

❖ 구조화된 제품 사용법

구조화된 제품 사용법 연구의 목적은 신제품에 대한 소비자의 반응이나 기존 제품의 대안적 활용방안^{alternative formulation}, 또는 새로운 사용 습관을 분석하는 것이다. 이런 구조화된 활동 연구는 때에 따라서는 실험실과 같은 중립적인 환경에서 이루어지지만, 대개 연구참여자들이 일상적으로 제품을 사용하는 장소에서 실험적인 방식으로 이루어진다. 다시 말해, 현장방문은 소비자들이 새로운 상품이나 친숙하지 않은 상품을 사용하는 모습을 관찰함으로써 결과적으로 구조화된다. 이런 조사는 고작 한두 시간 정도면 끝난다는 점에서 현장방문 중에서도 가장 간단한 축에 속하지만, 조사자는 연구참여자들이 제품을 사용해볼 수 있도록 준비하고, 그들이 과거에 사용했던 다른 제품들에 관해 듣고, 제품 사용의 결과를 평가하는 과정에 차질이 없도록 신경 써서 시간 계획을 세워야 한다.

❖ 맥락적 사용성

일반적으로 맥락에 따른 사용성 연구의 목적은 연구참여자들이 그들에게 익숙한 환경에서 기술이나 도구와 상호작용하는 모습을 관찰하는 것이다. 예를 들어, 연구참여자에게 그가 가진 컴퓨터로 특정한 웹사이트에 접속하거나 컴퓨터에 설치된 소프트웨어 프로그램을 다루는 모습을 보여 달라고 부탁하는 것이다.

2. 사적 상황에서 이루어지고 기간이 제한되지 않은
   총체적 소비경험 연구

❖ 문화 연구

문화 연구는 공통되는 민족적, 사회경제적, 직업적, 종교적, 감정적 특징에 기초하여 소속이 규정되는 집단을 총체적으로 이해하고자 노력한다. 문화 연구는 전통적인 조직 연구 및 커뮤니티 연구와 유사점이 많다. 이런 연구 유형의 강점은 소비자 유형에 따라 제품을 맞춤 제작하고 이를 적절하게 조정하는 방법과 관련된 정보를 제공해 준다는 것이다. 예를 들어, 보험회사의 마케터가 최근 미국으로 이주한 아시아인들의 재무와 관련된 가치관과 행동에 대한 지식을 확보하면 그들의 욕구에 대응하는 특별한 제품과 마케팅 전략을 개발할 수 있을 것이다.

문화 연구의 성과는 연구대상 문화 출신의 주요 정보제공자와 장기간에 걸쳐 지속적으로 관계를 맺었을 때에 얻을 수 있다. 문화 연구에서 에스노그라피적 만남은 연구대상 집단이 자주 다니는 공공장소—종교기관, 가게, 커뮤니티 센터 등—에서 일어날 수도 있지만, 대개 집이나 직장 같은 사적인 장소에서 일어나기 마련이다.

❖ 일상적인 하루

일상적인 하루에 대한 연구란 특정한 유형의 소비자가 사용하는 제품에 내포된 원칙이나 기대를 밝히기 위하여 제품 사용 환경에 장시간, 즉 하루 종일 방문하는 것을 뜻한다. 일상생활의 하루를 연구하여 연구의뢰인은 보통 하루 동안의 일상생활에서 일어나는 일련의 활동이나 문제를 통찰하고자 한다.

이 조사방법은 다양한 상황에 적용할 수 있다. 예를 들어 제약회사의 마케터는 이 조사방법을 적용해 당뇨병이나 알츠하이머, 정신분열증을 앓고 있는 환자들이 일상생활에서 직면하는 문제를 더 잘 이해할 수 있다.

퀄리데이터는 이와 같은 형태의 에스노그라피를 다년간 수행한 경험이 있으며, 다양한 분야의 마케터들이 우리의 도움을 받았다. 지방의 한 전화회사가 의뢰한 조사에서 우리는 소규모 사업체가 휴대전화, 유선전화, 컴퓨터 등과 같은 다양한 커뮤니케이션 매체를 통해 고객 및 공급자와 어떻게 상호작용하는지를 연구한 바 있다. 또 데이터 저장 및 검색 서비스를 제공하는 회사의 의뢰를 받아 수행한 연구에서는 하나의 조직이 하루 동안 사용한 문서 파일의 '생애사 life history'를 추적했다. 이 연구에서 우리가 특히 주의 깊게 관찰한 것은 문서의 저장 형태, 파일 열람 빈도수, 검색한 문서를 처리하는 방식, 그리고 검색방법 등이었다. 이 두 연구는 모두 신제품 개발의 영감을 얻기 위한 것이었다.

이와 같은 연구를 수행하려면 조사자는 아침 일찍 현장을 방문해서 연구참여자가 하루 일과를 마무리할 때까지 머물러 있어야 한다. 따라서 소비자의 집을 방문할 경우 조사자는 소비자와 그의 가족들이 잠에서 깨어날 때 찾아가서 그들이 잠자리에 들 때까지 머물러 있어야 한다. 그러나 직장을 방문하는 경우라면 연구참여자의 편의를 위해 연구 시간을 조금 줄여야 할 수도 있다. 반면에 연구 목적을 달성하기 위해 한 조직을 계속해서 관찰해야 한다면 현장을 며칠 동안 방문할 수도 있다.

3. 공공적 상황에서 이루어지고 기간이 제한되며 구체적 과업을 중시하는 연구

❖ 동행구매

종종 쇼핑 따라가기 shop-alongs 또는 함께 쇼핑하기 accompanied shops라고 불리는 동행구매 연구는 특정 브랜드나 제품 또는 제품군을 구매하는 소비자를 관찰하고 조사함으로써 중요한 전략적 정보를 획득하는 것을 목적으로 한다. 이와 같은 연구는 판매기술을 평가하거나, 경쟁사의 제품들이 슈퍼마켓 선반에 진열되는 방식을 관찰하거나, 쇼핑 환경에서 소비자가 겪는 내적 경험을 더 깊이 이해하고자 할 때에 유용하다. 동행구매 연구는 대개 조사자가 연구참여자와 함께 집을 나서서 슈퍼마켓이나 소규모 상점, 할인매장 등에 가는 방식을 취한다. 만약 연구참여자가 전화나 인터넷을 통해서 구매한다면 조사자는 집에서 그를 관찰함으로써 동행구매 연구를 수행할 수 있다. 동행구매 연구의 현장방문은 일반적으로 계획에서 완수까지 통틀어 2~4시간가량 소요된다. 한편 조사자는 동행구매 연구와 자료 수집을 함께 실시할 수도 있다. 예를 들어, 음식재료 구입과정에 대한 동행구매 조사를 수행한 후에 그 재료를 사용해 소비자가 음식을 준비하는 과정을 관찰한다.

❖ 구조화된 제품 사용

구조화된 제품 사용 연구는 사적 상황뿐만 아니라 공공적 상황에도 적용된다. 대개 공원이나 교통체계 또는 안내센터 등과 같은 공공시설의 활용과 관련된 정보를 얻고자 하는 정부 기관이 이 같은 연구를 의뢰한다. 예를 들어, 교통체계 개선을 담당하는 기관은 잠재 이용객을 대상으로 기차나 버스의 신모델을 동반 시승해 보는 연구를 함으로써 접근의 용이성, 효율적인 신호체계 등과 같은 사안에 대한 통찰력을 얻을 수 있다.

❖ 게릴라 에스노그라피

에스노그라피를 제대로 수행하기 위해서는 체계적이고 조직적인 노력이 필요한 것이 사실이다. 그러나 특별한 준비 없이 공공장소에서 무작위적인 (참여)관찰을 몇 차례 해서 '일단 발을 담가볼 것'을 요구하는 연구의뢰인도 있다. 공공적 상황에서 이루어지는 제품 사용 방식을 신속히 알아보는 것이 목적인 이와 같은 연구를 흔히 게릴라 에스노그라피라고 부른다. 이런 접근방법은, 예를 들어 대중적인 클럽이나 바, 펍에서 사람들이 술을 마시는 상황을 관찰하거나 소비자들이 특정 제품을 구매하는 행위를 관찰하는 용도로 유용할 것이다.

게릴라 에스노그라피는 일반적인 에스노그라피에 비해 덜 체계적이고 연구기간이 짧다는 것이 특징이다. 이에 대해 부정적인 견해를 가진 사람들은 게릴라 에스노그라피 연구는 연구참여자를 무작위로 선택하지 않거나 연구참여자 수가 충분치 않아 발생하는 오류 때문에 잘못된 결론을 도출할 위험성이 있다고 비판한다. 이런 비판은 사실 모든 질적 조사에 가해지는 전형적인 비판과 다르지 않다. 그럼에도 불구하고 게릴라 에스노그라피 연구는 자발적이고 현실적인 환경에서 소비자가 제품을 실제로 선택하고 사용하는 패턴을 발견하는 데 도움을 줄 수 있다는 점에서 유용하다.

4. 공공적 상황에서 이루어지고 기간이 제한되지 않은 총체적 소비경험 연구

❖ 구매 관찰 연구와 암행 쇼핑 연구

연구목표에 따라서는 특정한 연구참여자에게 초점을 맞추지 않고 판매 및 구매의 맥락을 총체적으로 관찰해야 하는 경우가 있다. 이때에는 매장 안의 주요 지점에 관찰자를 배치하거나 비디오 촬영 장치를 설치하고, 제품을 구매하는 수많은 소비자들에 대한 관찰에 기초하여 일반화를 시도해야 할 수도 있다. 이런 형태의 조사방법을 가리켜 파코 언더힐Paco Underhill (2000)은 소매환경 에스노그라피retail ethnography라고 표현했다. 이 조사방법의 목적은 생태적으로 조절되는 활동과 매장 내 판촉을 위한 공간 배치에 초점을 맞춤으로써 판매와 구매가 이루어지는 환경을 총체적으로 분석하는 것이다.

조사자는 특정 매장에서 소비자나 판매자를 관찰할 수 있다. 이 경우 아마도 연구의뢰인은 조사자에게 며칠 또는 몇 주 동안 현장에서 조사를 진행해 달라고 요구할 것이다. 예를 들어, 신제품 도입에 관한 조사를 의뢰한 연구의뢰인은 판매자가 연구의뢰인이 생산한 제품에 관해 정확하고 구매 욕구를 유발하는 정보를 소비자에게 제공하는지를 평가하기 위해, 퀄리데이터의 조사자에게 주어진 시나리오— "기계를 좋아하는 아들에게 선물하려는데 어떤 것이 좋을까요?"처럼 잠재적 사용자와 상황에 대해 기술한 내용—에 따라 판매자에게 질문을 던지면서 접촉해 달라고 요구했다.

5. 복수의 방법을 사용하여 얻는 혜택

오늘날 시장조사자들은 단일한 방법을 독립적으로 사용할 때보다 다양한 자료 수집 방법을 사용해 연구를 진행할 때 더 깊고 풍부한 결과를 얻을 수 있다는 사실을 알고 있다. 보통 삼각기법triangulation 혹은 브리콜라주brico-lage라고 불리는 이와 같은 조사 전략은 단일한 조사기법에 의존하는 대신, 다양한 방법을 통해 획득한 독립적인 통찰들을 한데 모아 축적함으로써 가장 풍부한 지식을 습득할 수 있다고 가정한다. 인식론적 관점에서 보았을 때, 모든 조사방법은 근본적인 한계를 내재하기 때문이다. 즉 한 가지 방법은 진실이 가진 여러 측면 가운데 한 측면에만 근접할 수 있다.

소비자에 대한 실용적인 통찰을 얻고자 할 때 에스노그라피를 다른 조사방법—그것이 계량적인 방법이든 아니면 다른 종류의 질적 방법이든 상관없이—과 함께 사용한다면 더욱 효과적이다. 퀄리데이터는 아이들의 놀이에서 발견되는 새로운 패턴을 통찰하기 위해 포커스 그룹 면담과 소비자의 가정을 대상으로 한 에스노그라피적 현장방문을 함께 시행한 적이 있다. 또한 앤드루 버튼Andrew Burton(2001)은 의미 있는 새로운 유행을 이해하고자 할 때 전문가 패널과 에스노그라피를 혼합해 활용할 것을 마케터들에게 제안한 바 있다.

에스노그라피 조사방법과 온라인 방식의 또는 면대면 방식의 조사방법을

창의적으로 혼합해 사용하는 데에는 어떤 제한도 없다는 사실을 기억하기
바란다.

6
프로젝트의 개관

마케팅 정보를 얻는 방법으로 에스노그라피를 고려 중인 조사자라면 다음과 같은 문제들을 생각해볼 필요가 있다. 첫 번째로는, 당연하겠지만, 자신이 수행하고자 하는 프로젝트에 에스노그라피가 적합한 방법인지를 따져보아야 한다. 또한 마케팅에 사용되는 에스노그라피는 전통적인 에스노그라피와 차이가 있다는 점을 고려해야 한다. 조사자는 이 같은 차이들을 살펴봄으로써 마케팅 연구에 에스노그라피가 적합한지를 판단할 수 있을 것이다. 마지막으로 에스노그라피를 실제 시장조사에 적용할 때 발생할 수 있는 문제에 대해서도 생각해 보아야 한다. 이 장에서 우리는 바로 이런 문제들을 다룰 것이다.

1. 에스노그라피는 마케팅 조사에 적합한 방법인가?

마케팅 문제를 해결하기 위해 에스노그라피적 접근을 고려하는 조사자라면 무엇보다 가장 먼저 '에스노그라피가 마케팅 문제를 해결하기 위한 조사에 과연 적합한 방법인가'를 따져보아야 한다는 데에는 의심의 여지가 없다. 조사자들은 때때로 최신 유행이라는 이유로, 지금까지 '잘 팔려 왔다'는 이유로, 혹은 기존의 진부한 방법 대신 색다른 것을 사용해 보고 싶다는 이유로 조사방법을 선택한다. 에스노그라피는 일반적으로 조사 목적이 다음과 같은 특징 가운데 하나 이상을 가지고 있을 때 적합한 조사방법이다.

조사 목적이 문화적인 경우: 조사의 목적이 특정 조직이나 커뮤니티 내부의 근본적인 패턴을 탐구하는 데에 있다면 에스노그라피는 유용한 조사도구이다. 문화 이해를 위한 탐구는 대개 다음의 세 가지 기대와 연관된다. 첫째, 특정 집단에 쉽게 접촉하고 그들과 의사소통을 더 잘할 수 있는 방법을 찾기 위해서. 둘째, 문화 내부에서 발생하는 안정과 변화의 역동을 이해하기 위해서. 셋째, 특정한 범주와 브랜드의 관계를 확인하기 위해서. 문화 이해는 주로 개입전략이나 기회평가 중 하나의 요소로서 가치가 있다.

조사 목적이 맥락적인 경우: 에스노그라피 방법은 행동의 맥락과 장소가 중요한 변수로 간주되는 조사에 적합하다. 그 대표적인 예로 근무 환경에 대한 조사, 소비자가 제품을 사용하고 구매하는 장소에 대한 조사, 특정한 행위가 유도되는 장소에서 나타나는 기호와 상징에 관한 조사 등이 있다.

조사 목적이 총체적인 경우: 에스노그라피는 조사 목적이 총체적일 때 적절한 방법이다. 즉, 소비자를 이해하는 데 의식, 라이프스타일, 희망, 욕구 등과 관련한 정보가 모두 다 꼭 필요한 경우 에스노그라피는 적합한 방법이 될 수 있다.

조사자가 소비 환경에 직접 참여해 목적을 달성할 수 있는 경우: 조사자가 소비자에게 가능한 한 가까이 다가가고 싶을 때 에스노그라피는 적절한 해결책이다. 가정이나 상점, 직장에서 이루어지는 에스노그라피 조사보다 소비자와 더 가깝게 접촉할 수 있는 방법은 없다. '바로 그곳'에 있어 보는 경험은 실험실 연구나 조사기술로써는 결코 얻을 수 없는 깊은 통찰과, 걸러지지 않은 있는 그대로의 현상을 볼 수 있는 풍부한 시각을 제공해줄 것이다.

영상 기록을 통해 조사 목적을 달성할 수 있는 경우: 에스노그라피는 소비자가 직접 작성했거나 소비자의 구술을 정리한 보고서에 사진이나 비디오 같은 영상자료를 통합해 분석하고자 한다. 이런 시각적 요소들은 결과의 분석 및 그에 대한 의사소통에 적용할 수 있는 또 다른 차원의 관점을 제공해줄 것이다.

에스노그라피는 일반적으로 질적 조사 방법의 한 종류로 분류되지만 그렇다고 해서 계량화나 체계적인 수치 계산이 에스노그라피의 목적과 전혀 어울리지 않는 것은 아니다. 예를 들어 소매점 환경에 대한 연구를 수행할 때 남자와 여자, 혹은 혼자 쇼핑하는 사람과 어른이나 아이와 동행한 사람의 분포를 체계적으로 계산한 수치는 유용한 자료이다. 그러나 지리적으로 넓게 분산된 대규모 표본 집단에 관한 조사를 할 때에 에스노그라피는 조사에 필요한 표본 집단의 크기나 분포를 경제적이고 효율적으로 제시하지 못한다.
에스노그라피는 다음과 같은 영역에도 어울리지 않는다. 예를 들어 구체적인 조사 결과를 장기간에 걸쳐서 비교할 필요가 있는 경우, 에스노그라피는 지속과 변화에 관해서 큰 그림만을 보여줄 수 있기 때문에 사용하지 않는 것이 좋다.* 추정projective 및 유도elicitation 기법을 사용하기 위해 연구대상

---

* 에스노그라피가 구체적인 조사 결과를 장기적으로 비교하는 데에 적합하지 않다는 말은, 실험실 상황처럼 다른 요소들을 모두 통제하고 조사하고자 하는 요소의 변화만 비교하는 정량적 조사방법들과 달리, 에스노그라피는 자연스러운 상황에서 총체적인 조사를 하기 때문에 큰 그림을 보여 주는 데 더 적합하다는 것을 의미한다.

자를 고립된 상황에 놓아야 하는 조사의 경우에도 가정이나 사무실에서의 조사는 부적합하다. 이런 조사에는 실험실 환경이 더 좋을 것이다.

2. 학술적 에스노그라피와 마케팅 에스노그라피의 비교

마케팅 에스노그라피는 초점과 시각, 그리고 깊이의 측면에서 학술적 관심을 가진 조사자들이 수행해 온 전통적인 에스노그라피와 구분된다. 이 둘의 중요한 차이점은 다음과 같다.

✧ 연구의뢰인 중심

마케팅 에스노그라피의 목적은 연구의뢰인이 요구하는 문제를 해결하는 것이다. 마케팅 에스노그라피에서 이해해야 할 필요가 있다고 생각되는 의제agenda를 설정하는 쪽은 조사를 후원하는 연구의뢰인이다. 학술조사가 학문이나 공공의 이익을 위해서, 혹은 이론적인 난제를 풀기 위해서 수행되는 것과 달리 마케팅 에스노그라피는 일차적으로 연구의뢰인이 궁금해하는 질문에 관심을 가지며, 이는 주로 소비자 행동이나 사업 관련 조직의 기능 같은 주제와 연관된다.

보통 마케팅 조사는 기업 내의 전략 마케팅 팀, 제품 개발 팀, 혹은 생산성 향상 팀 등과 같은 사업 단위에서 시작되며, 기업의 투자와 목표에 관한 결정에 근거가 필요할 경우 추진된다. 따라서 연구 활동을 수행하고 이에 따른 결과를 산출하는 전 과정에서 업무 효율성, 기밀보장confidential, 소유권proprietary이 강조된다. 조사연구를 통해 얻은 정보는 후원자에게 귀속된다. 연구의뢰인이 연구 결과물을 대중에 공개하는 일은 매우 드문데, 일반적으로 조사를 통해 얻는 정보가 내부 사안이고 기업 전략의 계획 수립과 관련되기 때문이다.

기업들은 조직 내의 일반적인 절차나 더 큰 맥락에서 다양한 하위 그룹의 역할(예: 여성의 역할)을 학술적으로 연구하기 위해 방문하고 싶다는 연구자들의 요청을 종종 받아들이기도 한다(예: Kanter 1977). 하지만 이러한 작업을 마케팅 에스노그라피와 혼동해서는 안 된다. 마케팅 에스노그라피는 학문 또는 사회와 산업 전체의 이익과는 구분되는 연구의뢰인의 이익 향상을 목적으로 한다.

❖ 사업 관련 문제

브랜드와 사업 개발에 영향을 미칠 수 있는 문제들을 고려하여 마케팅 에스노그라피를 고안해야 한다. 이와 관련된 사안들은 다음과 같다.

- 소비자의 관행에서 어떻게 신제품에 대한 아이디어를 얻을 수 있는가?
- 소비자가 느끼지만 분명히 드러나지 않는 문제들에서 제품을 수정할 기회를 잡을 수 있는가?
- 소비자의 사용 환경에서 제품이 어떻게 기능하는가?
- 제품들이 어떻게 다루어지고 관리되는가? 이러한 관행에서 포장과 보관에 대한 혁신적인 아이디어를 얻을 수 있는가?
- 소비자의 라이프스타일과 지역적·민족적 하위문화, 그리고 연령에 따른 행동이 제품 사용과 제품에 대한 욕구에 미치는 영향력은 어떠한가?
- 일상적 업무의 생산성 및 조직 내 커뮤니케이션을 향상하는 방안은 무엇인가?
- 소비자의 태도와 행동에서 새롭게 주목받는 트렌드는 무엇인가?

이러한 사안들에서 일관되게 나타나는 고려사항은 기업의 수익 향상과 장기적 가치 증식이다. 이것은 바람직한 제품 혁신의 도입, 제품의 사용자 친화도 향상, 상품과 배송 비용의 절감, 브랜드에 대한 소비자와의 직접적인 커뮤니케이션 효과 증진 등과 같은 기업 활동을 통해 달성된다.

한정된 예산과 시간 범위: 마케팅 연구 프로젝트는 의사결정 중심으로 운영되기 때문에 연구의뢰인이 원하는 시간과 예산에 맞춰야 한다. 전통적인 에스노그라피의 경우 조사자가 조사 대상 커뮤니티에 들어가 그들과 관계를 진전시키는 데 시간과 비용 면에서 별다른 제한이 없다. 하지만 마케팅 에스노그라피 연구자는 매우 제한적인 여건 속에서 과업을 수행해야 한다. 연구 참여자들과 관계를 쌓고, 유용하고 신뢰할 만한 정보를 얻으며, 기업이 실행 가능한 결과를 달성하는 것 같은 일들을 몇 년이 아니라 몇 달 혹은 몇 주 안에 이루어야 한다.

이러한 제약으로 인해 마케팅 에스노그라피 연구자들은 그들에게 주어진 시간을 매우 효율적으로 활용하고, 유용하고 신뢰할 만한 정보를 계획적으로 도출해 내야 한다. 동시에 연구의뢰인도 에스노그라피가 때때로 '빠르지만 지저분한dirty' 전화 설문보다 시간이 많이 걸린다는 사실을 이해해야 한다. 프로젝트 계획을 세울 때는 자료 검토와 심도 있는 분석을 위한 시간뿐만 아니라 현장방문을 조직하고 실행하는 데 소요되는 여분의 시간도 고려해야 한다. 좋은 아이디어는 충분한 시간을 필요로 한다.

상호적인 조사관리: 연구의뢰인은 에스노그라피 연구팀과 연구의뢰인 측 매니저가 긴밀하고 쌍방향적으로 협력할 수 있도록 후원해야 한다. 연구를 수행하기 전에 명확한 진행 순서와 합의된 과정, 상호 책임에 관한 사항들을 조정하고 계획해야 한다. 즉흥적이고 임기응변적인 요소가 필요할 때도 있지만 기본적으로 수립된 계획에 맞추어 실행하도록 노력해야 한다.

조사자와 매니저를 통합하면 이점도 있지만 위험 부담도 안게 된다. 주된 이점은 경영진과 기술자, 상품 매니저와 브랜드 매니저의 집약된 지식과 배경을 조사팀으로 가져올 수 있다는 점이다. 이로써 선행연구 및 브랜드와 제품 범주의 역사, 상품효율과 수익성 높은 생산과 관련된 기술 등을 습득하는 데 필요한 시간, 즉 기획에서 실시까지 걸리는 시간을 줄일 수 있다. 한편 이해당사자^{stakeholder}는 때로 자신의 이익을 공동의 자원보다 우선적으로 고려하는 정치적 성향을 띠기도 한다. 예를 들어 경영자나 매니저가 제품 테스트에서 '나쁜 결과'가 나오는 일을 막으려고 하는 경우이다. 이런 상황에서 연구자는 객관성과 전문성을 유지하기가 어려워진다.

❖ 절차 문제

조사자의 제한된 역할: 대부분의 마케팅 에스노그라피 연구는 조사자가 연구참여자에게 자신의 역할을 솔직하고 분명하게 밝힐 것을 권고한다. 상호작용의 '자연스러움'을 유지하기 위해서는 연구참여자를 충분히 준비시킬 필요가 있다. 그러나 그러한 준비 자체가 관찰을 오히려 '부자연스럽게' 만들 우려가 있다. 처음에는 연구참여자가 다소 스스로를 의식하며 지나치게 많이 생각할지도 모르지만, 일단 그들이 감을 찾으면 명백한 왜곡을 피할 수 있게 된다.*

시간이 한정되어 있기 때문에 실수를 허용할 만한 여유는 없다. 따라서 연구참여자들이 현장방문 중에 진행될 일들의 순서와 조사의 구체적 측면—몇 명의 관찰자가 참여하는지, 사용할 장비는 무엇인지—을 예상할 수 있도록 준비시킨다.

게릴라 에스노그라피나 즉흥적인 에스노그라피 등과 같은 특정한 에스노그라피의 경우에는 조사자가 상점 고객이나 술집 고객과 같은 일상적인 사회적 맥락에서 평범한 역할을 수행하면서 조사하는 한, 연구참여자가 특별히 준비할 바는 없다. 이와 같은 연구에서는 명시적인 녹음이나 연구의뢰인과의 동행 관찰은 자료 수집 전략에 포함되지 않는다. 따라서 관찰을 한다는 사실은 연구참여자와 자연스럽게 상호작용을 하는 상황을 저해할 만

---

* 처음에는 평상시 행동처럼 보이려고 꾸미거나 잘 보이려고 애쓰던 연구참여자들이 그 상황에 익숙해지고 나면 평상시처럼 자연스럽게 행동하게 되는 것을 의미한다.

한 문제를 거의 낳지 않으며, 투명성도 중요한 요구조건이 아니다.

팀 지향적 활동: 최대한 효율적으로 목적을 달성하고 상호 조사 관리를 촉진하기 위해서 종종 팀을 이루어 프로젝트의 세부사항을 수행한다. 이처럼 여러 사람이 합심해 일하는 방법은 어쩔 수 없이 연구 진행을 서두르느라 잃어버린 에스노그라피의 고유한 장점을 어느 정도 보상해 준다. 일상적으로 함께 일하지 않는 사람들이 한 팀으로 일하려면 팀원들 간의 훈련과 조화가 필요하다.

팀원들이 관찰 내용과 결론을 집단적으로 공유하고 다듬기 때문에 팀 지향적 활동은 마케팅 에스노그라피에 활력을 불어넣고 생산성을 높인다. 팀 구성원들의 지적 능력이 중첩되면 개인 능력을 단순히 합친 것보다 더 큰 힘을 발휘한다.

3. 조사 시행 과정의 개관

마케팅 에스노그라피는 다음과 같이 상당히 일반적인 단계를 따라 이루어진다.

❖ 연구의뢰인 관련 지침
상품과 서비스를 다루는 마케터나 광고 및 판촉 에이전시, 정부 단체 등으로부터 정보 수집을 의뢰받거나 에스노그라피적 방법을 적용한 연구를 의뢰받아 프로젝트가 시작된다.

• 첫째, 에스노그라피 접근이 연구의뢰인의 욕구와 목적에 부합하는지를 확실히 파악하려면 연구의뢰인의 욕구와 목적을 명확하게 이해해야 한다. 프로젝트의 생산적인 수행을 보장하기 위하여 연구의뢰인의 지침을

새롭게 해석하고 수정하는 경우도 흔하다.

- 연구의뢰인에게 에스노그라피적 접근방법이 '할 수 있는 것'과 '할 수 없는 것'을 이해시키는 것이 매우 중요하다. 또한 연구의뢰인이 에스노그라피 실행 과정에서 봉착하게 되는 어려움과 발생할 수 있는 다양한 문제점들을 현실적으로 인식하게 만드는 것도 매우 중요하다. 에스노그라피가 모든 종류의 정보수집 목적을 달성하는 데 똑같이 유용하지는 않으므로, 부적합하게 사용되는 경우는 반드시 피해야 한다.

- 에스노그라피 프로젝트는 별개의 프로젝트로 진행될 수도 있고, 포커스 그룹이나 전화 설문 같은 다양한 양적 또는 질적 접근법과 함께 사용될 수도 있다. 후자의 경우 연구 컨설턴트는 이 방법이 조사 목적에 부합하는지 아닌지를 명확히 해야 한다.

- 연구의뢰인의 업무 지침서는 연구에 할애된 예산과 연관성이 있어야 한다. 보통 구체적인 연구를 위한 경비를 지원하기 전에 조사 예산 총액을 책정하는데, 다양한 시장에 연구팀을 배치하려면 상당한 액수를 지출해야 하므로 이러한 관행은 에스노그라피에 부정적인 영향을 미칠 수 있다. 재정적 지원이 충분하지 못하면 불완전하거나 사실을 오도하는 정보의 수집으로 이어질 우려가 있기 때문에, 연구비를 지나치게 아끼려고 한다거나 지름길로만 가려는 행동은 피해야 한다.

❖ 프로젝트 설계

연구자들은 현장 작업을 실제로 수행하기 전에 여러 전략적인 질문들을 논의할 필요가 있다.

- 어떤 장소를 몇 군데나 조사할 것인가? 예를 들어 소매환경 에스노그라피의 경우 대도시 지역 네 곳의 여러 슈퍼마켓에서 조사할 수 있고, 화장실 청소 습관에 관한 연구의 경우 스무 명 또는 그 이상의 연구참여자들의

가정을 방문해야 할 수도 있다.

- 각각의 현장에서 어떤 유형의 연구참여자를 얼마나 찾아야 하는가? 예를 들어 슈퍼마켓 연구에서는 연구 목적에 따라 일회용 기저귀를 사는 소비자 열 명과 비공식 면담을 해야 할 수도 있다.

- 정보를 수집하는 데 어느 정도의 시간을 투자해야 하는가? 까다로운 질문이다. 연구에 따라, 계절적 요인에 따라 설명해야 할 부분이 있고, 주말과 평일의 변수를 비롯한 여러 가지 요인들이 존재하기 때문이다. 퀄리데이터가 수행한 식사 습관에 관한 연구에서는 일반적으로 어른들은 일하고 아이들은 학교에 가는 평일과, 상대적으로 여유 있게 식사할 수 있는 주말의 행동을 모두 관찰할 필요가 있었다.

- 에스노그라피적 접촉을 어떻게 정의할 것인가? 조사 사안들을 알아내려면 연구참여자와 상호작용을 해야 하는가? 연구참여자들과의 깊은 유대가 필요한 연구가 있는가 하면, 상대적으로 거리를 둔 관찰detached observation 이 필요한 연구도 있다.

- 현장에서 에스노그라퍼의 역할은 무엇인가? 앞으로 살펴보겠지만, 에스노그라퍼는 자료 수집 목적을 충족하기 위해 명시적인 역할과 비밀스러운 역할 두 가지를 모두 수행해야 할 수도 있다.

- 에스노그라퍼는 연구참여자들의 협력을 어떻게 얻어낼 것인가? 에스노그라퍼는 연구참여자들이 유용하고 타당한 정보를 제공할 수 있도록 북돋워 주고 방향을 제시해 주어야 한다. 하지만 그들을 지나치게 가르치려 해서는 안 된다.

- 현장을 어떻게 정의해야 하는가? 연구의 성격에 따라 자주 이동해야 하는 연구가 있다. 예를 들어 중소기업의 전자통신 사용에 관한 프로젝트에서 에스노그라퍼는 판매원들과 함께 많은 고객들을 방문해야 했다. 판매원들은 평소에 시내 여러 곳에 있는 고객들을 방문하기 때문에 그들을 연구하려면 그들과 함께 다녀야 했다.

- 타당하고 유용한 자료를 얻기 위해 어떤 방법을 사용해야 하는가? 노트에 적기에서부터 숨겨둔 카메라^{concealed video}에 이르기까지 다양한 방법을 선택할 수 있다.
- 어떻게 연구의뢰인을 참여시키고, 어떻게 그들의 유용성을 극대화할 것인가? 어떤 연구의뢰인들은 현장분석팀의 구성원이 되고 싶어 하거나 직접 소비자 행동을 관찰하고 싶어 한다.
- 마케터의 필요를 최대한 충족시키기 위해서 수집된 정보를 어떻게 조직하고 분석할 것인가? 에스노그라피 조사에서는 연구참여자 인터뷰 기록, 연구자가 관찰한 행동의 기록, 비디오 기록 및 여러 명의 관찰자들이 수집한 자료 등 많은 양의 원자료가 생산된다. 조사자는 모든 기록물을 객관적이고 감정에 치우치지 않도록 매우 신중히 검토해야 한다. 때로는 컴퓨터 프로그램을 활용해 이 과정을 자동화해 자료 분석을 한다.

앞에서 서술한 문제들과 그 외 여러 문제들에 대하여 연구 초기에 합의해 두어야 한다. 이 책에서는 이러한 모든 의문에 대응하는 여러 가지 가이드라인을 제공할 것이다.

❖ 전략적 계획

이 단계에서는 프로젝트를 완수하기 위한 윤곽을 잡는다. 필요한 물적 자원과 인적 자원—내부 스태프와 외부 하청업자—을 체계적으로 조직하고, 재정 자원을 할당하기 위한 예산을 책정하고, 과업 수행과 조사 결과의 보고 및 발표의 전체 일정을 계획한다. 이 단계에서 중요한 요소는, 연구의뢰인의 요구—충분한 정보를 수집하고 일정 마감 시한을 지키기—에 맞추어 가능한 최고수준의 성과를 보장하면서도 비용 측면에서 가장 생산적인 계획을 수립하는 것이다.

각 프로젝트의 요소들은 서로 밀접하게 관련되어 있으며, 다른 작업을 시작하기 전에 각 업무를 차례대로 완료해야 한다. 따라서 프로젝트에 참여하는 모든 구성원은 마감 시한을 엄격히 준수하는 것이 프로젝트 책임을 수행하는 데 매우 중요하다는 점을 인식해야 한다. 프로젝트 계획과 일정을 문서화하면 연구에 참여하는 모든 이에게 그들에게 기대되는 바가 무엇인지를 명확히 전달할 수 있다.

반대로 예기치 못한 만일의 사태에 대비해 여유 시간을 충분히 확보하여 프로젝트 일정을 짤 필요도 있다. 필요한 경우 업무를 더 빠르게 진행할 수 있도록 일정 수준의 예비 인력을 확보해 두는 것도 중요하다.

훈련: 자료 수집과 분석 과정에서 연구를 수행하는 사람들이 지적 관점과 기술을 공유하는 것은 어느 프로젝트에서나 중요한 절차이다. 모든 연구자들은 연구의뢰인의 목적을 이해하고, 조사하려는 제품의 범주에 친숙해져야 한다. 또한 새로 참여하는 연구원은 에스노그라피적 방법에 익숙해져야 한다. 이뿐만 아니라, 현장을 방문하여 함께 관찰을 수행할 연구의뢰인 측 대표는 에스노그라피 조사과정에서 진정한 파트너가 될 수 있도록, 그리고 관찰과 결론을 왜곡할 수도 있는 실수를 유발하지 않도록 교육받아야 한다.

참여자 모집: 그다음으로 중요한 작업은 연구참여자의 세부사항 목록을 작성하는 일이다. 대부분의 마케팅 에스노그라피는 연구의뢰인의 목표 대상인 소비자를 대표하는 소수의 사람들을 포괄적으로 설명해 주는 무언가를 얻고자 한다. 이러한 참여자들은 예를 들어 '취업한 어머니'나 '최근 이민한 히스패닉 사람'과 같은 인구통계학적 용어로 정의되거나, '원예 애호가'나 '숯불 그릴 애호가' 같은 사용자 범주로 정의되기도 한다.

연구참여자를 용이하게 모집하기 위해서는 조사대상이 될 연구참여자를 조작적 용어operational terms로 분명하게 정의해야 한다. 예를 들어서, 단순히 제품군의 '사용자'와 이야기를 나눌 필요가 있다고 해두는 것만으로는 충분하지 않다. 정확히 어떤 제품군이 고려대상이며, 얼마만큼의 사용 빈도와 사용량이 '사용자'를 정의하는지, 그 외 여러 관련사항들에 대해 구체적으로 접근해야 할 필요가 있다.

다음으로 프로젝트 매니저는 연구에 협조할 사람들을 어떻게 찾아서 권유할 것인지를 고민해야 한다. 보통 마케팅 에스노그라피는 전화조사 같은 방법론을 사용하는 연구자들이 쓰는 것과 동일한 연구참여자 모집 인프라infrastructure에 의지해야 한다. 일반적으로 필수적 연구참여자 풀을 조성할 때 연구참여자를 전문적으로 모집해 주는 회사에 의뢰한다. 세계 도처 주요 도시에 있는 이러한 회사들은 미국 마케팅 협회American Marketing Association의 뉴욕 지부가 발간한 『그린북Green Book』이나 시장조사 협회Market Research Association에서 펴낸 『블루북Blue Book』 같은 안내 책자에서 찾아볼 수 있다.[1] 연구참여자 모집 회사는 어떠한 종류의 연구이든, 필요에 부합하는 소비자 및 유통업자를 찾아서 협력을 얻기 위해 노력할 것이다.

세부사항 목록을 연구참여자 스크리닝 질문지로 전환하여 참여자 모집 방법을 표준화한다. 스크리닝 질문지에는 인구학적 조건, 제품 사용 방식, 성향 변수 등과 관련해 연구참여자의 조건을 반드시 아주 세밀하게 묘사하여 연구의뢰인이 타깃으로 삼은 소비자를 반영해야 한다. 스크리닝 질문지로 연구참여자의 특성을 효율적으로 점검할 수 있다. (부록에 스크리닝 질문지의 사례를 수록했다.)

일정 잡기: 현장방문이 언제 그리고 얼마 동안 이루어지는가는 모집과 관련된 또 다른 중요한 문제이다. 연구참여자들이 고려 대상 제품을 실제로 사용하는 방법에 따라 프로젝트의 시기와 일정을 정해야 하며, 이와 관련한 각각의 예비지원자에 대한 정보를 신중하게 기록해야 한다. 만약 한 가정이 목요일, 금요일, 토요일에 가족의 옷을 세탁한다면 세탁 에스노그라피 연구

자는 이날 현장방문을 하도록 일정에 신경을 써야 할 것이다.

현장 진입: 대부분의 에스노그라피 프로젝트는 연구참여자의 집이나 직장, 상점, 여타 공공장소 등에서 이루어진다. 따라서 가정방문 또는 연구참여자가 직접적으로 통제하지 않는 장소에 접근하는 것과 관련된 실행계획적 logistical 문제들을 짚고 넘어갈 필요가 있다. 예를 들어 아침에 먹을 시리얼을 구매할 때의 의사결정 과정을 관찰하기 위해 연구참여자가 가장 즐겨 찾는 슈퍼마켓에 동행해서 사진이나 영상 같은 시각기록을 만들고자 한다면, 조사자는 먼저 체인점의 지역 담당자와 국내 본사에서 연구 허가를 받아야 할 것이다.

❖ **프로젝트 실행하기**

지역 관습 존중하기: 가정을 방문할 때에는 관찰하려는 행동이나 관행이 다른 (문화적) 맥락에서는 사적인 것으로 간주되는 것들이 아닌지, 가족 구성원들의 협력을 얻어야 하는지 등, 가족 구조 또는 문화에 관련된 사항들을 반드시 고려해야 한다. 예를 들어 이슬람 가정에서는 성별에 따라 영역이 구분되어 있어 여성의 공간 중 몇몇 영역은 외간 남자에게는 금지된 구역이다. 이러한 문화적 요소를 이해한다면 어리숙하거나 공격적으로 보이지 않으면서도 핵심적인 정보를 얻을 수 있을 것이다.

기업체 방문: 사업체나 직장을 방문할 때 섭외 담당자는 그 기관의 권위체계를 존중하고 문제를 피해 가야 한다. 만약 피고용인들을 연구에 참여시키고자 한다면 우선 고용주에게 협조를 구해야 한다. 보통 모집을 시작하기 전에 현장 매니저에게 프로젝트의 목적과 절차를 설명한다. 연구 허락 과정을 주의 깊게 거치지 못하면 연구진은 좌절감을 주는 성가신 사건과 맞닥뜨릴 수도 있다. 퀄리데이터가 캘리포니아에 있는 한 회사의 관리직 구성원들

을 관찰한 적이 있는데, 그곳의 관리자는 자신이 에스노그라피 관찰자를 출입시킬 권한을 가지고 있다고 생각했다. 하지만 불행하게도 관리자의 상사가 사무실로 들이닥치더니 그 결정을 번복하고 현장방문을 일찍 끝내 버렸다. 에스노그라퍼와 비디오 기술자, 연구의뢰인은 건물 밖으로 쫓겨나다시피 했고, 우리는 하루의 생산성을 허비한 일의 의미를 곱씹어야만 했다.

공공장소: 게릴라 연구 또는 계획적인 에스노그라피를 공공장소에서 수행하는 경우에는 사적 공간에서 연구할 때 반드시 거쳐야 할 공식적 절차와 장애를 상당 부분 덜 수 있다. 그럼에도 불구하고 연구자는 자료를 수집하면서 자신의 역할을 노출할 것인지, 현장에서 거치는 절차들이 사업 윤리나 사생활 보호 규정을 침해하지는 않는지 등을 반드시 고려해야 한다. 대부분의 경우, 심지어 공공장소에서 자발적인 인터뷰를 하는 동안에도 연구 목적에 상반되지 않는 한, 조사자들은 자신의 신원을 밝혀야 하며 동의를 얻기위해 노력해야 한다.

윤리: 에스노그라피적 자료를 수집하기 위해 동기를 감추고 자신을 허위로 소개하면서 다른 시민의 사적 공간에 들어가는 행동은 윤리 원칙에 위배됨은 물론, 때로는 불법적이다. 몇 년 전 닛산 자동차는 교환학생 행세를 하는 젊은 남성을 통해 은밀하게 에스노그라피를 수행한 일이 드러나 대중의 비난과 함께 심각한 곤란을 겪었다. 닛산 직원인 다카시 모리모토는 캘리포니아의 코스타메이사에 거주하는 프랜치 씨의 집에 세 들어 살았다. 지역신문이 나중에 보도한 바에 따르면 모리모토는 미국식 자동차 사용 패턴에 관한 시장조사를 했다. 한 달 반 동안 그는 가족 사유재산의 사진을 찍고 그들의 라이프스타일을 기록한 것으로 보인다. 닛산은 미국인 취향에 더 잘맞는 자동차를 만들기 위해 필요한 자료를 수집하려 한 것 같다. 결국 나중에 취하했지만, 분노한 프랜치 가족은 소송을 제기했다.[2]

자료 수집: 관찰력과 통찰력을 갖춘 조사자 자신이 자료 수집의 일차 도구이므로, 연구에 참여하는 모든 조사자들은 에스노그라피적 관점과 관찰 도구들을 일관되게 공유해야 한다.

가장 중요한 자료 수집 도구는 (참여)관찰 가이드이다. 각 프로젝트의 연구의뢰인과 협의하여 개발한 (참여)관찰 가이드는 현장방문 중에 다룰 모든 주제와 관찰 지점들의 윤곽을 잡아 준다. 모든 조사자들이 (참여)관찰 가이드의 세부 사항들을 공유함으로써 똑같은 기준에 따라 일을 처리하게 된다. 부록에 (참여)관찰 가이드의 견본을 수록했다.

간단한 연필과 노트, 오디오테이프 및 비디오테이프, 스틸 사진 등 연구에 적합한 자료 기록 도구라면 어떤 것이든 자료 수집에 도움이 된다. 때로는 자료를 얻기 위해 물리적 흔적을 수집하고 검토해야 할 수도 있다.

연구의 품질 관리: 프로젝트 관리자는 연구에 참여하는 사람 모두가 기대 수준에 부합하거나 그 이상으로 일할 수 있음을 보장할 책임이 있다. 프로젝트의 모든 요소들은 상호의존적이기 때문에, 일련의 연구 단계에서 가능한 최고 품질의 수준으로 과업과 결과물을 마무리해야 한다.

❖ 연구 결과 전달하기

자료 검토 및 분석: 모든 자료를 각 현장에서 수집한 후에는 한 명 혹은 몇 명의 조사 관리자와 분석가가 기록과 노트, 사진 등 수집한 모든 자료를 검토하고, 특정 현장의 고유한 조사 결과를 논리적이고 일관된 방식으로 조직해야 한다. 이 과정에 있는 조사자에게 추천하는 방법 중 하나는 사례 분석 개요case analysis outline나 현장 보고 형식site report format과 같은 틀을 개발하여 분석을 위한 자료 조직 도구로 사용하는 것이다.

일반적인 자료 검토에 더해서 내부적으로 브레인스토밍 시간을 가지면 프로젝트 팀의 모든 사람이 현장방문에서 얻은 전반적인 인상을 공유할 수 있기 때문에 종종 큰 도움이 된다. 연구의뢰인 측의 공동관찰자 역시 현장방문 후에 이루어지는 브레인스토밍 및 자료 검토 시간에 많은 것을 얻을 수 있다.

보고 및 발표: 연구의뢰인은 정식 보고, 요약 보고, 비디오 보고, 대면 발표 등과 같은 보고 형태 중 조사 목적에 가장 적합한 형태를 결정해야 한다. 보고 형태나 매체가 무엇이 되었든 간에, 연구 결과를 전달할 때에는 다음 사항들을 유의해야 한다.

- 현실적으로 실행에 옮길 수 있는 결론에 초점을 맞춘다. 다시 말해, 조사자는 무엇이 이루어졌고 어떤 말이 오갔는지에 대해서뿐만 아니라 연구의뢰인이 결정하는 데 도움이 되는 연구 결과를 제시해야 한다. 이와 같은 목적을 달성하기 위해서 조사자는 연구의뢰인과 기밀을 주고받을 수 있는 신뢰관계를 유지해야 하며 연구의뢰인의 사업에서 우선순위에 놓인 과제가 무엇인가를 알고 있어야 한다. 불행히도, 조사 컨설턴트와 이 정도 수준의 친밀한 관계를 가지는 데 거부감을 보이는 연구의뢰인도 있다.
- 연구의뢰인이 마케팅 목표를 이루기 위해 밟아야 하는 과정에 필요한 전략적 함의와 제안을 강조한다.
- 매력적이고 창의적이며 사용자 친화적인 형식을 사용한다. 비디오와 사진자료, 소비자와의 대화를 풀어쓴 녹취록 등을 활용하면 클라이언트에게 에스노그라피 프로젝트를 효과적으로 전달할 수 있다.

연구의 마지막 단계에서 직원, 하청업자, 그리고 연구의뢰인과 함께 성과를 평가하는 작업quality review은 의미 있는 일이다. 연구의뢰인은 명확한 마케팅 방향을 얻었을 때, 그들이 프로젝트에 참여하여 기뻤을 때, 조사 결과가 의미 있을 때 만족감을 느끼고 미래에 또다시 에스노그라피 조사를 의뢰할 것이다.

4. 프로젝트 시간관리

연구 결과에 따라 한 기업에서 중요한 사항이 결정되기 때문에 마케팅 에스노그라피 연구의 경우 대개 정해진 시간 안에 효과적으로 프로젝트를 완수해야 한다. 그러나 연구의뢰인은 무조건 빨리 끝내기만을 요구하기보다 연구의 현실적 측면을 이해하고 적절한 수준으로 자료를 수집하고 분석할 수 있도록 충분한 시간을 허용해 주어야 한다. 다음 항목들은 연구를 완수하는 데 필요한 시간을 결정할 때 고려할 사항이다.

프로젝트 계획 및 착수: 프로젝트에서 사용할 도구와 장비의 개발, 스태프의 모집과 교육, 각종 필요한 계약사항의 이행 및 프로젝트 계획에 포함된 각 항목에 대하여 연구의뢰인의 동의를 확보하는 데 통상적으로 최소 3~4주의 시간이 필요하다. 이 단계에서는 예기치 않은 사태에 대응하기 위해 융통성 있게 시간을 조정한다.

연구참여자 모집 및 안내교육: 에스노그라피는 자신의 집이나 사무실, 가게 방문을 기꺼이 허락해줄 연구참여자의 풀이 다른 방법론의 연구참여차 풀보다 작기 때문에 다른 질적·양적 프로젝트에 비해 다소 시간이 오래 걸릴 수 있다. 따라서 연구참여자 모집 단계에 여유 시간을 약간 더 배정해야 한다.

대부분의 응답자 모집 회사는 에스노그라피 연구참여자를 모집한 경험이 있으며, 이런 유형의 연구에 필요한 연구참여자와 다른 유형의 연구에 필요한 연구참여자 간의 차이를 이해하고 있다. 그러나 연구참여자 모집을 담당한 기관이 에스노그라피 조사를 해본 적이 없는 경우에는 담당자가 안내교육과 훈련을 받아야 한다.

모집 과정에서 연구참여자는 현장방문의 이런저런 측면(몇 명의 조사원이 방문하는가, 어떤 방식으로 기록하는가 등등)에 대한 정보를 자주 받고 싶어 한다. 그러므로 연구참여자를 위한 정보 안내지respondent information memo 같은 연구참여자의 준비를 돕는 서류를 만들어 두면 유용하다. 다시 말해, 조사자는 이 서류를 사용하여 쉽고 간단하게 연구참여자의 주요 질문에 답할 수 있을 것이다. 또한 연구참여자에게는 모집이 끝난 뒤부터 실제로 방문하기 전까지 문의사항이 생겼을 때 연락할 담당자의 이름과 연락처를 알려 준다.

연구참여자가 막판에 참가를 취소할 경우 비디오그래퍼와 연구의뢰인의 일정을 재조정하고 현장방문 일정도 변경하는 등 막대한 비용이 들게 되므로, 마지막 순간에 연구참여자가 연구 참가를 취소하는 일을 피하려면 모든 단계를 착실히 밟는 것이 중요하다. 그러므로 연구참여자 안내교육에서는 조사에 참가하기로 한 약속을 이행하는 것의 중요성을 강조할 필요가 있다. 그럼에도 불구하고, 다급한 집안 문제 같은 불가피한 사정 때문에 현장방문이 취소될 수 있다. 따라서 조사자는 계획 단계에서 시간을 여유 있게 배정하고 필요한 수보다 연구참여자를 약간 더 많이 모집하여 최후의 순간에 참가를 취소하는 연구참여자가 나타나는 사태에 대처할 채비를 갖추어야 한다.

현장연구 fieldwork : 현장에서 소요되는 시간은 프로젝트의 범위와 현장의 위치 및 숫자, 프로젝트 팀의 규모, 현장방문의 규정에 따라 달라진다. 그러나 아무리 짧게 잡아도 현장연구가 2주 안에 끝나는 일은 없을 것이다. 그와 반대로 현장연구 기간이 4~5주를 넘어간다면 일반적으로 연구의뢰인에게 유용한 수준을 벗어나게 된다. 그러나 이런 일반적인 경향보다 더 중요한 점은 제품군의 특성과 연구의뢰인의 목적에 따라 현장연구를 계획해야 한다는 것이다. 예를 들어 퀄리데이터는 가정 바비큐 요리에 관한 연구에서 북동부와 중서부의 계절요리와 더불어 계절을 가리지 않는 선벨트Sunbelt * 지역

---

* 미국에서 동쪽의 노스캐롤라이나 주부터 텍사스 주를 거쳐 서쪽의 캘리포니아 주에 이르는 북위 37도 선 이남의 따뜻하고 쾌적한 기후의 지역을 가리킨다.

의 바비큐 팬을 연구했다. 결론적으로, 두 단계로 나누어 연구를 진행하였으며 각 단계를 한 해의 서로 다른 시기에 수행하여 두 개의 독특한 연구 주제에 관한 통찰을 얻을 수 있었다.

계절이나 크리스마스 시즌, 종교 의례, 가족의 일상생활과 같은 계절적 요인이나 문화적 요인은 현장연구 수행 일정에 영향을 끼칠 수 있다. 예를 들어, 만약 세탁과 세탁물의 천fabric 관리를 관찰하고자 한다면 조사자는 겨울이나 휴일 직전에 소비자의 세탁물의 양이 평소보다 더 많다는 점을 알고 있어야 한다. 이와 같은 요인들은 관찰의 타당성에 영향을 끼칠 수 있으므로 시간 관리의 측면에서 또한 실질적인 측면에서 주의 깊게 고려되어야 한다.

분석: 분석에 할당되는 시간은 프로젝트에서 수집한 자료의 양에 따라 항상 달라진다. 음성 기록과 영상 기록은 '실시간'으로 이루어지기 때문에 프로젝트 계획 단계에서는 분석을 위해 검토할 필요가 있는 자료의 양에 상응하는 시간을 배정해 두어야 한다. 질적 자료 분석QDA 소프트웨어 제품을 사용하면 자료 편집 과정의 일부분을 자동화할 수 있지만, 이런 소프트웨어를 사용하더라도 분석 작업에는 여전히 상당한 시간과 주의가 필요하다.

전체 프로젝트 시간관리: 앞의 모든 단계와 주의사항을 고려했을 때, 현실적으로 가능한 최소한의 시간계획은 프로젝트에 따라 다소 차이가 있겠지만 다음과 같다.

계획: 2~3주(3~4주)*
훈련: 1~2주
모집: 2~3주

---

* 저자가 앞에서는 '최소 3~4주'가 필요하다고 했으나 여기에서는 '2~3주'라고 했다. 괄호 안의 수치는 본문의 '최소 3~4주'라는 기준을 따른 것이다.

현장연구: 2~6주

분석 및 보고: 3~4주

전체 프로젝트: 10~18주

【주】

1. 이 자료에 관한 정보는 미국 마케팅 협회 뉴욕 지부와 시장조사 협회에서 얻을 수 있다.

2. 이 사례의 자세한 사항 및 자동차 회사의 냉소적인 태도 또는 모리모토 개인의 행동일 뿐이었다는 주장은 계속 논란거리로 남아 있다. 이 사례에 대해 닛산은 모든 정보수집 활동이 합의하에 이루어졌다고 주장했다. 이 사례와 일본의 산업 스파이 행위의 일반적인 특징을 더 자세히 알고 싶다면 DeBenedictis(1990) 및 Duggan & Eisenstodt(1990)을 참고할 것.

7
프로젝트의 설계

    시장조사 프로젝트를 위한 적절한 방법으로서 에스노그라피를 선택했다면 이제 작업이 막 시작되었을 뿐이다. 에스노그라피 연구의 계획을 세울 때는 까다로운 요구사항과 도전들에 맞닥뜨리게 되는데, 이 장에서는 이에 대하여 살펴보기로 한다.

1. 프로젝트 설계의 목표

    에스노그라피 연구를 설계할 때 실질적으로 고려해야 할 사항들은 연구에서 얻고자 하는 정보가 무엇인가에 달려 있다. 연구참여자의 수와 장소, 만남의 성격 등을 포함한 넓은 범위의 전략적 문제들을 현장으로 나가기 전에 토의해야 한다. 한정된 예산과 정해진 시간 내에 정보를 수집해야 하는 급박함은 의사 결정을 할 때마다 맞닥뜨리는 제약이다. 편견을 없애고 객관성과 신뢰성을 확보하고, 연구참여자를 배려하고 존중하는 자세는 모든 전략의 기본 사항이다. 각각의 목표의 달성을 보장해 주는 엄격한 지침은 거의 없다. 그러한 지침은 에스노그라퍼가 지속적으로 직면하고 도전해야 하는 이상으로서만 존재할 뿐이다.

편견 줄이기: 편견을 없애기 위해서는 기본적으로 열린 마음가짐을 유지하고, 기대와 가정을 버리고 상대적으로 자유로운 상태로 조사에 임하고, 혹은 적어도 연구자가 그러한 기대나 가정을 가지고 있음을 밝히고 이해하려는 자세로 조사에 임해야 한다. 그리고 연구참여자 모집에서 현장방문, 분석 등에 이르는 연구 매 단계에서 어떠한 왜곡도 생기지 않게끔 연구참여자를 모집할 때부터 경계를 늦추지 말아야 한다.

상업적 시장조사의 경우 때로는 다양한 이해당사자들 사이에서 경쟁적인 분위기가 조장되기 때문에 조사자가 객관성을 유지하기가 쉽지 않다. 예를 들어 청량음료 시장에 새롭게 포지셔닝positioning 할 신제품을 광고해야 하는 회사는 연구의뢰인의 결정과 조사 결과가 모순되지 않기를 바라는 마음에, 어필 대상인 젊은 성인층에 대해 제3의 관점이 나오지 않는 방향으로 조사를 유도하려 할 수 있다.

객관성의 확보: 조사자는 공정한 관점을 취해야 하며 추측이나 가설이 틀릴 가능성을 배제해서는 안 된다. 무언가를 증명하기 위하여 에스노그라피를 시작해서는 안 되며, 정치적 의제가 연구에 개입되어서도 안 된다. 과연 아무런 상정 없이 완벽하게 공정한 에스노그라피 연구가 있겠느냐는 의문이 드는 것은 당연한 일이다. 그럼에도 불구하고 우리는 완벽한 객관성을 추구하기보다는, 실용적 관심사를 해결하기 위해 잠재적인 문제들을 노출시킨 채 최선을 다해 앞으로 나아갈 수밖에 없다.

신뢰성의 확보: 에스노그라피적 만남의 구조와 절차가 관찰에 영향을 미

처서는 안 된다. 하지만 이는 어려운 작업이다. 많은 경우 관찰당하고 있다는 사실 자체가 연구참여자들에게 영향을 미친다. 쇼핑하러 온 고객이 관찰과 기록이 이루어지고 있음을 알게 되면 카메라 앞에서 연기를 하고 이상적인 행동을 하거나 또는 행동을 고쳐야 할 것 같은 느낌을 받는다. 이러한 이유로 몇몇 에스노그라퍼는 관찰하고 있다는 사실을 알리지 않아야 한다고 주장한다. 파코 언더힐Paco Underhill(2000)은 "쇼핑객이 자신들이 관찰되고 있다는 사실을 알아채지 못하게 하는 것은 우리 작업에서 매우 중요하다. 오직 그것만이 우리가 그들의 자연스러운 행동을 볼 수 있는 방법이다."라고 주장한다.

필자를 비롯한 여러 에스노그라퍼들은 참여의 철학이 신뢰성 확보에 유용하다는 입장을 취하고 있다. 다시 말해 응답자들을 연구의 파트너, 즉 '연구참여자'로 볼 수 있다는 것이다. 일상적인 현실을 왜곡하는 미묘한 조작 또는 허위를 야기하는 조건들에 대한 정보를 응답자들과 공유하는 것은 이들을 유능한 연구참여자가 되도록 학습시키는 것이기도 하다. 우리 경험상, 연구참여자를 우리 편으로 만들면 그들이 자료 수집에 해를 미치는 행동을 할 가능성이 줄어드는 경향이 있다.

연구참여자에 대한 존중과 배려: 연구참여자를 인간적으로 대하는 자세가 필요하다. 그들을 무안하게 하거나, 사생활을 침해하거나, 그들을 착취할 가능성이 있는지 등을 자료 수집 전략을 실행하기 전에 고려해야 한다. 만남의 모든 단계에서 연구참여자는 참여를 거부하거나 철회할 기회를 반드시 갖고 있어야 한다.

2. 내부 수행 대 외부 수행

연구를 오로지 내부 자원만으로 수행할 것인지 아니면 거의 모든 연구 단계에 개입하는 외부 컨설턴트와 함께 수행할 것인지를 초반에 결정한다. 많은 기업들은 판매 및 마케팅 목표를 달성하기 위해 이제 시장조사 부서나 전략적 정보 관련 조직 안에 박사급 인류학자와 사회학자를 고용하여 유용한 문화 트렌드 해석자로 활용하고 있다. 이러한 시장조사 매니저도 자료 수집에 참여해야 하는가? 아니면 외부 조사자가 수집한 자료의 분석자나 관리자로서의 전통적 역할을 고수해야 하는가? 다음은 그 결정의 결과이다.

내부 수행: 내부 수행의 장점은 조사를 필요로 하는 조직의 사업 안건과 내부 현실에 더 정통하다는 점, 비밀이 보장될 확률이 더 높다는 점 등이다. 다른 요소들이 동일하다는 가정하에서, 외부 직원을 추가로 채용하지 않고 에스노그라피팀의 업무 책임이 중복되지 않을 경우 내부 수행으로 비용을 절감할 수 있다.

인텔 연구소Intel Research에 고용된 인류학자 제너비브 벨Genevieve Bell 박사에 관한 최근의 기사(Erard 2004)[1]는 에스노그라피 연구의 내부 수행이 갖는 또 다른 장점, 즉 작업을 더 집중적으로 장기간 수행할 수 있다는 점을 보여 준다. 지난 2년간 그녀는 다음과 같은 성과를 얻었다.

아시아 태평양 지역 7개국 19개 도시의 100가구를 방문해 사람들이 테크놀로지를 어떻게 사용하는지에 관해 연구했다. 20기가바이트에 육박하는 분량의 사진을 찍었고, 비행거리가 20만 6천 마일에 달했으며, 19권의 현장노트를 작성했다. 이 외에도 카메라 배터리 2개, 우산 5개, 모자 3개, 항말라리아 약제 2회분, 가장 좋아하는 샌들 한 컬레와 함께 그녀는 테크놀로지, 문화, 디자인에 관한 도발적인 질문들을 가지고 돌아왔다. (p.G5)

외부 수행: 언뜻 보기에 외부 컨설턴트는 프로젝트를 계획하고 실행하는 일을 하는 데 보다 더 향상된 기술을 제공할 가능성이 높아 보인다. 다른 제

품군 및 유사 타깃 연구참여자와 친숙해짐으로써 문제 발생을 줄이는 통찰력과 경험을 얻을 수 있다. 외부 컨설턴트는 내부 직원에 비해 더 객관적이고 선입견에 더 조심할 수 있다. 또한 조직 내의 정치적 문제에 얽히거나 이해관계가 연구 결과에 영향을 미칠 확률이 적다. 결과적으로 그들은 나쁜 소식, 즉 부정적인 조사 결과를 더 잘 전달하고 그 결과에 더 잘 적응할 수 있다. 유능한 외부 컨설턴트는 내부 직원의 업무를 잘 조직화할 수 있기 때문에 필요하다면 비용절감의 지렛대 역할을 할 수 있다.

3. 프로젝트 설계 최적화하기

❖ 어떤 장소를 몇 개나 선정할 것인가?

마케팅 에스노그라피에서 방문할 장소의 수를 결정하는 것에 대하여 엄격한 규칙은 없다. 하지만 예산 문제와 같은 외적 고려사항은 연구에 큰 영향을 미칠 수 있으므로 연구자는 편향된 조사 결과가 나올 만큼 극심한 자금문제가 초래되지 않도록 해야 할 책임이 있다.

질적 조사의 타당성은 다행히도 표본의 최소 크기나 확률의 수학공식에 의존하지 않는다. 폭넓게 보는 데 집중하는 연구들과 달리, 에스노그라피와 같은 현상학적 조사 접근법은 시장에 기초한 행동들과 관련된 문화적, 대인관계적, 맥락적 역동을 심층적이고 집중적으로 이해하고자 한다. 이 조사방법은 실질적인 타당성substantive validity을 추구한다. 다시 말해 에스노그라피 방법의 가치란, 시장행동에 대한 극히 내밀한 지식 덕분에 조건들과 기회들을 더욱 명확히 파악할 수 있다는 것이다. 표본의 충분함을 결정하는 규준norm은 새로운 발견들이 바랐던 깊이에 도달했는가, 예컨대 삼각기법triangulation 같은 내부적 검증기술을 사용함으로써, 또는 동일한 인상이 여러 사람에게서 반복적으로 나타나는 정도로써 입증된다.

그러나 연구는 뚜렷한 문화적 실체를 대변해야 하므로, 표본이 제품군 또는 브랜드의 타깃 시장을 대표할 수 있도록 만드는 조치도 필요하다. 사용자 군의 모든 세그먼트segment들이 포함될 기회가 있었는지를 확인하기 위해 몇 가지 포괄성 검사를 실시한다. 예를 들어 만약 남녀노소가 모두 자주 드나드는 슈퍼마켓의 안내판 및 판촉활동 개선에 관한 분석 및 제안을 하고자 한다면 슈퍼마켓 고객의 모든 하위집단들을 반영해야 한다.

또한 집단 내에서 서로 비교할 수 있도록 연구참여자들을 구분하는 작업도 필요하다. 예를 들어, 점포 내 안내판 관련 니즈needs*를 평가하는 연구의 경우에는 65세 이상의 슈퍼마켓 체인 쇼핑고객을 연구참여자 집단에 최소두 명 이상 참여시킨다. 그래야 표본 집단 크기가 작다고 하여 몇몇 사례들을 간과하거나, 매우 특이한 예외적 현상이라며 무시하고 넘어가는 위험을 피할 수 있다.

한편, 주류에서 한발 떨어진 연구참여자들이 필요해서 이들을 연구에 참여시키기도 한다. 이들은 특정 제품군의 얼리어답터early adopter이거나, 제품에 대한 니즈의 수준이 높고 그만큼 제품 의존도도 높기 때문이다. 예를 들어 퀄리데이터가 모엔 사Moen Corporation(ElBoghdady 2002 참조)의 의뢰를 받아 실시한 가정 내 목욕 행위에 관한 연구에서 우리는 다양한 성별, 연령, 체격, 그리고 문화집단 특성 등을 대표하는 연구참여자들을 관찰하고자 했다. 하지만 매우 자주 목욕하는 사람들 역시 중요한 연구대상 집단으로 간주했다. 이 소비자 세그먼트를 대표하는 이들 중 상당수는 공연예술가들로서 리허설과 쇼가 끝날 때마다 목욕을 하는 사람들이었다. 니즈의 수준이 높은 이들은 해당 범주와 밀접하게 연관된 소비자들에게로 연구자들을 이끌어 주었고, 우리는 이 조사를 통해 대중적인 시장을 목표로 한 제품 개발에 필요한 정보를 얻었다.

---

* 이 책에서 자주 등장하는 용어인 'needs'는 마케팅 분야에서 이미 외래어처럼 사용되고 있다. 따라서 문장의 맥락을 보아 '욕구'나 '필요', 또는 '니즈'라고 번역했다.

❖ 조사 장소를 어떻게 규정할 것인가?

전통적인 에스노그라피는 지리적 장소를 기반으로 이루어져 왔다. 조사자들은 지위와 역할이 규정되고 사회적 교환이 발생하는 국가, 현장, 인근 지역, 공동체에 집중해 왔다.

반면 마케팅 에스노그라피는 제한된 지리적 위치에 구애받지 않는다. 어떤 경우에는 가정이나 근린지역에 초점을 맞추는 전통적인 관점에 입각하여 현장을 정의하지만, 일반적으로 현장이라 함은 한정된 수의 제품 관련 행동들이 발생하는 정확한 맥락을 뜻한다. 그러므로 조사 장소는 고정될 수도 있고 이동성을 띨 수도 있다. 여기에는 제품들이 가정에서 사용되는 구체적인 장소들에 대한 미시적인 견해들이 포함될 수도 있다.

예를 들어 가정용 숯불 제조업체의 의뢰를 받아 퀄리데이터가 수행한 바비큐에 관한 연구는 바비큐 음식을 준비하고 소비하는 과정에서 제품의 보관, 준비, 사용이 일어나는 가정 내의 각 영역들, 즉 부엌, 뒷마당, 차고, 발코니 등에 강조점을 두었다.

조사장소가 고정적이지 않고 이동성을 띤 경우에는 제품 사용 패턴 분석에 대한 통찰력을 높일 수 있다. 일회용 기저귀 같은 유아용품 부문에서 보관, 사용, 폐기와 관련된 대부분의 행동은 가정 내에서 이루어지지만 이동 중의 제품 사용 양태를 분석하는 것도 중요하다. 유아의 보호자가 외출할 때 동행하면 모든 경우의 사용 상황에서 발생하는 제품 니즈에 관한 통찰력을 얻을 수 있다.

제품 사용에 대한 연구를 할 때 전적으로 이동성을 띠는 현장 개념이 필요한 제품군도 있다. 예컨대 휴대전화나 PDA는 원래 이동 중에 사용하는 제품이므로 연구자는 집에서뿐만 아니라 대중교통수단 안이나 상점 안에서도 제품 사용 상황을 생산적으로 관찰할 수 있다.

제품 사용에 초점을 맞춘 에스노그라피를 계획할 때에는 제품이 사용되고 소비되는 다양한 환경에 각별한 주의를 기울여야 한다. 예를 들어, 세탁은 집에서 할 수도 있고 아파트의 공동 세탁실에서 할 수도 있으며 세탁소에서 할 수도 있다. 세탁 제품을 사용하는 가능한 상황들을 모두 관찰하기 위해서는 이러한 모든 사용 맥락들을 의미 있게 다루도록 노력해야 한다.

전적으로 현장 중심적인 마케팅 에스노그라피가 이루어질 수도 있다. 이런 에스노그라피는 슈퍼마켓이나 작은 사무실 같은 영리사업체, 공원이나 쇼핑몰 같은 공공장소 또는 상대적으로 제한된 사적 공간에서 행해질 수 있다. 장소 중심적location focused 연구에서는 연구참여자를 선택적으로 관찰할 수도 있다. 예를 들어 카펫 매장에서의 동행구매 연구의 경우 바닥에 깔 카펫을 사려는 부부를 특별히 섭외하여 그들에게 초점을 맞춘다. 한편 현장 중심적site focused 연구에서는 공공 공원 사용 행태를 조사할 때 사용하는 방법으로, 그 환경에 들어오는 대부분 또는 모든 사람들을 대상으로 삼는 비선택적 관찰을 할 수도 있다.

❖ 각 현장의 연구참여자 혹은 사례의 종류와 수는 어떻게 결정하는가?

일반적으로 관심 환경에서 연구참여자 농도saturation를 결정하는 것은 연구의 목표, 구체적인 정보의 필요성, 그리고 현장에 대한 정의이다. 가정이나 사무실에서는 관심 부문 제품들의 영향을 받는 모든 가족 및 같은 업무 팀 성원들과 상호작용을 하려는 노력이 필요하다. 예를 들어, 퀄리데이터가 사무용품 제조업체를 대신하여 다양한 사업체에서 보고서를 어떻게 편집하는가를 조사한 연구에서는 최대한 많은 현장을 다루기 위해 많은 노력을 기울였다. 에스노그라퍼는 보고서를 편집하고 복사하는 사람들뿐만 아니라 보고서를 의뢰하고 사용한 사람들도 관찰하고 면담했다. 비슷한 예로, 통신 회사를 위해 실시한 소규모 영업체 연구에서 관찰자들은 고객과의 상호작용이 일어나는 사업체의 공적 구역뿐만 아니라 고객이 접근할 수 없는 무대 뒤의 사무 구역까지도 다루었다.

어떠한 종류의 질적 연구에서 얼마나 많은 사람이 연구에 참여해야 하는

지에 대해 세밀한 지침을 제시하기는 어렵다. 대부분의 질적 연구에서는 반드시 샘플링의 엄밀한 확률 논리를 가지고 타당성 문제의 틀을 짜지는 않는다. 따라서 충분성을 판단하기 위해서는 다른 몇 가지 척도들을 적용해야 한다. 조사자는 최소한 연구대상 제품군 사용자들의 모든 세그먼트들을 포함하게끔 포괄성의 규칙을 따라야만 한다. 또한 이 제품군 사용자들을 대표하는 연구참여자들과 충분히 접촉하여 유의미한 대조를 끌어냄으로써 어느 정도의 비교 가능성을 확보해야 한다. 조사자는 어느 정도의 중복성이 관찰될 때까지 계속하여 현장을 관찰하고 연구참여자들과 접촉해야 한다.

이러한 목표를 달성하기 위해 얼마나 많은 현장을 방문해야 할까? 예산상의 제한이라는 현실적인 이유를 고려하여, 우리는 어느 연구에서건 최소 열다섯 곳 이상의 현장을 방문할 것을 연구의뢰인에게 권한다. 그러나 이 숫자가 충분성을 절대적으로 보장해 주지는 않는다.

소매 행위 연구를 비롯한 환경 기반의 에스노그라피를 실시할 때는 주로 사례가 많이 필요하며, 표준적인 샘플링 규칙을 따라야 한다. 그러한 환경 내에서 특정한 대표자들을 특별히 관심을 기울여야 할 대상으로 선정하려 한다면 편향해서 선택하지 않도록 노력해야 한다. 선택의 편향성으로 인해 관찰의 타당성이 훼손되지 않도록 '문을 통과하는 매 몇 번째 고객'과 같은 무작위 선택의 규칙이 필요하다. 소매 환경에 대한 연구에서 한 장소를 최대한 포괄적으로 개관하려면 계절적 요소, 날씨, 시각, 요일 등도 고려해야 한다. 주간에 관찰했는가 아니면 저녁에 관찰했는가에 따라서도 상이한 결론이 도출될 수 있으므로 연구의뢰인이 소매 전략을 적용하기 위해 중요한 투자를 결정하기 전에 이러한 요소들을 고려해야 한다.

❖ 현장에 얼마 동안 있어야 하는가?

마케팅 에스노그라피를 수행하면서 현장에서 보내는 시간의 양은 학문적 원칙보다는 주로 실질적인 고려사항들에 따라 결정된다. 현지조사에 관한 현실적 시각과 그에 반대되는 이상적 시각 사이에서 타협해야 한다. 조사자들은 현지조사 활동을 수행하면서 연구의뢰인의 공동참여 여부와 예산 및 의사결정 시한을 고려해야 한다. 기업의 의사결정 주기 내에서 현지조사에 허용된 시간은 통상 4주에서 8주를 넘지 않는다.

일반적으로 조사팀을 이용하면 정보를 보다 신속하게 수집할 수 있다. 전통적인 에스노그라피에서는 팀을 이루어 접근하는 일이 드물지만 마케터들은 이 방식을 적극적으로 채택해 왔다.

컨설턴트가 낼 수 있는 시간의 현실적 한계에 따라 투자할 시간의 한계를 결정한다. 마케팅 에스노그라퍼는 여러 연구의뢰인들을 상대로 복수의 업무에 동시에 개입할 수도 있기 때문에 시간을 현명하게 사용해야 한다. 연구참여자들의 관심 정도와 그들의 참여 능력 또한 시간상의 제약을 야기한다.

게릴라 에스노그라피는 1~2주 내에 마칠 수도 있으며, 맥락적 사용성 연구나 제품 사용 관찰은 몇 주 이상이 걸릴 수 있다. 하지만 어떤 경우에든 연구의뢰인 측 의사결정자의 필요와 요구를 감안해 현장에 투자하는 시간을 결정하며, 에스노그라퍼는 연구의뢰인의 엄격한 제한사항들에 적응해야 한다.

❖ 누가 에스노그라피 팀에 참가할 것인가?

프로젝트 계획 회의에서는 (참여)관찰 참여자와 현장에서의 역할들을 결정한다. 몇 명이 나서서 연구참여자와 상호작용할 것인가? 성별, 연령 혹은 인종적·민족적 특성 등에 따라 주의를 기울일 것인가? 이는 중요한 질문이다.

어떤 에스노그라퍼는 가정 내 조사에서는 오직 여성 면담진행자만이 타당한 발견에 필요한 수준의 안정성과 보안성을 확보할 수 있다고 믿는다. 또다른 에스노그라퍼는 성별에 관해서는 덜 까다롭지만, 그 대신 연령과 인종적·민족적 특성을 맞추는 데에 각별한 관심을 갖고 있다. 이는 어떤 경우에는 정당한 관점이다. 예를 들어, 비록 에스노그라피 방법론을 훈련받은 중

년의 백인 남성이 시간을 들이면 도심지역의 청소년들과 라포rapport*를 형성할 수 있다 하더라도, 대부분의 상업적인 조사 프로젝트는 더 실용적이고 비용 효율적으로 업무를 처리하기를 요구한다. 즉, 에스노그라피 훈련을 받았으면서 동시에 개인적인 특성이 더 잘 맞는 사람을 투입하는 것이다.

한 번의 에스노그라피적 만남에 참여하는 인원수는 엄격히 제한할 필요가 있다. 방문인원이 두세 명을 초과하면 대부분의 가정에는 대단히 폐를 끼치게 된다. 팀 구성원은 (참여)관찰자나 면담진행자, 녹음 또는 녹화data-capture 기술자로 제한한다. 한편, 에스노그라피 조사를 의뢰하는 많은 연구의뢰인들은 소비자와의 개인적 만남에 가치를 두며, 현장방문에 참여하고 싶어 하는 이들도 종종 있다. 이는 방문 팀의 구성을 고민하는 과정에서 전형적으로 발생하는 추가적인 요구사항이다.

에스노그라피를 의뢰한 이들 중에는 연구의뢰인의 참여 없이 컨설턴트가 독자적으로 모든 조사를 수행하는 쪽을 선호하는 사람들도 있다. 이 경우 연구의뢰인이 원하는 것은 오직 결론과 최종 보고서뿐이다. 반면 소비자 가정에서의 공동관찰을 포함하여 모든 조사단계에 걸쳐 연구의뢰인이 깊숙이 참여하기를 고집하는 이들도 있다.

만약 연구의뢰인이 조사에 깊이 참여하기를 원한다면, 그들의 현장 역할을 논의하고 타당성을 위태롭게 할 만한 실수를 피하기 위한 훈련과 안내교육을 거쳐야 한다. 현장을 관할하는 역할이 분명하지 않을 경우 소비자들은 어리둥절하게 된다. 심지어 회사 배지를 패용하지 않는 것 같은 단순한 지시사항까지도 현장을 방문하기 전에 공유해야 한다. 이 책 부록에 실은 「훌륭한 에스노그라피를 위한 십계명」은 우리가 연구의뢰인의 적절한 역할을 논의할 때 주로 사용하는 자료이다.

---

* '라포'란 불어로 '친밀함'을 의미하는 단어로, 인류학에서는 시간을 보내면서 현장 사람들과의 친밀함과 신뢰에 기초해 형성한 관계를 뜻한다. 이 책 제17장을 참조할 것.

❖ 에스노그라피적 만남을 어떻게 조직할 것인가?

연구 계획 논의 과정에서 중요한 요소는 에스노그라피적 만남encounter을 어떻게 조직할 것인지를 결정하는 것이다. 즉 현장에서 얼마 동안 시간을 보내고, 조사에 관한 이야기를 꺼내기 위해 연구참여자와 어떻게 상호작용을 할 것인가를 결정한다.

만남은 과업중심적 task-driven 으로 이루어질 수 있다. 예를 들면 식사 준비, 세차, 카펫 세탁 때 연구참여자를 관찰하는 방식으로 조직할 수 있다. 이러한 각각의 경우마다 실질적으로 과업이 언제 시작하는가를 규정해야 한다. 예를 들어 식사준비 같은 과업에서는 재료와 조리법(레시피) 모으기, 대체물 결정하기, 조리 도구 배열하기, 조리대 청소하기 등을 보통 시작지점으로 간주할 수 있다. 실제 조리 행위와 요리를 내오는 과정에서 각각의 세부사항에 초점을 맞춤으로써 음식을 만들어 내고 만족감을 느끼는 데 중요한 의미가 있는 가치와 의도, 라이프스타일, 마음가짐 등에 관해 많은 것들을 알 수 있다.

연구참여자의 하루 동안의 경험 안에서 일어나는 폭넓은 범위의 활동과 과업을 추적하는 일상생활의 하루 연구에서 보는 바와 같이, 에스노그라피적 만남은 총체적 소비경험 중심으로existentially based 구성될 수도 있다. 예컨대 패션잡지를 즐겨 보는 젊은 여성들 같은 핵심 독자에 대한 연구에 관심 있는 잡지사들이 이러한 연구의 주 고객이다. 일상생활의 하루 연구의 주요 관심사는 소비자 환경에서의 다양한 행동에 영향을 미치는 생활방식과 문화적 가치, 트렌드이다. 예를 들어 이러한 연구를 하는 에스노그라퍼는 젊은 여성이 집을 어떻게 꾸미는지, 친구들과 어떻게 어울리는지, 화장품과 세면용구를 어떻게 정리하는지, 금융기관을 어떻게 상대하는지 등에 주목할 것이다.

❖ 현장에서 에스노그라퍼가 취해야 할 역할과 자세는 무엇인가?

현장에서 (참여)관찰자가 수행해야 할 역할 또한 프로젝트를 위탁받을 때에 논의해야 할 사항이다. (참여)관찰자의 역할은 현장에 직접 참여하는 참여자 역할participant roles과, 외부 관찰자의 자세를 유지하면서 상황에 개입하지 않는 외부자 역할external roles로 구분된다. 에스노그라퍼는 자신의 적절한 역할을 결정하고 친밀함과 소원함 사이에서 연구참여자와의 관계 정도를 어떻게 조정할 것인지를 고려해야 한다.

커피 이용 연구를 예로 들면, 카페에서 외부자 역할을 하던 에스노그라퍼가 사람들의 대화에 참여하거나 새로 나온 커피를 사줌으로써 참여자 역할로 입장을 바꿀 수 있다.

제품 사용 연구에서 관찰자는 대개 개방적이면서도 외부자적인 역할을 수행한다. 예를 들어 연구참여자가 웹사이트에서 과업을 마무리하는 동안 기록을 담당한 관찰자는 의도와 결과에 관해 몇 가지를 질문하는 것 이외에는 거의 개입하지 않는다.

❖ **연구참여자와 어떻게 협력할 것인가?**

프로젝트를 시작할 때 계획에 포함해야 하는 또 다른 사항은 연구참여자의 동의를 얻는 전략이다. 에스노그라퍼는 연구참여자를 때로는 능동적인 참여자로, 때로는 무차별적인 대중의 일원으로 간주한다. 후자의 경우에는 보통 이 장소에서 연구가 진행되고 있다는 사실을 입구에서 인지시킴으로써 동의 여부를 물으며, 따라서 연구참여자가 관찰이 이루어지고 있는 공공 공간에 들어오는 행위를 통해 암묵적인 동의를 획득하게 된다. 예컨대 고급식당 전면 유리창에 '연구 목적으로 감시카메라가 작동 중입니다.'라는 표지를 달아 놓는 것이다.

만일 연구참여자를 개개인의 능동적인 참여자로 간주한다면, 그들이 유용하면서도 효과적으로 기여할 수 있도록 동기를 부여해 주어야 한다. 그들을 일의 진행 과정에 순응시켜야 할 필요는 있지만, 너무 민감해지고 자의식이 강해져 자연스럽게 행동하지 못할 정도로 과잉교육을 해서는 안 된다.

연구참여자의 협조를 얻고 동기를 부여하기 위해 추천할 만한 방법은 우선 조사자와 연구참여자 모두를 만족시키고 이익을 가져다주는 파트너십을 구축하는 것이다.

상업적 시장조사에서 연구참여자의 협조를 구하기 위해 현금으로 장려금을 지급하는 것은 흔히 있는 일이다. 미국을 비롯해 몇몇 서유럽 국가에서 참여자들은 조사 참여를 현금으로 답례 받을 만한 일종의 노동으로 여긴다. 따라서 그들이 기대하는 보상액은 그들의 사회적 계급 지위 및 조사 참여 대신 취업을 했을 경우 예상되는 급료 액수와 대체적으로 비례한다. 가정 내 청소 행위에 대한 연구를 예로 들면, 가옥의 크기와 내장재의 종류에 기초하여 보상 수준을 달리해야 한다.

❖ **자료를 어떻게 수집할 것인가?**

프로젝트 계획 단계에서 맞닥뜨리게 되는 또 하나의 어려움은 유용하고 타당한 자료를 수집하는 방법을 결정하는 것이다. 연필과 종이를 이용한 노트 작성을 비롯하여 스틸 사진, 음성 녹음부터 숨겨 놓은 비디오 카메라로 녹화하는 방법에 이르기까지 모든 방법을 사용할 수 있다.

어떤 자료 수집 도구를 사용할 것인가를 결정할 때에는 조사 결과를 어떻게 분석하고 최종 보고서를 어떻게 완성해낼 것인가를 고려해야 한다. 예를 들어 물리적 공간과 보디랭귀지를 심층적으로 분석해야 하는 상황에서는 세심하게 촬영한 비디오 기록물이 필요하다. 만일 연구의 결과를 비디오 프레젠테이션으로 연구의뢰인에게 전달하려고 한다면 고품질의 출력물이 필요할 것이다.

어떤 기록 도구를 사용할 것인가를 결정할 때, 우리는 관찰당하는 연구참여자의 입장과 민감한 문제가 발생할 가능성을 고려해야 한다. 에스노그라퍼는 아무리 어렵더라도 자기 의식적이고 인위적인 연기를 최소화하고 자연스러움을 최대화하는 자료 수집 방법을 추구해야 한다. 이를 달성하기는 매우 어렵다. 가능한 한 작은 카메라를 사용하고, 영화 촬영장에서나 사용하는 밝은 조명 대신 현장에 있는 조명을 활용해야 한다. 최근 폭발적으로 보급되고 있는 소형 디지털 캠코더는 소비자 행동 포착방식에 혁명을 가져왔다. 시장에 나와 있는 대부분의 장비들은 가볍고 눈에 띄지 않으며 사용자 친화적이다.

특별한 관찰이 필요한 상황에서는 상상력과 약간의 계획능력이 필요하다. 퀄리데이터 사가 모엔 사의 의뢰를 받아 진행한 샤워 행동에 관한 작업에서 클라이언트와 에스노그라퍼는 욕실에 있는 사람을 녹화할 때 생기는 독특한 문제점들을 극복하는 특별한 비디오 녹화 시스템을 개발했다. 이 참신한 도구는 조립하고 해체하는 데 각각 15분도 걸리지 않는다. 또한 천장 높이가 4.6미터 이내라면 어떤 방에도 설치 가능하며, 온도 변화에도 서리가 끼지 않고 완전방수여서 전기적으로도 안전하다. 가장 중요한 점은, 연구 참여자들이 어떠한 방해도 받지 않고 평소처럼 샤워를 할 수 있을 만큼 크기가 작다는 것이다.

상상력이 풍부한 에스노그라퍼들은 최근 다양한 영상 녹화 방법에 손을 뻗고 있다. 어떤 에스노그라퍼는 연구참여자들에게 소형 캠코더나 디지털 카메라를 지급하여 그들의 일상생활과 다양한 제품들의 사용 순서를 직접 기록하게끔 했다.

기술이 진보함에 따라 웹, 이메일, 메신저, 문자 메시지, 휴대전화 등을 통해 연구참여자와 에스노그라퍼가 지속적으로 상호작용할 수 있는 길이 열렸다. GPS 같은 기술적 자원도 널리 보급되면 중요한 자료 수집 자원이 될 것이다.

❖ **연구의뢰인의 투입을 어떻게 다룰 것인가?**

앞에서 서술했듯이, 에스노그라피 조사를 의뢰하는 연구의뢰인 중에는 소비자 환경을 방문할 수 있는 기회를 반기는 이들이 있는 반면, 한발 물러서 있는 것을 선호하는 이들도 있다. 연구의뢰인 측 담당자의 성격이나 개인적 관심뿐만 아니라 연구의뢰 기업의 내부문화 또한 그들이 특정 프로젝트에서 요구하는 개입의 정도를 결정한다. 마케터들은 소비자들 속에 젖어들기^{consumer immersion} 위한 훈련으로서 가정과 업무공간에서의 에스노그라피적 관찰을 점점 더 자주 사용하고 있다. 이는 기업의 관리자들이 자사 제품을 구매하고 사용하는 사람들의 니즈와 기대를 직접 접하고 친숙해지기 위한 방법이다.

만일 연구의뢰인이 현장방문 팀에 참여하게 된다면 협력관찰의 효율성을 최대화하기 위한 계획을 수립해야 한다. 연구를 개시할 때 연구의뢰인의 개입 형태와 정도를 협의한다. 높은 수준의 협력관찰이 요망될 경우, 조사 컨설턴트는 에스노그라피적 만남 동안에 필요한 현장 행동과 규약의 구체적 사항들을 연구의뢰인에게 교육하는 시간을 따로 잡아야 한다.

연구의뢰인과 조사 제공자의 관계는 마땅히 비대칭적이되 호혜적이어야 한다. 즉, 연구의뢰인은 프로젝트를 개시하고, 지침을 설정하고, 전문적 서비스의 수행에 대한 대가를 지불하는 반면, 조사 제공자는 전문기술, 시간, 연구의뢰인의 기대에 부응하는 서비스를 내놓을 수 있는 통찰력을 빌려 준다. 이 상황에서 권력은 연구의뢰인 쪽에 있지만, 그렇다고 해서 연구의 타당성을 지키기 위해 현장에서 조사자가 갖는 권위를 폄하할 수는 없다. 연구참여자의 관점에서 보자면 지휘를 담당해야 하는 쪽은 분석적 공평성과 객관성을 위해 헌신하고 전문적 소양이 더 높은 조사자이다. 만약 연구참여자가 연구의뢰인과 조사자 간의 권력 불균형을 감지한다면, 즉 조사자가 자료 수집을 넘어서는 사안을 위해서 연구의뢰인이 시키는 대로 따르는 모습을 보인다면, 이는 현장에서 경험하는 성실성과 진실성의 수준에 부정적인 영향을 미칠 수 있다.

따라서 현장에서 연구의뢰인의 역할을 구조화하는 계획을 세워야 한다. 연구의뢰인에게 조사 관찰자 역할만을 시키기보다는 자료 수집 작업 중 일부를 담당하게 하는 것이 최선이다.

　한발 물러서 있는 쪽을 선호하는 연구의뢰인은 연구참여자 모집이 잘 진행되고 있는지, 현장방문의 진척상황은 어떠한지, 문제의 발생과 해결이 구체적으로 어떻게 이루어졌는지 등을 주기적으로 보고받고 싶어 하기 마련이다. 그들은 보통 새로운 결론들에 대해 알고 싶어 하며, "무엇을 알게 됐죠?" 같은 질문을 자주 한다. 이러한 경우 컨설턴트는 대부분의 작업이 아직도 현장에서 진행되고 있어서 아직 결론을 낼 수 없거나 잠정적인 결론만 낼 수 있다는 사실 때문에 강한 압박을 받게 된다. 하지만 자료를 더 수집해야 확증할 수 있지만, 지금 새로 나타나고 있는 가설을 제시하면 연구의뢰인의 관심을 끌 수 있을 것이다.

❖ 자료를 어떻게 배포할 것인가?

　수집한 정보를 어떻게 조직해서 마케터의 투입과 분배 요구를 충족시킬 것인가를 결정하는 것은 프로젝트 설계의 또 다른 고려사항이다. 기업들은 연구를 통해 단순한 전략적 통찰력을 넘어서는 조사 결과와 성과를 얻기 위해 에스노그라피 연구를 의뢰한다. 기업은 관리직 혹은 판촉 직원을 교육하는 데 사용하기 위해 소비자 행동을 담은 비디오 자료를 원할 수도 있으며, 소비자 행동에 대한 기록을 아카이브나 자료실에 보존하고 싶어 할 수도 있다. 이번 연구에서 식별된 흥미로운 하위집단, 예컨대 헤비 유저heavy user나 새로 형성된 가구들에 대하여 추후에 추가적으로 분석하기를 원할 수도 있다.

　현장방문 시 이루어지는 비디오 기록은 상급 경영자나 이사진을 위한 영상 보고서, 홍보 활동에 사용하기 위한 조사 결과물, 추가적인 계량 작업의 기초 자료로 쓰일 조사 결과물 등으로 사용될 여지가 있다. 이는 조사를 구조화하는 방법을 결정하는 데에 중요한 영향을 미치기 때문에 기록물의 용도에 대하여 사전에 미리 논의해야 한다. 예를 들어 만일 자료를 공개적으로 배포할 예정이라면, 연구참여자를 모집할 때 그 사실을 알리고 적절한 동의와 권리포기 각서^{consent and release}를 받아야 한다. 만약 연구의뢰인이 활용 가
능한 아카이브를 요구한다면 연구의뢰인과 조사 공급자는 자료 수집을 시
작하기 전에 저장 및 검색 문제를 논의해야 한다. 다음 표에 연구의뢰인의
보급 조건에 기초한 자료의 생산, 분석 및 저장 시 고려할 사항을 개관했다.

보급 조건	생산, 분석, 저장 관련사항
연구 결과의 대중 공개	고화질의 비디오 자료 연구참여자의 권리포기 각서 영상 클립 제작 시 신중한 편집 자동 검색이 가능한 질적 분석 소프트웨어 사용 가능
내부 보고용 영상 보고서	영상 편집 소프트웨어 혹은 전문가의 보조 고화질의 영상
검색이 가능한 소비자 행동^{practice} 아카이브	고화질의 영상 세심한 코딩 및 라벨링
차후 재분석할 수 있는 조건	세심한 코딩 및 라벨링 코딩을 위한 질적 분석 소프트웨어

❖ 자료를 어떻게 분석할 것인가?

에스노그라피 서비스의 구매자와 제공자는 현지조사가 끝난 후 수집한
자료를 분석하는 방법에 대하여 서로 협의해야 한다. 어떤 연구의뢰인은 워
크숍을 통해 분석 작업을 하고 싶어 하는데, 특히 그가 현장방문을 통한 자
료 수집에 참여한 경우에는 더더욱 그러하다. 영상자료 처리과정의 방법을
결정하기 위해 영상정보를 현장 기술^{記述}, 분석과 얼마나 면밀하게 통합할 것
인가도 논의해야 한다.

기록, 문서, 비디오, 사진 등 수집한 자료들을 내용만 대충 참조하면서 인
상적으로만 분석할 수도 있고, 체계적으로 검토하며 분석할 수도 있다. 분
석을 시작하는 시점에 사례분석 서식을 미리 만들어 두면 체계적 분석 과정
을 단순화하는 데 도움이 된다. 모든 연구 사례(예: 모든 가구 혹은 작업 집단)
에 적용 가능한 체계적 검토 방법을 문서로 정리해 둔다. 이 책의 마지막 장

에서 자료 분석방법에 대해 더 상세히 논의할 것이다.

4. 스태프 구성 및 기타 인사 관련 요구사항

❖ 팀 구성하기

에스노그라피팀의 구성은 합리적이고 일관되어야 한다. 만약 다음에 기술하는 인적 자원들을 회사 내에서 모두 구할 수 없다면, 필요한 과업을 완수하기 위해 임시 계약직이나 파트타임 계약직을 고용해야 할 수도 있다.

연구의뢰인을 위한 작업 결과물의 생산은 프로젝트 일정의 엄격한 준수에 좌우되기 때문에, 요청한 일정에 맞추어 요구사항을 충족하게끔 적절하게 스태프를 구성하는 것은 중요한 사안이다.

다음은 전형적인 에스노그라피 연구에서 각 인적 자원들이 책임질 사항이다. 이 사항은 역할과 관련될 뿐, 각 개인들이 꼭 책임져야 하는 것은 아니라는 점을 주지할 필요가 있다. 상황에 따라 한 사람이 여러 가지 책임을 맡을 수도 있다. 각 역할들은 서로 중첩되는 부분이 많으며, 한 명이 한 가지 이상의 기능을 해야 할 수도 있다.

프로젝트 디렉터는 연구의뢰인과의 관계 및 전반적인 프로젝트를 조정하는 역할을 담당한다. 디렉터는 연구의뢰인의 요구와 기대에 부응하도록 프로젝트의 모든 요소들을 조정하는 문제를 궁극적으로 책임진다. 디렉터는 보통 프로젝트를 계획하고 결과물을 전달할 때 고문 역할을 하며, 모든 아랫사람의 성과를 책임진다.

프로젝트 매니저는 주어진 시장 혹은 국가에서 사람들과 장비, 업무를 조직하는 데 주된 역할을 한다. 매니저는 현지 실행계획과 준비를 책임지고, 팀과 전체 프로젝트의 디렉터 사이에서 중심적인 연결고리 역할을 한다.

모집 담당자recruitment coordinator는 연구대상자 모집, 교육 및 일정 조정에 관련한 모든 준비사항을 다룬다. 또한 매니저, 에스노그라퍼, 비디오그래퍼, 연구의뢰인 측 공동참여자들이 방문할 모든 현장을 섭외하고 이동경로를 분명하게 전달하는 책임을 맡는다.

에스노그라퍼의 주된 역할은 현장방문을 하면서 자료를 수집하는 것이다. 이들은 연구참여자들과 직접 상호작용한다는 점에서 현장의 주요 인물이다.

비디오그래퍼는 현장에서 일어나는 모든 일의 비디오 촬영을 담당한다.

통역은 현장에서 또는 자료 수집 후 현지의 언어를 보고에 쓰이는 주요 언어(보통은 영어)로 번역하는 작업을 한다.

사례 분석가는 현장노트, 비디오테이프, 오디오테이프, 사진 등 현장에서 수집된 모든 정보들을 조직하는 책임을 맡는다. 또한 근거가 될 만한 참여자들의 말을 일관된 형식으로 인용하면서 분석을 위한 서식 항목에 따라서 자료를 통합하고 요약하는 작업을 담당한다.

사례 분석가는 에스노그라피적 만남을 기초로 한 추론을 통해 결론을 이끌어 내는 일을 담당한다. 이 역할은 자료 수집가나 분석 전문가가 맡을 수도 있다. 예컨대 언더힐(2000)은 자신의 '추적자[trackers]'(점포에서 고객을 따라다니면서 쇼핑 행동을 기록하는 관찰자)들에게 각자 요약과 추론을 적으라고 요구했다.

분석가 및 보고서·프레젠테이션 작성자는 내부적인 브레인스토밍과 모든 현장 보고서에 대한 검토 및 분석을 거친 후에 도출되는 요약 보고서의 작성을 책임진다. 일반적으로 질적 분석 소프트웨어나 마이크로소프트 파워포인트 같은 프레젠테이션 도구로 보고서를 작성한다.

현장방문에서 얻은 정보를 모두 공유하고 협력을 강조하는 팀 접근법을 적용하면 대개의 경우 더 의미 있는 분석이 가능해진다.

❖ 훈련과 준비

에스노그라피 조사에서 제대로 기능하는 팀을 만들려면 내부 스태프와 동료들, 외부 인사, 비디오그래퍼와 연구의뢰인을 반드시 훈련하고 준비시켜야 한다. 에스노그라피팀의 모든 구성원들은 같은 관점에서 일하고, 같은 목소리를 내며, 같은 목적을 추구해야 한다. 다음은 훈련에 필요한 몇 가지 지침이다.

프로젝트 특성에 따른 훈련: 프로젝트에 참여하는 모든 사람들은 연구의뢰인의 목적과 실질적 정보의 필요성에 대해 철저한 기초 지식을 갖고 있어야 한다. 또한 연구대상이 되는 제품군과 브랜드에 익숙해야 한다. 보통 연구의뢰인 측에서 이에 대한 배경지식을 제공한다. 프로젝트 직원은 현장방문을 하는 동안 관찰 가이드를 자주 찾아보지 않아도 될 정도로 그 내용을 사전에 충분히 숙지해야 한다.

내부 직원 및 협력인사: 내부 직원과 협력인사는 주로 현장방문을 수행하고 감독하는 역할을 하기 때문에 가장 강도 높은 훈련을 받아야 한다. 만약 이들이 이러한 방법론에 익숙하지 않다면, 질적 조사 방법론에 관한 사전 경험이 많음을 증명해야 한다. 대학이나 대학원에서 사회과학적 훈련을 받았거나 질적 조사 실무자로서 수년간 일한 경험이 필요하다. 또한 직원과 협력인사는 마케팅과 제품 개발에 관해 철저히 교육받고 경험적 기초를 갖추어야 한다. 때로는 실제로 경험하는 대신에 문화인류학과 에스노그라피적 사회학 분야의 사례연구와 방법론에 대한 문헌을 읽기도 한다.

현장조사자가 현장방문 전에 알아야 할 실질적인 배경지식은 다음과 같다.

- 사회과학적 기초 개념, 용어, 관점.
- 비교문화적 맥락에서의 인간 행동과 동기에 대한 이해.
- 면담 기술과 절차의 습득. 예컨대 더 많은 정보를 얻기 위해 적절하게 질문하는 방법 등.

- 행동을 관찰하고 기록하는 능력.
- 창조적 작업에 대한 이해와 그것을 어떻게 자료 수집과 분석 모두에 응용할 수 있는가에 대한 이해.
- 정보를 조직하고 분석하여 의미 있는 일반화를 이끌어 내는 능력.

연구의뢰인 측 대표자와 공동참여자: 에스노그라퍼와 현장방문에 동행하는 연구의뢰인은 가능한 한 높은 수준의 준비 교육을 받아야 한다. 연구의뢰인은 종종 훈련을 위한 비용과 시간을 아까워한다. 그러나 이들은 최소한 하루 혹은 반나절 동안은 훈련을 받아야 한다. 만약 이마저도 불가능하다면 최소 한 시간짜리 안내교육에 참여할 것을 요구해야 한다. 이 책의 부록에는 한 시간짜리 안내교육에 사용할 수 있는 「훌륭한 에스노그라피를 위한 십계명」이 수록되어 있다.

연구의뢰인 훈련의 목적은 연구의뢰인 측 관찰자가 연구참여자와 접촉하는 동안 한쪽으로 치우쳐서 관찰하는 실수를 예방하는 것이다. 자료 수집 단계에서 연구의뢰인의 가치를 최대한 활용해야 한다. 실제로 연구의뢰인은 연구대상인 제품과 기술에 친숙하기 때문에 보통 자료 수집 시에 독특한 관점을 제공해 준다. 따라서 연구의뢰인을 교육할 때에는 다음과 같은 실질적 내용을 훈련해야 한다.

- 현장방문의 역동과 흐름.
- 면담 기술. 예컨대 적절하고 객관적 태도로 질문을 던지고 캐묻는 능력.
- 성급한 일반화를 삼가면서 관찰하고 기록할 수 있는 기초 능력.

비디오그래퍼: 다큐멘터리 비디오 촬영 능력을 가진 사람은 일반적으로 에스노그라퍼를 따라 현장방문에 동행하기에 가장 좋은 자격을 갖춘 사람이다. 그러나 그들도 우리의 특수한 요구사항에 관해 안내교육을 받을 필요

가 있다. 우리의 경험에 따르면 다음의 지시사항들을 비디오그래퍼와 공유해야 한다.

- 행동의 전체 맥락을 포착할 것. 행동이 일어나고 있는 전체 환경을 패닝 촬영할 것. 사용한 장비를 기록할 것.
- 행동에 초점을 맞출 것. 응답자가 보여 주는 특수한 기술이나 제품에 줌인zoom-in 할 것.
- 대상자를 직접 면담하는 경우 외에는 얼굴을 클로즈업하는 구도를 피할 것.
- 행동의 흐름을 쫓아가기 위해 광각에서 클로즈업까지 넘나들 것.
- 면담 진행자의 사진을 찍지 말 것.
- 비디오카메라가 가능한 한 눈에 띄지 않도록 행동할 것.
- 무엇보다도 조사하고자 하는 행동의 역동적 과정을 정확히 기록할 것. 포괄적이면서 면밀한 내용의 영상을 기록할 것.

5. 장비: 에스노그라피에 필요한 도구

현장방문에 참여하는 모든 사람은—에스노그라퍼뿐만 아니라 연구의뢰인 측 공동관찰자까지도—에스노그라피용 장비 세트를 지참하는 것이 좋다. 장비 세트를 갖추면 조사자가 관찰한 바를 기록하거나 백업할 수 있어 귀중한 세부사항을 놓치지 않을 것이다. 장비 세트의 구성은 다음과 같다.

- **공책과 펜 또는 연필**: 현장방문 시에 사용하기에는 작은 규격의 스프링 제본 노트(24.1×15.2cm)가 가장 편리하고 가장 덜 거치적거린다.
- **음성녹음기**: 고성능의 디지털 보이스 리코더DVR나 스테레오 워크맨 녹음기가 가장 좋다. DVR로 보통 최대 20시간까지 음성을 녹음할 수 있다. 만약 테이프를 사용한다면 현장방문 중에 테이프를 자주 교체하지 않도록 120분짜리나 90분

짜리 테이프를 사용할 것을 권장한다. 테이프 리코더는 오토리버스 기능이 있는 제품이 좋다. 만약 그 기능이 없다면 조사자는 연구참여자가 말하는 동안 테이프 리코더가 멈추지 않았는지 수시로 확인해야 할 것이다.

- **사진기**: 실내 플래시 기능을 지원하는 소형 디지털 카메라나 일회용 카메라가 유용하다. 캠코더로 촬영하고 있더라도 사진을 남겨 두는 것이 좋다.
- **측정 도구**: 조사 목적에 따라 다음 도구 중 일부 혹은 전부가 필요할 수 있다.
  - 타이머: 특정 활동에 할애한 시간을 계측하는 데 필요하다. 스톱워치나 저렴한 주방용 타이머 정도면 충분하다.
  - 저울: 특정 과업에 사용되는 제품의 무게를 측정하는 데 필요하다. 저렴한 주방용 저울이나 후크식 저울hook scale이면 충분하다.
  - 표본수집 도구: 연구의뢰인의 의사에 따라 에스노그라퍼는 흙이나 얼룩, 잔해 같은 표본을 수집해야 할 수도 있다. 만약 현장방문 팀에 연구의뢰인 측 공동 관찰자가 속해 있다면 대개 그가 표본 수집을 도맡을 것이다. 연구의뢰인이 표본 수집을 요청할 경우, 에스노그라퍼는 반드시 사전에 연구의뢰인에게 표본 수집과 관련해 철저한 지침을 받아 두어야 한다.
- **연구참여자의 동의서**: 현장을 방문할 때에는 에스노그라퍼와 연구참여자가 함께 서명한 동의, 권리포기 및 비밀보장에 관한 각서Statement of Confidentiality, Consent, and Release의 복사본과 연구참여자를 위한 정보 자료의 복사본을 지참하는 것이 좋다. 이 서류는 조사자가 연구참여자와 라포를 형성하는 데 도움이 된다. 서류에 서명한 연구참여자는 자신이 연구에 공식적으로 참여한다고 느끼게 되며, 조사자는 연구참여자에게 그의 권리와 사생활이 존중될 것이라는 점을 문서로 재확인시켜 줄 수 있다. 연구참여자의 동의서에는 조사에서 수집한 정보를 오직 연구 목적으로만 사용하며, 모든 녹취록transcriptions과 사진, 비디오테이프를 오직 내부보고용으로만 사용하고, 추가 서면동의 없이는 절대로 외부에 공개하지 않겠다는 것을 보장한다는 내용을 담는다. 또한 연구참여자가 원하면 언제든지 조사자에게 현장방문을 중단해 달라고 요청할 수 있으며 불편한 질문

에는 대답을 거절할 수 있다는 연구참여자의 권한에 관한 내용과, 연구참여자가 조사자에게 정보를 제공하거나 특정 행동을 보여줄 때 정확한 사실을 전달해 주어야 한다는 연구참여자의 책임에 관한 내용을 서술한다. 이 책의 부록에 동의서의 견본 서식을 수록했다.

- **노트와 오디오테이프, 비디오테이프, 그 외 모든 종류의 자료에 붙일 라벨:** 조사자는 반드시 프로젝트 자료를 일관성 있게 체계적으로 정리해 두어야 한다. 프로젝트 자료로 수집한 각 서류나 테이프에는 다음 사항을 적은 라벨을 눈에 잘 띄게 붙여 둔다.
  - 날짜
  - 장소
  - 프로젝트 코드명
  - 참여자의 이름 또는 코드명
  - 주요 인구학적 범주 또는 사용 범주
- 연구를 시작할 때부터 라벨을 붙여 모든 자료를 정확하게 분류해 놓지 않으면 나중에 정보를 조직하고 검색하는 작업이 복잡해질 것이다.

❖ 비디오 촬영 준비

에스노그라피 연구에서 비디오 촬영은 수많은 기회와 난관을 수반한다. 비디오 촬영은 훈련과 안내교육을 위해서뿐만 아니라 자료를 기록하고 검토하는 데도 유용하다. 비디오 촬영에 관한 모든 사안은 절대적으로 연구의뢰인의 목적과 기대에 맞추어 결정된다.

모든 현장방문을 비디오로 촬영할 필요는 없으며, 그중 일부를 반드시 비디오로 촬영해야 할 필요도 없다. 비용 요소나 문화적 요소 혹은 그 밖의 다른 요소 때문에 비디오 촬영을 하기가 어렵거나 바람직하지 않다면, 조사자는 연구 목적을 달성하기 위해 다른 자료 수집 도구를 사용할 수밖에 없다. 그러나 보고와 시연, 발표를 효과적으로 하는 데에 비디오만 한 도구는 없다. 또한 잘 보관한 비디오테이프는 차후에 재분석 및 시간차에 따른 비교 작업을 할 때에도 유용하다.

만약 연구참여자를 촬영한 비디오를 판매 회의나 판촉 행사 등과 같은 공개 석상에서 사용하고자 한다면, 조사자는 반드시 사전에 연구참여자에게 이를 알려 주어야 한다. 또한 이와 관련하여 조사자는 연구참여자에게 비디오를 공개하는 문제에 대한 별도의 동의서에 서명할 기회를 주어야 하며, 공개에 대한 보상을 별도로 지급해 주어야 한다.

에스노그라피 조사에 비디오그래피를 사용하고자 할 때에는 두 가지를 고려해야 한다. 하나는 연구참여자 안내교육이고, 다른 하나는 비디오 촬영으로 인해 발생하는 방해의 가능성을 제거하는 것이다.

연구참여자 안내교육: 만약 비디오 촬영을 할 계획이라면 조사자는 연구참여자를 모집하는 단계에서 미리 그들에게 이 사실을 알려 주고 비디오 촬영을 하는 이유를 설명해 주어야 한다. 일반적으로는 비디오가 '가장 효과적인 기록 장치'라고 말해 주는 것으로 충분하다.

방해 가능성 제거하기: 우리는 현장방문을 할 때에 비디오 촬영이 연구참여자의 협력을 방해하거나, 또는 연구참여자가 카메라를 의식해서 행동하게 되거나 비일상적인 행동을 하게 되는 것을 원치 않는다. 그러므로 조사자는 가장 작고 눈에 띄지 않으면서도 성능이 뛰어난 장치를 사용해야 한다.

연구참여자에게 카메라에 익숙해질 시간을 주는 것도 효과적인 방법이다. 비디오 감시가 점차 증가하고 텔레비전의 리얼리티 프로그램이 전 세계적으로 유행하면서 사람들은 미디어에 친숙해졌고, 비디오와 같은 기록 장치를 편안히 여기게 되었다. 그러나 불행히도 이런 발전은 자기과시를 지향하는 풍조를 만들어 내기도 했다. 연구참여자들이 비디오 촬영에 불필요한 관심을 가지거나 비디오 촬영을 심각하게 받아들이지 않도록 유도하는 것이 중요하다. 대개 연구참여자들은 비디오 촬영이 시작된 후 조금만 시간이 지나면 비디오카메라의 존재를 신경 쓰지 않게 된다.[2]

추천할 만한 기술: 작고 은밀한 디지털 비디오카메라가 출시되어 최소한의 장비로 방송용 품질의 화면을 잡아낼 수 있게 되면서 다큐멘터리 비디오그래피에 혁명이 일어났다. Hi-8 방식의 비디오카메라와 필름도 이와 같은 이유에서 매우 유용한 도구이다. Hi-8 방식의 장비를 사용하면 조명장치 없이도 방송용 품질의 영상을 얻을 수 있는데, 이는 특히 현장에서 매우 중요한 장점이다. Hi-8 방식은 타임 코드 기능을 지원하므로 앞으로 분석이나 비디오 편집 작업이 수월해질 것이다.*

대안적인 비디오 촬영 방법: 연구의뢰인의 목적에 따라 조사자는 고정식 비디오카메라passive fixed video를 설치하거나 특수한 기술을 사용해야 할 수도 있다.

고정식 비디오카메라는 가게나 오락센터 등의 공공장소에 설치한다. 연구참여자가 허락하면 집에 설치할 수도 있다. 비디오 촬영기사가 항상 나와 있을 필요는 없지만, 장치가 온전하게 유지되고 문제없이 작동하는지를 확인하고 테이프를 제때 갈아 주려면 눈에 띄지 않도록 조심스럽게 장치를 관리해야 한다. 고정식 비디오카메라의 장점은 동일한 장소에서 장기간 동안 지속적으로 행동을 모니터할 수 있다는 것이다. 따라서 조사자는 제품을 진열하는 장소나 표지판 또는 판촉행사 등과 같은 환경적 요소의 영향을 추적할 수 있다.

저속촬영 기술은 촬영한 영상을 상영할 때 빠른 속도로 재생하는 기술로

---

* Hi-8 방식은 이제 오래되어 잘 쓰이지 않는다.

서, 제품의 사용과 선택에 영향을 끼치는 환경적 요소를 연구하는 데 유용하다. 구체적으로 말해서, 이 기술을 사용하면 공원이나 공항터미널에서 사람들이 이동하는 패턴을 밝혀낼 수 있다. 그 선구적인 사례로서 윌리엄 화이트[William H. Whyte](1980)는 저속촬영을 하여 도시 환경에서 도보로 이동하는 사람들은 규칙적인 방식으로 행동한다는 사실을 보여 주었다. 그는 보행자의 안정감은 길가의 장벽과 시각적 장애요소에 의해 형성될 수 있다는 점을 지적했다. 그는 이 결과를 바탕으로, 경관을 적극적으로 조성함으로써 공공 공간에 대한 사람들의 주관적인 경험을 변화시켜 도시 지역의 활성화를 유도할 수 있다고 주장했다. 화이트는 긍정적인 방향으로 변화될 수 있는 도시 보행자의 패턴을 저속촬영 기술로 발견했던 것이다.

【주】

1. 『뉴욕타임스』에 실린 Erard(2004)의 기사는 문화에 대한 에스노그라퍼의 이해가 몇몇 독특한 제품(메카의 방향을 가리키는 나침반이 내장된 이슬람 신자용 휴대전화 등)들을 개발하는 데 어떤 방식으로 영향을 끼쳤는지에 관한 흥미로운 사례를 보여 준다.

2. 새로운 리얼리티 기반 프로그램에 대한 주관이 강한 탐구를 보고 싶다면 Sella(2000)를 참조할 것.

8
연구참여자 모집

연구참여자 모집은 에스노그라피 연구에서 가장 성가시고 골치 아픈 측면 중 하나이다. 편향된 결과가 발생하지 않게끔 적절한 연구참여자를 지정하고, 연구참여자의 자율성과 자기결정권을 존중하고, 연구의 통합성을 유지하기 위해 연구참여자에게 동기를 부여하는 일은 현명함이 요구되는 작업이다. 시장조사의 범주는 일반적으로 사적 환경에서 이루어지는지 공공적 환경에서 이루어지는지에 따라, 그리고 연구참여자가 특정한 개인으로 지칭되는지 공공적 환경에 속한 행위자로 뭉뚱그려서 지칭되는지에 따라 분류된다.

1. 공공적 환경에서 조사할 때의 모집

연구참여자에게 사적이고 개인적인 행위를 보여줄 것을 요구하거나 조사자가 사적인 공간에 출입하는 것을 허락해 달라고 요구하는 연구를 할 때는 반드시 공식적인 모집과 정확한 정보 제공을 전제로 한 사전 동의^{informed} ^{consent}의 규칙을 준수해야 한다. 예를 들어, 주부가 어떻게 빨래를 하는지 혹은 슈퍼마켓에서 세제 구매 여부를 어떻게 결정하는지를 관찰하려면 반 드시 개인 연구참여자의 협조와 동의를 얻어야 한다. 쇼핑몰에서 연구참여 자를 잠시 멈춰 세우고 제품 선호에 대한 질문을 해야 하는 경우에도 마찬가 지이다.

한편, 공공적인 환경에서 수행되고 사생활과 전혀 상관없는 통상적 행위 에 관심을 가지는 에스노그라피에서는 연구 대상이 되는 개인과 현장을 어 떻게 선택할 것인가라는 문제를 신중하게 결정해야 한다. 예를 들어 슈퍼마 켓 체인의 관리부서에서 고객이 매장 내 애완동물 사료의 진열과, 쿠폰 지급 기 같은 POP(point-of-purchase) 광고를 이용하는 양상에 관한 행위 자료 를 활용하고 싶어 한다고 하자. 그들은 일반적인 고객 행위를 분석하기 위해 복도에서 구매자들을 비디오로 녹화하고, 매장 내 디자인 변경에 관한 통찰 과 고객의 반응을 얻기 위해 관찰 고객 중 일부를 선별해서 즉석 면접을 실 시하는 방법(intercept interview)을 선택했다. 이와 같은 조사를 설계할 때 맞 닥뜨리는 골치 아픈 질문들은 다음과 같다.

에스노그라퍼는 연구대상자나 주변 환경이 현재 관찰되고 있다는 사실을 밝혀야 하는가? 보통 소비자들은 슈퍼마켓에서 사생활이 보호될 것이라고 생각하지 않는다. 오히려 그들은 안전을 지키기 위해 상업시설에서 매장을 감시하기를 기대하며, 그런 목적으로 설치된 카메라에는 거의 주의를 기울 이지 않는다. 그럼에도 불구하고 연구자는 연구참여자에 대한 윤리적 책임 을 다하기 위해서 연구 목적의 감시가 진행 중이라는 사실을 눈에 잘 띄는 곳에 공지해야 한다(이런 책임의 문제를 어떻게 다루어야 하는가에 대해서는 다음 에서 자세히 설명한다). 이런 방식으로 공지했다면 매장에 들어오는 사람들은 연구 참여에 암묵적으로 동의했다고 볼 수 있다.

만약 더 깊이 있는 연구를 위해 연구참여자의 일부를 선별해야 한다면 어떻게 그들을 선별하고 모집하는가? 마케터와 판촉담당자merchandiser들은 특정 연령대에 나타나는 필요사항을 찾기 위해 어린이나 노인과 같은 고객을 특별히 더 주의 깊게 살펴보려고 할 수 있다. 또는 18~35세의 어머니와 같이 범주화된 주요 고객층의 기대를 어떻게 맞출 것인지에 관심이 있을지도 모른다. 의도적인 조작 없이 촬영한 비디오 녹화 기록을 분석할 때 이런 고객층을 특히 주의해서 관찰하게 될 것이다. 그러나 추가 면담을 위해 특정 사람들을 선별할 때에는 그들이 이미 고정식 카메라로 녹화되었다는 점, 그들이 왜 더 관심을 받게 되었는지를 설명해 주어야 한다. 선별된 사람들에게는 협력에 대한 약간의 사례─현금이나 선물─를 제공하고, 연구자는 동의, 권리포기 및 비밀보장에 관한 각서Statement of Confidentiality, Consent, and Release에 연구참여자의 서명을 받아야 한다. 이 지점에서 그들의 지위는 뭉뚱그려진 구매자 집단의 구성원에서 개인 연구참여자로 변하는데, 이 단계에서 그들은 무작위로 촬영한 기록에서도 자신을 빼달라고 요구할 권리가 있다.

연구참여자 후보에게 연구의 어떤 점을 정확하게 알려 주어야 하는가? 연구자는 연구참여자 후보에게 연구의 후원자auspices와 목적을 알려줄 의무가 있다. 이때 제공되는 정보는 연구참여자를 한쪽으로 치우치게 만들거나 자료의 타당성에 영향을 주지 않는 범위 내에서 가능한, 가장 높은 수준의 것이어야 한다.

관찰 중에도 에스노그라퍼는 현장을 자연적인 상태 그대로 유지할 수 있는가? 연구자가 관찰하고 있다는 사실 때문에 연구참여자가 자신의 행동을 의식하거나 관찰자를 상대로 연기를 할 수도 있는 상황에서 과연 평소와 다름없는 현장을 관찰할 수 있는가라는 문제는 논쟁의 대상이다. 만약 이런 문제 때문에 연구 결과가 미심쩍게 느껴진다면 다른 접근법을 사용한 조사를 추가로 수행하여 결과를 확인해야 할 것이다.

연구자가 공공 공간에서의 연구와 관련된 문제들을 어떻게 다루는가와 상관없이 객관성, 진실성, 현장 보존, 응답자 보호의 규범을 반드시 지켜야 한다.

❖ 드러나지 않는 모집

윤리적 연구의 규칙에 따르면 공식적으로든 비공식적으로든 정보제공자로서 모집된 연구참여자에게는 연구에 관한 정보를 제공해야 하며, 연구참여자에게는 거절의 권리가 주어진다.

그러나 암행 쇼핑mystery shopping처럼 할인 마트, 술집 또는 은행 등 자연스러운 환경에서 수행되는 연구는 변형되지 않은 상황에서 이루어지는 소비자와의 즉흥적인 상호작용에 의존한다. 이런 경우 만약 연구가 진행 중이라는 사실이 밝혀진다면 처음의 자연스러움이 유지되기는 어려울 것이다. 예를 들어, 패스트푸드 음식점의 서비스와 소비자 사이의 상호작용에 관한 정보를 수집하고자 할 때, 직원들에게 그들이 관찰되고 있다는 사실을 알려 준다면 직원들로부터 가장 훌륭한 행동 이외의 것을 이끌어 내기란 거의 불가능해진다.

이런 상황에서 우리는 정확히 사전 동의는 아니지만 그에 준하는 전략을 사용하여, 전체적으로 봤을 때 윤리적 정신을 준수할 수 있다. 연구자들이 자신의 역할을 밝히기가 곤란하고 참여자들을 드러나지 않게 모집해야 한다면 다음과 같은 전략을 채택해서 명시적인 조사가 가져올 어려움을 줄일 수 있다.

1. 정확하게 무엇을 관찰하고 있는지를 명시하지 않은 일반적인 정보를 공지한다.
2. 관찰 기간을 명확하게 지정하지 않은 정보를 공지한다.

3. 책임 있는 제3자를 통하여 일반적인 관찰을 수행하는 권한을 확보한다.

만약 드러나지 않는 모집 및 관찰이 이루어지는 상황이라면, 연구자는 연구 목적의 관찰이 진행 중이라는 표지를 매장이나 음식점의 출입문에 부착하여 연구윤리를 지킬 수 있다. 이로써 사람들은 연구에 참여하고 싶지 않다면 출입하지 않을 수 있는 권리를 가지게 된다. 이런 안내문은 누구에게나 잘 보이도록 반드시 큼직하고 눈에 잘 띄는 글씨체로 작성해야 한다. 전형적으로 사용되는 문구는 다음과 같다.

안내: 오늘 이 매장에서는 시장조사를 목적으로 관찰과 비디오 촬영이 눈에 띄지 않게 진행되고 있습니다. 만약 귀하께서 이와 같은 조사에 참여하기를 원치 않으시거나 귀하의 사생활을 침해당할 수 있다고 생각하신다면 출입을 삼가 주시기 바랍니다.〔마지막 문장의 추가 여부는 담당자가 선택할 것〕

이런 안내를 받은 후에 매장에 들어온 사람들은 암묵적으로 사전 동의를 했다고 볼 수 있다.
매장 직원들을 위해서도 비슷한 안내문을 출입문에 부착할 수 있다.

안내: 서비스의 품질을 제고하기 위해 2월 중에 직원과 고객 간의 상호작용에 대한 관찰을 예고 없이 실시할 예정입니다.〔다음 문장의 추가 여부는 담당자가 선택할 것〕 만약 귀하께서 이와 같은 조사에 참여하기를 원치 않으시거나 귀하의 사생활을 침해당할 수 있다고 생각하신다면 출입을 삼가 주시기 바랍니다.

조사가 이루어지는 시기를 폭넓게 제시할수록—예를 들어 '2월 중'보다는 '상반기 중'과 같이—참여자들, 즉 직원들의 긴장은 며칠 내로 사라지고 자연스러움이 회복될 가능성이 높아진다. 이에 따라 평상시에 직원이 고객과 접촉할 때의 행동을 관찰할 수 있다.

제품과 서비스가 어떻게 제공되는지를 정기적으로 연구하는 많은 기관에서는 새로 직원을 채용할 때 그에게 은밀한 관찰과 암행 쇼핑이 마케팅 및 서비스 평가 기술로 사용될 수 있다는 사실을 명확하게 통지한다. 이 경우, 채용 시 제공하는 직원 수첩이나 고용 계약서 또는 구두 안내를 통해서 고용자는 직원의 업무수행을 평가할 권리를 가지며, 평가할 때 예고할 수도 있고 예고하지 않을 수도 있다는 점을 공식적으로 전달해야 한다. 또한 대중을 위한 표준화된 안내문을 항시 제공하여, 매장을 출입하는 모든 사람에게 특별한 통지 없이도 언제든지 그들이 연구의 일부가 될 수 있다는 점을 알려줄 수 있다.

❖ 공식적인 모집과 비공식적인 모집

공식적인 모집은 연구참여자 후보에게 연구에 관한 정보를 제공하고, 사적 공간에 출입할 기회를 요청하며, 동의와 협조를 얻어 내고, 보상을 제시해 참여 동기를 유발하는 등 일련의 단계를 통해 이루어진다. 반면 비공식적인 모집은 공공 공간에서 수행하는 연구를 할 때 주로 사용되며, 좀 더 미묘한 성격을 지닌다. 비공식적인 모집에서 연구참여자 후보는 인구학적 기준이나 제품 사용에 관한 기준을 만족시키는 사람들로 한정되며, 그들에게는 참여 또는 거절을 선택할 권리가 주어진다. 예를 들어, 펍이나 바에서 사람들이 술을 마시는 행위를 연구하려는 다국적 맥주회사는 특정 브랜드의 맥주를 주문하기 좋아하는 연령대나 성별의 단골고객을 찾으려고 할 것이다.

퀄리데이터에 연구를 의뢰한 패스트푸드 체인 회사는 12세 이하의 자녀와 함께 점심이나 저녁을 먹으러 온 성인 고객과의 만남을 원했다. 의뢰 회사의 요구에 따라 우리는 회사가 미리 정해 놓은 제품구매 기준과 가족구성 기준을 만족시키는 모든 가족 고객에게 접근하여 공손히 양해를 구하고 비공식적인 모집에 응해줄 것을 요청했다. 다음은 그런 상황에서 사용할 수 있는 안내말의 예시이다.

> 저희는 이곳에서 시장조사를 하고 있습니다. 혹시 가능하다면 귀하께서 가족과 저녁식사를 하시는 동안 동석하여 몇 가지 질문을 할 수 있을까요? 만약 동석을 허락하시고 질문할 기회를 주신다면 감사의 뜻으로 10달러를 드리겠습니다. 그리고 식사를 마치시고 이곳을 떠나실 때까지 귀하의 가족을 비디오로 촬영하는 데 동의해 주신다면 25달러를 더 드리겠습니다. 물론 거절하셔도 아무 상관 없습니다. 그리고 연구 허락 여부를 떠나, 제가 잠시 끼어들어서 소중한 식사 시간을 빼앗은 것에 대한 죄송함의 표시로 가족 분들 모두에게 다음 방문 시에 사용하실 수 있는 1달러짜리 쿠폰을 드리겠습니다.

이 안내말은 여러 조건을 충족시키고 있다. 연구참여자를 모집하려는 시도가 개인적인 공간을 침해한다는 점을 명확하게 밝혔으며, 참여 여부와 관계없이 사례를 제공할 것임을 약속했다. 나아가 연구가 시작되고 끝나는 시간과 관찰의 조건을 알려 줌으로써 연구참여자가 선택하는 데 필요한 정보를 제공했다.

연구참여자 모집을 위해 추가로 요구되는 기준이 있다면 고객이 연구에 협조할 준비가 되었을 때 그 기준을 요구할 수 있다. 앞서 예로 들었던 음식점 연구에서는 연구참여자가 연구 협조에 동의한 경우, 다음과 같은 말이 이어졌다.

> 귀하와 연구를 진행하기에 앞서서 한 가지 더 여쭐 것이 있습니다. 귀하께서는 이 음식점의 주변 지역에 살고 계신가요?

참여자가 비디오 촬영에 동의하면 연구자는 참여자 본인과 그 가족들의 이미지를 조사와 내부 발표 목적으로 사용할 수 있도록 관련 동의서(포기와 동의 각서)를 보여 주고 서명을 받았다.

이 연구에서는 연구참여자에게 연구에 관한 개략적인 정보를 제공하고, 더 높은 수준의 참여에 추가적인 보상을 제공하며, 연구참여자가 아무런 부담 없이 거절할 수 있는 기회를 주는 방식으로 연구참여자를 비공식적으로 모집했다. 또한 연구자가 접근한 모든 사람들에게 쿠폰을 지급했다. 자신도 연구에 참여할 수 있느냐고 물어보는 손님이 있었지만 그들이 연구 기준에 적합하지 않아 요청을 받아들이지는 못했다.

2. 공식적인 모집 방법

연구참여자에게 요구되는 조건: 연구참여자를 공식적으로 모집하기 위해서는 우선 원하는 연구참여자에 관한 조건을 구체적이고 명확하게 제시할 필요가 있다. 그래야만 연구의뢰인이 마케팅 대상으로 삼는 특정 소비자층을 대표하는 사람들로 연구참여자를 구성할 수 있다. 우선 인구학적 지표, 제품 사용, 브랜드나 제품 범주에 대한 태도 등을 기준으로 조건을 설정한다. 그리고 이런 특성들에 기초하여 연구참여자 선별을 위한 질문지(스크리너^{screener})를 작성하여 연구의뢰인이 필요로 하는 사람들로 참여자를 제한하는 데 활용한다.

연구참여자를 성공적으로 선별하기 위해서는 목표로 삼고자 하는 연구참여자의 유형을 조작적으로 정의해야 한다. 예를 들어 '헤비 유저$^{heavy user}$'라는 표현은 그 판단 기준이 자의적이기 때문에 연구참여자를 한정하기가 어려우므로, '매달 6회 이상'과 같이 사용 수준을 더 정확하게 나타내는 표현을 써야 한다. 적합한 연구참여자에게서 정보를 수집해야만 어느 쪽으로도 치우치지 않은 조사 결과를 얻을 수 있다. 연구참여자는 연구의뢰인이 마케팅 대상으로 삼는 소비자층을 대표하는데, 만약 연구참여자를 잘못 모집했다면 연구의 유효성이 흔들릴 수 있다.

조건의 우선순위 정하기: 연구참여자의 스펙트럼을 모든 측면에 걸쳐서 세분하는 것은 아마 논리적으로나 현실적으로나 불가능할 것이다. 그러므로 조사를 의뢰하는 사람들은 프로젝트를 진행하는 데 가장 중요한 조건을 두세 개 정도 설정해 두어야 한다. 기준을 너무 세세하게 잡으면 실행하기가 어려워지고 연구 기간이 늘어나며 프로젝트 비용이 증가하는 문제가 생긴다.

자기 의견을 분명히 표현하는 협조적 연구참여자: 구해야 할 연구참여자의 기준이 명확해졌다면, 이제는 특별히 협조적이며 자기 의견을 분명히 표현하는 연구참여자를 모집할 차례이다. 개인적인 성향이나 사회계층은 그다지 중요하지 않다. 연구참여자를 모집할 때, 포커스 그룹 토론과 같은 다른 시장조사에 성의껏 참여한 경험이 있는 사람은 좋은 후보자이므로 눈여겨보아 둘 필요가 있다.

그러나 지나치게 순응적이거나 아부가 심한 사람은 배제하는 것이 좋다. 자신의 의견을 올바르게 표현하지 못하는 사람, 연구자를 만족시키기 위해 눈치를 보는 사람에게서는 유효한 정보를 얻기가 어렵다.

일정과 현장 이동경로, 지도: 에스노그라피 프로젝트에서 연구참여자 모집책recruiter은 프로젝트 실행 계획을 짜는 데 있어서 중요한 역할을 담당한다. 현장방문 일정을 잡고 현장방문 팀에 분명한 이동경로와 지도를 제공하는 일을 모두 연구참여자 모집책이 맡아서 하기 때문이다. 연구참여자 모집책은 현장 이동에 필요한 시간과 방문 팀의 식사, 휴식, 보고, 그리고 그 밖의 업무 등을 세심하게 계획해 일정을 짜야 한다.

연구참여자의 집을 벗어나서 일하기: (참여)관찰조사가 연구참여자의 거주지를 벗어난 곳—예를 들면 학교나 사무실 같은 제한된 공공 공간—에서 이루어질 예정이라면 연구참여자를 모집하는 과정에서 반드시 현장에 출입할 수 있는 권한을 얻어야 한다. 일반적인 모집 과정과는 별개의 과정이 필요할 수도 있다. 출입하려는 공간이 사적 공간이라면 그 공간에 출입하기 위해 추가로 비용을 지불해야 할지도 모른다. 예를 들어 백화점에서 동행구매를 실시하려면 매장 관리자의 허가를 받아야 하며, 병원에서 간호사를 관찰하려면 관리부서의 허가를 받아야 한다.

공원이나 놀이터 같은 공공장소의 경우에는 물론 이런 허가를 받을 필요가 없다. 공공장소에서 연구참여자에게 특정 행동을 해달라고 요청하는 것은 다른 누구의 권한도 침해하지 않기 때문이다. 그러나 연구자는 반드시 공공예절을 지켜야 하며, 공공장소를 사용하는 다른 사람들의 권리를 보장하기 위해 노력해야 한다는 점을 잊어서는 안 된다.

문화와 가족 구조와 관련한 문제: 가정방문 시에 집주인과 방문객이 지켜야 하는 접대 규범과, 가족 구성원의 협조를 제한할 수 있는 가정 내 권위라는 문제는 연구참여자 모집 과정에서 반드시 고려해야 할 사항들이다. 이런 문화적 규칙을 따른다면 방문자의 성별 같은 에스노그라피 연구 절차에 영향을 미치는 요소들에 따라 선택의 기준이 결정될 수 있다. 예를 들어 어떤 문화에서는 여성 속옷의 세탁 과정을 남성이 관찰하는 것이 부적절한 행동으로 여겨질 수도 있다.

3. 모집의 가이드라인

다음의 가이드라인은 연구참여자를 내부에서 모집하든, 외부업체나 현장 서비스를 통해서 모집하든 상관없이 도움이 될 것이다.

모집 방법: 연구참여자 모집 방법은 연구의 목적과 일치해야 한다. 연구

에 협조해줄 사람과 접촉하기 위해서 전문 업체의 내부 데이터베이스, 표본 조사 회사 및 디렉트 메일direct mail; DM 업체의 인명부, 전화번호부를 포함한 공공 데이터베이스 등을 기초자료로 흔히 사용한다. 무작위 통화random digit dialing; RDD 방법을 사용하기도 한다. 잠재적 참여자들이 비자발적으로 풀에 포함되는 다른 연구참여자 선정 방식과 마찬가지로, 이러한 모집 방법으로는 연구참여자의 협조를 얻기가 어렵기 때문에 비용과 시간이 많이 든다.

때로는 연구자가 상점가나 쇼핑몰 또는 컨퍼런스 센터 같은 공공장소에서 연구참여자를 직접 구할 수도 있다. 이러한 모집 방식은 연구에 필요한 유형의 사람이라면 그 장소를 지나갈 것이라고 추측할 만한 타당한 이유가 있을 때 적합하다.

연구참여자 선별: 연구자가 연구참여자의 적합도를 적절히 통제하고 있음을 보여 주는 중요한 기준은, 목표로 하는 연구참여자를 선별하기 위해 모집 과정에서 각 연구의 특성에 알맞은 질문지를 사용하고 있는가이다. 여과 장치로서의 질문지, 즉 스크리너를 관리하고 실행, 활용하기 쉽게 작성해야 한다. 연구참여자 모집 담당자들은 빠짐없이 스크리너에 대한 교육을 받아야 한다. 무엇보다 중요한 점은, 모집 담당자가 연구참여자에게 스크리너의 핵심 질문에 대한 힌트를 주어서는 안 되며, 어떻게 응답하면 모집에서 탈락하는지를 알려 주어서도 안 된다는 것이다. 또한 정직하지 않은 답변을 유도할 가능성이 있는 보상을 제시해서도 안 된다.

연구의뢰자 공개: 연구참여자 모집 과정에서 연구를 의뢰한 기업의 정체를 밝히는 것은 일반적으로 별 도움이 되지 않는다. 왜냐하면 특정 브랜드나 제조사를 선호하는 사람들로 연구참여자가 편중될 수 있기 때문이다. 연구참여자가 연구를 의뢰한 기업의 정체를 계속 궁금해할 경우 연구를 의뢰한 측의 동의를 받아 연구의 마지막 단계에서 밝힐 수는 있다.

한편, 대부분의 연구 결과는 비밀이 보장되어야 하므로 참여 동기를 부여하기 위해 연구참여자에게 연구 결과를 제공하는 것은 바람직하지 않다.

그러나 공공서비스를 담당하는 연구의뢰인은 이 문제에 대해 입장이 다르다. 공공서비스를 담당하는 연구의뢰인과 협력하여 진행하는 연구에서는 대개 연구를 의뢰한 후원자를 밝히면 참여도를 높일 수 있기 때문이다. 연구참여자 후보에게 에이즈 환자를 대상으로 한 보건 프로그램의 향상이나 대중교통 수단의 개선과 같은 목적의 공공기관 프로젝트에 참여하게 될 것이라는 점을 알려 준다면 그들은 사회적 책임을 다하는 시민으로서 자부심을 가지게 될 것이다. 그리고 이는 사람들에게 연구 참여에 대한 망설임을 떨쳐내는 힘을 줄 수 있다.

연구참여자에게 제공할 인센티브 설정하기: 마케팅 에스노그라피에서는 참여자에게 보상으로 보통 현금을 준다. '프로그램 참여 사례금co-op fee'이라고도 불리는 이 보상은 일반적으로 연구참여자 선별 면담의 마지막 단계에서 제공된다. 이때 제시하는 사례비의 구체적인 액수는 다음과 같은 여러 가지 조건들을 고려한 뒤에 결정한다.

• 보통 사례비 액수는 연구참여자의 희소성을 반영하여 정해진다. 비누나 세제, 시리얼처럼 흔히 사용하는 제품의 사용자들은 일반적으로 가장 낮은 수준의 보상을 받는다. 반면 특정 기업의 컴퓨터 프로그램이나 고급 자동차 또는 항공사의 비즈니스 클래스같이 사용하는 사람이 적은 상품의 사용자들은 가장 높은 수준의 보상을 받는다.
• 연구가 실시되는 지역이나 국가의 시세를 고려한다. 사례비를 너무 높게 책정하면 불평불만이 많은 연구참여자가 모여들 수 있다. 미국을 비롯한 많은 문화권에서 연구 참여는 노동의 한 형태로 인정되며, 연구참여자는 자신이 속한 계급의 전문 서비스 종사자와 엇비슷한 수준의 급여를 기대

한다. 그러므로 계급에 따른 차이를 반영하여 보상 수준을 정해야 한다. 구체적으로 말해 중간 정도 수입의 화이트칼라 노동자같이 일반적인 직업군에 속한 사람에게는 낮은 수준의 보상을 제공하는 반면, 높은 보수를 받는 직업을 가진 사람에게는 이보다 높은 수준으로 보상할 필요가 있다.

- 만약 연구참여자에게 일정 수준 이상의 조건이나 예비과제를 요구할 때는 사례비를 추가로 제공해야 한다. 예를 들어 연구자가 현장을 방문하기 전에 연구참여자가 제품을 미리 시험 삼아 사용해 봐야 한다든가 일기를 작성해 두어야 하는 경우 등이다.

- 절대 의견에 대한 대가로 보상을 지불해서는 안 된다. 그럴 경우 연구참여자는 연구의뢰인에게 호의적인 시각을 가지거나 적절하다고 생각되는 행동을 연기할 여지가 있다. 그러므로 연구참여자 보상은 연구참여자가 에스노그라피 연구에 참여하는 시간과 노력에 대한 보상이라는 점을 명시해야 한다.

- 연구자는 연구참여자에게 제공하기로 한 보상을 마지막 현장방문 시에 현금으로 지급할 수 있다. 이때 증거자료로 현금지급확인서에 연구참여자의 서명을 받아 둔다. 만약 사례비를 제때 지급할 수 없는 상황이라면 연구참여자에게 사례비가 어떤 기관에서 지급되며 언제 지급될 것인가를 분명하게 설명해 주어야 한다.

- 연구에서 다룬 상품을 절대 보상으로 제공하면 안 된다. 이러한 결정으로 인해 연구참여자의 반응이 한쪽으로 치우칠 수 있으며, 동시에 연구의 스폰서가 드러나게 된다. 마지막 방문 시에 연구참여자에게 약속한 현금 보상과 함께 작은 선물을 주어도 무방하지만 일반적으로 꼭 필요한 행위는 아니다.

무엇보다, 새로운 것을 경험하고 사람들이 사용하는 제품을 개선하는 데

참여한다는 높은 수준의 목적의식과 선의에 어필함으로써 연구자가 참여 여부를 결정하도록 해야 한다. 즉, 다른 소비자를 대표하여 더 나은 제품을 만들기 위해 독특하고 흥미로운 활동에 참여한다는 마음가짐이 참여의 주된 동기로 작용해야 한다. 오직 돈만이 유일한 동기가 된다면 연구자는 냉소적이고 영악한 응답자만을 마주하게 될 수도 있다.

초과모집: 연구자가 현장을 방문하기 전에, 섭외한 참여자가 탈락하거나 연구 참여를 철회할 수 있으므로 계획한 수보다 시장당 한두 명 정도 연구 참여자를 더 뽑는 것이 바람직하다. 만약 예비 연구참여자를 한 번도 방문하지 않은 채로 연구가 종료되더라도 그의 가정이 연구자를 위해 시간을 비워 두었으며 접대할 준비를 마쳤다는 점을 감안하여 그에게도 예정대로 보상을 지급한다.

모집 과정 관리: 연구참여자를 모집하는 과정에서 발생할 수 있는 문제를 피하기 위하여 각 단계마다 성취 수준을 관리해야 한다. 다음의 핵심적인 행동 수칙을 지키면 모집을 성공적으로 마칠 수 있다.

- 기대치와 일정을 엄격하게 세워라.
- 모든 것을 기록으로 남겨라. 문제가 생겼을 때 해결하기가 한결 쉬워진다.
- 모집 과정을 주기적으로 새로이 점검할 것. 연구자가 어려움을 자각함으로써 잠재적 문제를 조기에 해결할 수 있다.

4. 효과적인 스크리너 만들기

공식적인 모집의 성공 여부는 연구참여자를 선별하는 질문지screening questionnaire에 달려 있다. 질문지를 통해 연구참여자 후보 가운데 연구에서 필요로 하는 소비자의 정의에 맞는 사람을 골라내야 한다. 효과적인 스크리너의 작성은 예술이자 과학이다. (부록에 스크리너 견본을 제시해 두었다.)

효과적인 스크리너의 토대는 조작적으로 정의되고 객관적인 방식으로 측정 가능한 명확한 조건들로서, 예를 들어 '여성이고 21~49세로 여러 연령대가 섞여야 하며 집안 청소를 주로 담당하는 사람' 등과 같은 것이다. 연구참여자 성향이 다양한 사람들을 선별과정에서 확보하려면 다음과 같은 것들을 포함해야 한다.

- 인구통계에 따른 집단 분류: 연령, 성별, 소득, 가구 구성, 지리적이고 민족적인 구분.
- 제품 사용에 따른 집단 분류: 빈번하게 사용하는 사람, 가볍게 사용하는 사람, 특정 브랜드를 사용하려고 시도해 보았지만 결국 사용을 거부한 사람, 경쟁 관계에 있는 브랜드를 사용하는 사람 등.
- 태도 및 심리적 특성에 따른 집단 분류: 다양한 브랜드 및 분류에 대한 동기와 모티브를 의식적으로 혹은 무의식적으로 공유하는 사람(예를 들면 상류층을 갈망하는 사람, 신제품을 선뜻 받아들이는 사람, 브랜드 충성도가 높은 사람).
- 유행을 받아들이는 자세에 따른 집단 분류: 십대같이 새롭게 떠오르는 소비자 층, 최신 유행 스타일을 따르는 사람, 예술가나 동성애자.

연구 참여 이력과 보안의 문제: 참여자 후보 중 경쟁사에 소속된 사람이나 유통경로에 종사하는 사람, 또는 마케팅 및 광고 회사에 근무하는 사람 등은 제외 대상이다. 이는 매우 중요한 문제인데, 대개 연구를 의뢰한 후원자는 업계 종사자의 시각보다는 꾸밈없는 소비자의 시각을 알고 싶어 하기 때문이다. 또한 잠재적인 경쟁자는 연구 결과를 폭로할 수도 있고, 더 나쁘게는 연구를 의뢰한 후원자가 특정 주제에 관해 연구 중이라는 사실을 통해 경쟁자가 기업의 관심사나 사업전략을 눈치채게 될지도 모른다.

연구 참여 이력에 대한 제한은 연구의뢰인의 재량에 따라 보통 최근 3개월이나 6개월 혹은 1년으로 정해진다. 이런 제한을 설정하는 이유는 이런 연구에 너무 자주 참여해서 순수함과 소박함을 잃어버린 연구참여자를 제외하기 위해서이다. 이런 연구참여자는 평균적인 소비자를 대표할 수 없다. 한편 연구 참여 경험을 과도하게 제한하면 비용이 증가할 우려가 있는데, 마케팅 조사가 점점 많아지면서 평균적인 소비자들이 마케팅 조사의 관점과 방법에 대한 지식을 더 많이 갖게 되었기 때문이다.

스크리너 개발의 품질관리: 다음 사항을 고려하면 더 좋은 스크리너를 설계하는 데 도움이 될 것이다.

- 현실적으로 생각하라. 모집하려는 연구참여자의 조건을 너무 깐깐하게 정하면 찾는 데 어려움을 겪을 것이다.
- 스크리너는 가능한 한 간략하게 구성하라. 연구참여자 선별 기준과 별 상관없는 '알아두면 좋을' 사항은 질문하지 말라.
- 한 질문당 하나의 변수만 사용하라. 예를 들어서 "귀하께서는 청소제품을 구입하고 정기적으로 사용하고 계십니까?" 같은 질문은 피하라.
- 질문을 할 때는 연구참여자를 주어로 삼고, 능동사를 사용하라. 예를 들어 "이것은 ~ 사용됩니까?"가 아니라 "귀하께서는 ~ 사용하십니까?"라고 묻는다.
- 특정한 대답을 유도하거나 연구참여자에게 무엇이 핵심적인 모집 조건인지를 넌지시 알려 주는 질문을 피하라. 예를 들어 "저희는 커피를 하루에 최소한 세 잔 이상 마시는 사람을 찾고 있습니다. 귀하께서는 그러시나요?" 같은 유도 질문은 연구참여자에게 너무 많은 정보를 알려 준다.
- 소비자가 일상적으로 쓰는 말을 사용하라. 업계에서 사용하는 전문용어는 피하라. 특정 지역에서만 사용되는 구어체적 표현도 삼가라.
- 연구참여자 선별과 집단별 최대 모집인 수에 관한 조건을 구체적으로 파악하라.

- 조건에 맞지 않는 연구참여자를 걸러내는 핵심적인 질문을 스크리너의 맨 앞에 배치하라. 연구자는 요구하는 답을 하지 않은 사람을 고려대상에서 제외할 수 있다.
- 소득에 관한 질문처럼 민감한 질문은 스크리너의 맨 뒤에 배치하라.
- 면담을 진행하는 사람이 쉽게 확인할 수 있도록 스크리너에 관한 안내사항을 굵은 글씨로 또는 문서 맨 위의 글상자 안에 적어 놓으라.
- 가능하면 예/아니요라고 대답할 만한 질문을 피하라.
- 질문에 대한 보기 답안을 배열할 때 조건에 맞지 않는 연구참여자를 걸러내기 위한 보기를 항상 맨 앞이나 맨 뒤에 두지 말라. 조사 경험이 풍부한 연구참여자는 첫 번째와 마지막 보기는 피해서 답해야 한다는 점을 알고 있다.
- 가능하면 보기가 주어지지 않는 개방형 질문을 하라. 예를 들면 "귀하께서는 질레트 셰이빙 젤을 사용하십니까?"라고 묻기보다는 "귀하께서는 어떤 브랜드의 셰이빙 젤을 사용하십니까?"라고 질문하는 것이 더 적절하다.
- 연구참여자를 연구대상에서 제외하는 조건을 최대한 분명하게 설정하라. 연구참여자를 모집하는 과정에서 누구를 제외할지를 심각하게 고민하는 일이 있어서는 안 된다. 말단 모집책들은 연구에 관한 충분한 배경지식이 없으며, 지나치게 자기중심적으로 판단할 소지가 있기 때문이다. 예를 들어 자기 의견이 분명한 것이 선별 기준 중 하나라면, 면담을 진행하는 말단 모집책들이 누가 자기 의견이 분명한 사람이고 누가 아닌지를 판단하는 상황을 만들어서는 안 된다.
- 제품이나 브랜드에 관한 세부적인 정보를 알아야 하는 상황에서 연구참여자가 모든 것을 세세하게 기억해 내기를 바라지 말라. 필요하다면 실제 제품이 진열된 곳으로 연구참여자를 데려가서 그중 하나를 골라 달라고 부탁한다. 그러면 연구참여자는 라벨에서 필요한 정보를 읽어낼 수 있을 것이다.

후속관리: 성공적인 모집을 보장하는 것은 일관성 있는 후속관리이다. 여기에서 제시하는 몇 가지 단계를 따르도록 한다.

- 연구참여자에게 후속관리에 대한 정보를 제공하라. 연구참여자에게 담당자의 이름과 연락처를 알려 주고 만약 그들이 더 이상 연구에 참여할 수 없게 되면 연락해 달라고 당부하라.
- 후속관리를 수행할 때 문화적 차이를 세밀하게 챙겨라. 어떤 연구참여자들은 일정을 상기시켜 주기 위해 여러 번 전화를 걸면 성가셔하거나 짜증을 낼 수도 있다.
- 차후 약속을 확인하는 편지를 보낼 때 연구참여자 정보 카드도 함께 보내라.
- 연구참여자에게 최소한 두 번은 전화를 걸어 연구 참여를 확인하라. 마지막 전화를 거는 시기는 현장방문을 하기 24시간 전이 적당하다.

9
연구참여자 안내교육

마케팅 에스노그라퍼는 연구참여자로 고지식하거나 사리에 어두운 사람보다는 협조적이며 동지 같고 파트너 같은 사람을 더 선호한다. 연구참여자는 자기 문화에 관한 전문가로서 자신의 삶과 일상적인 경험을 연구의뢰인의 이익을 위해 기꺼이 공유하려는 태도를 지닌 사람이어야 하기 때문이다. 조사가 무엇인지를 알고 있는 연구참여자, 즉 앞으로의 시간계획을 이해하고 프로젝트 목표에 헌신할 준비가 된 연구참여자는 우리가 찾을 수 있는 가장 효율적인 파트너이다. 이때 조사에 대해서 알고 있다는 것은 기대하는 조사 결과를 이끌어 내는 능력을 가지고 있다는 뜻이 아니라, 에스노그라피의 각 단계를 이해하고 자신의 행동과 태도를 가장 정확하고 솔직하게 묘사할 준비가 되어 있다는 뜻이다. 핵심은 자연스러운 행동을 이끌어 내는 것이다. 지나치게 공손하거나 순종적인 사람은 적대적인 사람만큼이나 조사의 타당성을 위협할 수 있다.

연구참여자 안내교육을 실시하는 또 다른 목적은 현장의 일관성을 유지하는 데에 있다. 만약 관찰하는 행위로 인해 소비자의 행동이 극적으로 변한다면 그런 상황에서 수집한 자료는 타당성을 인정받을 수 없다. 그러므로 연구참여자에게 연구팀의 방문자 때문에 새로운 제품을 구매하거나 집이나 작업장을 일부러 정리하지 않고 기존의 일정과 방식을 그대로 지키겠다는 약속을 받아내야 한다.

마지막으로, 연구참여자에게 현장방문이 어떤 방식으로 이루어질 것인가를—결과에 영향을 끼치지 않는 한도 내에서—알려 주어야 한다. 이런 정보를 주지 않고 현장을 방문했다가 연구참여자가 놀라는 일이 벌어진다면 연구참여자의 자연스러움은 사라지고 그는 이 사건을 위협과 혼란으로 기억하게 될 것이다.

연구참여자 안내교육은 모집과 동시에 이루어져야 하며 현장방문을 실시할 때에 다시 보충해야 한다. 연구에 협조하는 과정에서 염두에 두어야 할 가장 중요한 사항들과 가장 빈번한 질문에 대한 대답^{FAQ}을 정리한 연구참여자를 위한 정보 안내지$^{participation\ information\ memo}$는 연구참여자에게 정보를 제공하는 데 유용한 도구이다. 연구참여자에게 정보 안내지를 문서로 전달하든 안 하든 간에, 연구참여자 모집책과 에스노그라퍼는 반드시 연구참여자에게 필요한 정보를 구두로 전달해야 하며, 연구참여자가 궁금해하는 점에 대해 답변해 주어야 한다.

연구참여자를 위한 정보 안내지의 견본은 부록에 있다. 다음에 제시하는 사항들은 연구참여자가 흔히 물어보는 질문이다. 연구자는 연구참여자 모집과 안내교육 과정에서 이에 대해 답변해야 한다.

1. 누가 이 조사를 하는 건가요?

이 질문에 대해서는 리서치 회사의 이름을 알려 주고 "잘 알려진 소비재 생산업체를 대표해서"(또는 다른 연구의뢰인 범주를 제시하면서) 조사하는 중이라고 말하면 충분하다. 프로젝트 착수 단계에서 연구의뢰인의 이름을 밝히면 편향된 결과를 불러일으킬 수 있다. 연구의뢰인을 알게 된 연구참여자는 불평을 말하면 안 된다거나 '좋은 점'을 말해야 한다는 부담감을 느낄 수 있다. 심지어 관찰자가 그들의 집을 방문하기 전에 연구를 의뢰한 회사의 제품을 사다 놓을 수도 있다. 연구를 의뢰한 회사가 담배나 주류, 석유 또는 의약품 생산 기업일 경우 연구참여자가 연구의뢰인을 정치적으로 반대하는 상황도 만날 수 있다.

2. 조사에 관한 질문

❖ 이 조사를 왜 하는 건가요?

연구참여자들은 생산자와 마케터가 소비자의 욕구와 기대를 더 잘 이해하기 위해 시장조사를 하는 것이라는 이야기를 들으면 안심한다. 일반적으로 이런 조사에서 획득한 지식을 통해 신제품 개발 또는 기존 제품을 개선하는 아이디어를 얻거나 제품을 소비자에게 더 효율적으로 소개하는 방식을 찾게 된다.

❖ 왜 에스노그라피적 접근법을 사용하나요?

시장조사를 할 때 사용하는 다른 방법에 익숙한 사람들에게는 에스노그라피적 접근법의 장점을 알려줄 필요가 있다. 이런 질문을 하는 연구참여자에게는 각자의 고유한 환경을 직접 방문해 제품을 사용하는 행위를 관찰하는 방법이 다른 조사방법의 한계를 극복할 수 있다는 점을 일러 준다. 나아가 에스노그라피 조사가 참여자의 고유한 생활방식에 초점을 맞추는 특별한 조사로서 자주 수행되는 방법이 아니라는 점을 덧붙이면 상대방에게 조사 참여 동기를 유발할 수 있다.

3. 현장방문에 관한 질문

❖ 현장방문 중에는 무슨 일을 하게 되나요?

연구자는 연구참여자에게 현장방문의 예상 일정을 알려 주면서 현장방
문이 어떤 식으로 이루어질 것인지를 분명하게 밝혀야 한다. 무엇보다 현장
방문 시에 사용할 모든 자료 수집 방식과 장치들을 빠짐없이 알려 준다. 예
를 들어 관찰자는 연구참여자에게 미세한 부분까지 놓치지 않고 기록하기
위해 수첩과 녹음기를 가져갈 것이며 사진을 찍을 수도 있다고 알려야 한다.
자료 수집을 위해 비디오카메라를 설치해야 할 때에도 그 필요성을 연구참
여자에게 공지한다. 연구자는 각 가족 구성원에게서 수집한 시청각 자료를
비교해 행동의 패턴과 일반화된 설명을 찾아냄으로써 조사를 성공적으로
마칠 수 있다는 점을 연구참여자에게 이해시켜야 한다.

❖ 얼마나 오랫동안 방문할 계획인가요?

직업과 생활방식에 따라 연구참여자는 일정을 신중하게 관리해야 한다.
연구자는 반드시 연구참여자에게 방문 소요 예정 시간을 솔직하고 명확하
게 알려야 한다.

❖ 어떤 사람이 우리 집을 방문하게 되나요?

연구참여자에게는 연구팀의 구성을 정확하게 설명해 주는 것이 좋다. 그
러나 현장방문 팀의 권력관계를 너무 자세하게 설명하면 연구참여자가 겁을
먹어 자신을 드러내는 데 장애요소로 작용할 수 있다. 예를 들어, 만약 연구
참여자에게 어떤 사람이 다른 사람의 '보스' 혹은 감독관이라고 말한다면
연구참여자는 아마도 그 사람에게 더 공손하게 대해야 한다고 생각할지 모
른다. 중요한 점은 연구참여자에게 모든 방문자는 그들의 생활을 방해하지
않고 사생활을 존중하는 좋은 손님이 될 것이라는 점을 이해시키는 것이다.

❖ **관찰자는 무슨 일을 하게 되나요?**

관찰자는 조사 과제와 관련해 연구참여자가 어떤 행동을 하는지 지켜보고 기록하는 일을 한다는 점을 분명하게 밝혀야 한다. 이때 연구참여자의 행동이 처음부터 끝까지 완벽하게 관찰될 것이라는 점을 알려 준다. 그리고 단순히 관찰만 하는 것이 아니라 본인을 비롯한 가족 구성원들을 상대로 자세한 면담도 실시할 계획이라는 점을 명확하게 밝혀야 한다. 면담을 하는 이유에 대해서는 제품을 사용하는 행위 안에 숨어 있는 맥락과 방식, 아이디어를 더 잘 이해하기 위해서라고 설명해 준다.

❖ **하지만 나는 평소대로 행동할 건데, 상관없나요?**

이런 질문을 하는 연구참여자에게는 방문자가 기대하는 바는 전혀 없으며, 연구참여자가 하는 행동이 옳은지 그른지에 대하여 어떠한 판단도 하지 않을 것이라는 점을 알린다. 또한 연구자는 연구참여자가 자연스러운 상태에서 일상적으로 물건을 사용하는 그만의 방식을 보고자 한다는 사실도 알려 준다.

❖ **현장방문 전에 내가 준비할 것은 없나요?**

호의적이고 적절하고 옳게 행동하고자 하는 마음은 인간의 자연적인 성향이지만 조사에서는 이러한 성향을 가능한 한 배제해야 한다. 연구자는 연구참여자에게 현장방문 전에 아무것도 준비하지 말라고 일러두어야 한다. 만약 방문의 목적이 집안 청소 유형을 관찰하는 것이라면 연구자는 연구참여자에게 자신이 방문하기 전에 집을 치우지 말아 달라고 부탁할 수 있다. 또한 현장의 일관성을 유지하고 자료의 타당성을 확보하기 위해 연구참여자에게 평소에 사용하지 않는 제품을 구매한다거나 특별히 '말쑥하게' 차려입지 말아 달라고 미리 말해둘 필요가 있다.

손님 접대 문화가 발달한 문화권에서라면 조사의 초점을 흐리지 않는 한 연구참여자가 내오는 차나 간식을 거절할 필요는 없다. 그러나 식사 대접 같은 배려는 부적절하므로 거절 의사를 미리 밝혀 둔다.

❖ 나한테 제품을 팔지는 않나요? 날 가르치는 건 아니겠죠?

상업적 목적으로 현장방문을 한다고 생각하는 냉소적인 연구참여자들이 있다. 궁극적으로 새로 출시한 제품이나 기술을 가정에 판매하기 위해 이를 보여 주려고 한다는 것이다. 순진하지만 당연한 이 같은 믿음은 일고의 가치도 없다. 이때 시장조사의 목적을 다시 한번 강조해도 좋다. 즉 시장조사의 목적은 고객을 더 잘 이해하여 소비자의 욕구를 만족시키고 시장을 향상시키기 위한 통찰력을 얻는 것이지, 제품을 판매하는 것은 아니라고 말이다.

이런 의심이 발생하는 이유 중 하나는 비윤리적인 마케터들이 조사라고 속이고서 제품을 판매하기 때문이다. (미국 업계에서는 조사를 위장한 판매를 '서깅sugging'이라고 부른다.) 이런 사기행각은 마케팅 조사에 대한 일반적인 소비자들의 선의에 악영향을 끼칠 수 있으므로 반드시 적발하여 상응하는 죗값을 물어야 한다.

4. 사생활 보호에 관한 질문

❖ 비밀이 확실히 보장되나요?

연구참여자는 자신의 이름이 마케팅 명단이나 데이터베이스에 올라가게 될까봐 참여를 망설이곤 한다. 이런 경우에 대비하기 위해 반드시 관찰 결과 및 면담 기록에 관해 가장 높은 수준의 비밀 보장을 약속해야 한다. 조사에 기초한 어떠한 보고서에도 연구참여자의 이름과 신원, 거주지를 인용하지 않을 것이라는 점을 확약한다.

❖ 누가 보고서와 테이프를 보게 되나요?

이런 질문을 하는 연구참여자에게는 오직 연구의뢰인의 마케팅 정보 수집에만 조사 결과를 사용하며, 대중매체에 보내거나 광고에 사용하는 일은 없을 것이라고 말해 준다. 일반적으로 연구의뢰인과 연구 컨설턴트만이 조사 과정에서 확보한 노트와 사진, 문서, 보고서를 열람할 권한을 갖고 있다. 조사 결과물을 다른 용도로 이용하거나 배포할 계획이라면 연구자 윤리 가이드라인에 따라 연구참여자에게 이 사실을 알려야 한다. 각 연구참여자들은 이에 개별적으로 동의할 수 있으며 이런 경우 추가 보상을 받는다.

5. 연구참여자 모집에 관한 질문

❖ 어떻게 내가 조사 참여자로 선정되었나요?

많은 연구참여자들은 자신이 어떻게 선택되었으며 자신의 프로필 중 어떤 측면 때문에 조사에 참여하게 되었는지를 궁금해한다. 이때에는 조사에 참여하는 연구참여자의 유형을 있는 그대로 설명해 주는 것이 좋다. 예를 들어 "가족 구성원 중에 자녀가 있는 경우와 없는 경우, 노인이 있는 경우와 없는 경우, 청소년이 있는 경우와 없는 경우로 나누어서 다양한 유형의 가족을 선정하였습니다." 정도면 충분하다.

❖ 나 말고 또 누가 조사에 참여하나요?

연구참여자들은 종종 조사에 참여하는 다른 연구참여자가 자신과 비슷하다는 점을 확인받고 싶어 한다. 모집을 위해 다른 사람의 이름을 언급해야 하는 상황이 아니라면 당연히 다른 연구참여자의 이름을 밝히면 안 된다. 만약 다른 연구참여자의 이름을 알려 달라고 한다면 조사자 윤리에 따라 해당 연구참여자의 자발적인 동의를 사전에 얻어야 하며, 강압적으로 동의를 구하면 안 된다.

❖ **내가 만약 관찰과 면담의 한 부분에만 동의하거나 거절하면 어떻게 되나요?**

이것은 매우 까다로운 문제이다. 보통 어떤 사람이 조사에 참여하는 데 동의한다는 것은 그가 충분한 설명을 전해 들은 프로젝트의 모든 측면에 협조할 준비가 되어 있음을 의미한다. 그러나 만약 어떤 이유로든 연구참여자의 마음이 바뀌어서 더 이상 조사에 참여하고 싶어 하지 않는다면 그는 얼마든지 참여를 거부할 권리가 있다. 비슷한 경우로, 만약 연구참여자가 조사가 끝나기 전에 자신의 집에 더 이상 방문하지 말아달라고 한다면 조사자는 그의 의견을 존중해야 한다.

❖ **사례비는 얼마인가요?**

사례비의 액수와 형태는 모집 단계에서 확정해 놓아야 한다. 연구참여자에게는 그의 시간과 협력에 대한 감사의 표시로 관찰 기간이 끝날 때 리서치 회사가 약속된 사례비를 지급할 것이라는 확신을 주어야 한다. 그러나 프로젝트에 참여하는 이유가 결코 사례비라는 압박 때문이 아니라, 새롭고 즐거운 경험을 하게 될 것이기 때문이라는 점을 강조한다. 다시 한번 말하지만, 연구자는 연구참여자에게 조사에 참여함으로써 주요 기업의 최고 의사결정진에 그들의 의견과 조언을 전달할 수 있다는 점을 상기시켜줄 필요가 있다.

❖ **나중에 또 궁금한 점이 생기면 어떻게 하나요?**

연구자는 연구참여자에게 담당자의 이름과 전화번호를 가르쳐 주어 더 알고 싶은 사항이나 질문이 있을 때에는 언제든지 연락하라고 말해 주어야 한다.

10
현장에서의 실행 계획

이 장에서 우리는 팀을 하나로 모으고 현장에서 용이하게 일하는 데 필요한 조직 전략organizational strategy을 논의한다.

1. 연구의뢰인과 팀 이루기

에스노그라피 서비스를 구매하는 기업이 자료 수집 및 분석 과정에 개입하는 수준은 각기 다르다. 이때 연구의뢰인 측 대표자가 마케팅 부서에서 일하든, 기술 관련 연구개발 부서에서 일하든, 아니면 중견 관리직에 있든 간에 상관없이 공동참여는 이들이 고객과 상호작용하고 배움을 얻는 소중한 기회가 될 수 있으므로 장려할 만하다.

연구의뢰인이 공동관찰을 할 때에는 우선 자료를 가장 안정적이고 편향되지 않은 방식으로 수집하는 과정을 방해하지 않겠다고 합의해야 한다. 공동관찰을 효과적으로 진행하려면 에스노그라피적 관점과 기술을 공유하고, 연구의뢰인의 참여를 신중하게 조직하며, 연구의뢰인에게 기대하는 바를 일관되게 유지하고 명확한 안내교육을 시행해야 한다.

다음은 연구의뢰인의 개입 수준을 최대화하는 몇 가지 가이드라인이다.

연구의뢰인 측 프로젝트 매니저의 역할: 공동참여와 관련해서 연구의뢰인 측이 가지는 권한과 책임의 한계를 명확하게 설정해야 한다. 연구의뢰인 측 프로젝트 매니저는 이와 같은 권한과 책임하에서 연구의뢰인 측의 공동관찰 실행 계획을 통제하고 관리할 책임이 있다. 연구의뢰인은 조직 내에서 누구를, 언제, 얼마나 자주 현장방문에 동행시킬지를 결정하며, 연구의뢰인 측 프로젝트 매니저는 내부 일정, 출장 지침, 연구의뢰인 측의 교육 참여를 관리한다.

시장조사에 익숙하지 않은 연구의뢰인의 참여: 우리의 경험에 따르면 광고 대행 협력사나 마케팅 부서, 브랜드 관리부서, 기술 관련 연구개발 부서, 고위 경영진 등에서 나온 공동관찰자는 에스노그라퍼와의 작업에 열성적으로 참여하며 중요한 역할을 한다. 그러나 그들의 참여를 조직하는 과정에서 몇 가지 사항을 주의할 필요가 있다.

• 만약 기업의 중역이 프로젝트 실행에 깊이 개입한 경험이 없다면 반드시 시장조사의 관점과 방법을 사전에 교육한다.
• 시장조사에 익숙하지 않은 공동관찰자는 이미 업무 부담이 상당한 경우가 많기 때문에 일정 및 실행 계획을 조율하는 과정이 다소 복잡할 수 있다.

연구의뢰인 훈련과 안내교육: 연구의뢰인 측 프로젝트 매니저는 공동관찰과 관련된 모든 사람들에게 에스노그라피 기법을 배우는 훈련과 안내교육에 참여할 것이라는 약속을 받아내야 한다. 훈련과 안내교육을 통해 연구팀 구성원들은 자신의 역할을 확실히 이해하게 된다. 또한 훈련기간이 길수록 자료 수집 과정에서 연구의뢰인 측 참여자가 더 많이 기여할 수 있다. 더불어 연구의뢰인 측 공동관찰자가 의도는 좋지만 연구참여자의 오해를 살 만한 행동을 하지 않게 될 것이다. 예를 들어 너무 공격적으로 캐묻는다거나, 부적절한 표현의 질문을 한다거나, 연구의뢰인의 제품 사용을 드러나게 칭찬하는 등의 행동을 피할 수 있다. 연구의뢰인 측 관찰자는 연구참여자와 마주할 때 재킷에 꽂은 회사 배지처럼 기업의 정체를 노출하는 아주 작은 단서조차도 눈에 띄지 않도록 주의해야 한다.

실행 계획 조율: 오랜 경험에 따르면 연구의뢰인과의 공동관찰은 다음과 같이 조율하는 것이 가장 좋다.

- 현장연구에서 연구참여자 모집을 진행할 때처럼 연구의뢰인 측 공동관찰자의 명단을 작성하라. 그리고 그들의 일정을 확인하라.
- 만약 연구의뢰인 측 참여자가 특정한 연구참여자 층(예: 헤비 유저나 젊은 연구참여자)을 선호한다면 연구의뢰인 측 프로젝트 매니저에게 이를 미리 분명하게 전달한 후 현장방문 일정을 확정하라. 한 번 정한 일정을 바꾸기는 매우 어렵다.
- 조사 장소가 정해지면 각 장소를 적합한 연구의뢰인 측 참여자에게 분배하라.
- 장소 배분 결과를 공동관찰자에게 확인시키고 그 내용을 메모하여 보관하라. 메모한 개별 일정은 최종적인 종합일정에 반영한다.
- 모든 공동관찰자가 장소 배분 결과를 확인한 후 현장 이동경로를 짜라.
- 연구의뢰인 측 프로젝트 매니저에게 가능한 한 빨리 숙소 관련사항(예: 호텔 이름과 방 번호, 또는 개인 숙소, 주소, 전화번호 등)을 연구의뢰인 측 공동관찰자에게 알리라고 공지하라.

2. 실행 계획 관리

일일 실행계획 조직: 방문할 현장의 목록, 연구참여자의 특징, 약속 시간, 현장 이동경로, 각 현장의 책임 에스노그라퍼lead ethnographer의 신원을 기록한 일일 종합일정표를 만든다. 현장방문을 하는 모든 사람들에게 일일 종합일정표의 복사본을 나누어 주어 전체 계획을 숙지시키고, 다른 팀원들이 언제 무엇을 하고 있는지를 알 수 있도록 한다.

일일 코디네이터: 매일 조사에 참여하는 에스노그라퍼 중 한 명을 뽑아서 일일 코디네이터로 임명한다. 일일 코디네이터로 임명된 사람은 일정 변동사항의 공유 및 당일 발생한 사건의 처리를 최종적으로 책임진다. 일일 코디네이터가 특히 주의를 기울여야 하는 일은 세부일정의 수정, 시간 변경 시 공지, 연구의뢰인 안내교육 준비 등이다. 당일 예정된 모든 방문 일정이 끝나면 일일 코디네이터는 반드시 모든 현장 팀과 연락을 주고받는다.

현장 팀: 매일 현장 팀의 구성을 바꾸고 모든 프로젝트 참여자들에게 자신의 소속팀을 확인하게 한다. 우리의 관행이 '믹스 앤 매치mix and match'라는 점을 잊어서는 안 된다. 즉 프로젝트 참여자들이 모두 최대의 능력을 발휘할 수 있도록 매일 팀의 구성을 바꾼다.

물품의 분배: 일일 코디네이터는 반드시 모든 현장 팀이 필수적인 에스노그라피 장비 세트와 관찰 가이드를 챙겼는지 확인해야 한다. 또한 비디오 기록자가 어떤 현장에서 어떤 활동을 할 것인지를 조직해 주어야 한다.

현장으로의 이동수단: 리서치 에이전시는 현장 팀의 이동수단을 확보해야 한다. 경우에 따라서 자동차와 운전사를 고용할 수 있다.

휴대전화: 프로젝트에 참여하는 사람들이 서로의 휴대전화 번호를 공유하면 조사 중 발생한 문제를 해결하고 일일 코디네이터와 협의를 진행하는 데에 도움이 될 것이다. 일일 코디네이터 및 각 팀의 휴대전화 번호 목록을 일일 일정표에 넣어 두는 것이 좋다.

아침 또는 저녁 점검: 아침이나 저녁 시간에 모든 현장 팀이 한 자리에 모이는 미팅 일정을 잡아 두면 그날의 경험을 공유하고 일정 변동사항을 공지하며, 현장방문 수칙 및 관찰 결과 등을 토론할 수 있다.

팀워크: 조사를 하다 보면 현장에서 계획을 실행하다가 어려움에 봉착할 수도 있지만, 프로젝트에 참여하는 사람들 간에는 강한 연대감과 공동체 정신이 형성되기 마련이다. 낯선 장소에서 함께 지내면서 서로를 알아가고 새로운 발견을 공유하며, 일상적인 문제들을 함께 극복해 나가는 가운데 상부상조가 이루어지고 우정이 싹튼다. 에스노그라피는 모두가 함께 누리는 즐거운 경험이다. 정말로 재미있다!

그러나 팀워크를 유지하기 위해서는 모든 프로젝트 팀원이 상대를 존중하고 배려하는 자세를 갖추어야 한다. 존중과 배려는 한 사람의 관심사나 의제agenda가 팀 전체를 지배하는 일을 방지하고, 다른 팀원을 속단하는 경우를 예방하며, 모두가 현장에서 예의를 지키고 긍정적인 태도를 유지하는 데 필요한 전제조건이다.

현장방문 수칙: 현장방문자에게 제공하는 일정표에 현장방문의 세부 과정 및 그와 관련된 팀원의 역할을 보여 주는 현장방문 수칙을 추가하면 한결 매끄럽게 조사를 진행할 수 있을 것이다. 에스노그라퍼가 면담을 주도하고 연구의뢰인 측 팀원은 이를 보조하는 역할임을 명기한다. 또한 약속 시간보다 몇 분 전에 모든 팀원이 현장 앞에서 모인 뒤에 약속 시간이 되면 함께

현장으로 들어가야 한다는 점을 강조해 둔다. 그래야 선임 에스노그라퍼가 지체 없이 곧장 면담을 시작할 수 있다.

3. 주의할 점

에스노그라피 조사를 매끄럽게 진행하기 위한 지침은 다음과 같다.

최대 현장방문 인원: 현장방문 인원을 최대 세 명으로 제한하는 것이 좋다. 꼭 필요한 경우 네 명까지는 괜찮지만, 이를 넘어가면 자료 수집에 방해가 될 수 있다.

투덜대지 않기: 만약 연구의뢰인 공동관찰자가 에스노그라퍼와 무언가를 논의하고자 한다면 방문 일정을 모두 마친 뒤 연구참여자에게 들리지 않을 만큼 떨어진 거리에서 대화하는 것이 좋다. 팀원 간에 의견이 충돌하는 모습을 공개적으로 드러내면 안 된다.

일정 변경: 에스노그라피 조사는 실제 상황에서 이루어지기 때문에 불가피하게 약속이 취소되거나 연기될 수 있다. 이런 문제가 발생했을 경우에는 신속한 커뮤니케이션이 최고의 처방이라는 점을 명심하도록 한다. 일정이 변경되었다면 현장 팀의 모든 사람들과 연구참여자에게 즉각 그 사실을 알려야 한다.

현장에서 일찍 떠나야 할 경우: 앞서 우리는 현장에 들어갈 때나 나올 때 전체 팀원이 함께 행동할 것을 권장한 바 있다. 만약 피치 못해 팀원 중 누군가가 일찍 현장을 떠나야 한다면 그로 인해 연구참여자가 모욕감을 느끼지 않도록 조사자는 이 사실을 미리 연구참여자에게 알려 주는 것이 좋다.

모든 프로젝트 관리 절차와 현장방문 준비를 계획대로 마무리 지었다면 이제 현장연구를 시작할 차례이다. 새로운 단계에 들어선 연구자를 위해 제3부에서는 현장방문의 수행과 관련된 전략과 절차를 살펴보겠다.

현장방문의 수행

11
현장방문의 개관

    이 장에서 우리는 현장방문과 관련된 논의점들을 살펴볼 것이다. 에스노그라퍼는 양질의 자료를 수집하기 위해서 무수히 많은 난관을 헤쳐 나가야만 한다. 이를 위해 조사자는 적절한 마음 자세를 가지고 현장에 가야 하며 때때로 마주하게 될 예기치 않은 상황을 대비해 두어야 한다. 우리의 목적은 연구자가 최고의 자신감과 전문성을 발휘할 수 있도록 그 바탕이 되는 일관성 있는 기본 원칙과 전략을 세우는 것이다.

1. 에스노그라피의 도전

    앞서 언급했듯이 이 책의 주제인 마케팅 에스노그라피는 질적 접근법의 하나라고 할 수 있다. 질적 접근법은 학문 분과에 따라 현장on-site 연구, 가정방문in-home 연구, 관찰조사, 해석학hermeneutics, 민속방법론ethnomethodology, 상징적 상호작용론symbolic interactionism, 참여관찰, 현상학적 조사 등의 이름으로 불린다. 질적 연구방법의 범주에 속하는 이 다양한 접근법들은 서로 겹치면서도 미묘하게 다르지만 그런 세밀한 차이를 찾아내는 것은 이 책의 목적이 아니므로 여기에서는 다루지 않겠다.

질적 연구방법 중 참여관찰participant observation은 장기간 다른 문화 속에서 생활하면서 그 커뮤니티의 규칙을 익히고 궁극적으로는 그들의 생활방식을 내부자의 관점에서 이해하고자 하는 접근법을 뜻한다. 반면 관찰조사observational research는 조사대상과 상대적으로 더 멀리 떨어져서 수행하는 직접 관찰만을 의미한다. 관찰조사에서는 연구자의 외재성exteriority이 당연한 것으로 간주되므로 연구자는 커뮤니티의 일원이 되기 위해서 노력할 필요가 없다. 그 대신 직접 관찰자는 그들이 연구참여자에게 미치는 영향이 최소화될 수 있도록 가능한 한 주위의 이목을 끌지 않고 중립성을 지키기 위해 노력해야 한다. 관찰조사에서 연구자는 다른 문화에 참여하지 않고 행동을 지켜보기만 할 뿐이다.

마케팅 에스노그라피는 그 발전 과정에서 사회과학적 관점을 폭넓게 수용하는 가운데 특히 상징적 상호작용론 및 현상학에 토대를 둔 이론과 아이디어에 많은 관심을 가져 왔다. 상징적 상호작용론이란 구체적으로 말해서 사회적 실체를 형성하는 토대로서 상황정의definition of situation가 지니는 중요성을 강조함으로써 인간의 사회적 행위를 이해하려는 시도를 가리킨다. 현상학은 개인의 내적 경험을 중시하면서 다양한 전제와 인식하에서 이런 내적 경험이 형성되는 방식을 살펴보려는 시도라는 점에서 중요하다. 상징적 상호작용론과 현상학은 개인적인 관점과 해석을 중시한다는 특징을 공유한다. 또한 이를 기초로 주관적인 경험을 이해하는 틀을 마련하고 사람들의 동기와 행위에 대한 통찰력 있는 설명을 제시하는 한편, 당연하게 여겨졌던 기존 가정이 지닌 문제점을 지적하는 데에 크게 기여해 왔다.[1]

시장조사 접근법의 하나로서 에스노그라피는 연구자와 연구참여자가 매개되는 과정에서 포커스 그룹 면담실, 실험실, 전화 등과 같은 인공적 장벽을 최소화한다는 점에서 기존의 양적·질적 조사방법과 구별된다. 에스노그라퍼는 이처럼 소비자와 맨손으로 마주하는 가운데 유효하고 신뢰할 만한 정보를 얻어 내기 위해 다양한 문제들을 해결해야 한다. 이 문제들은 에스노그라퍼들이 과거에도 겪었던 것들이다.

- 대표성을 지니고 있으며 신뢰할 만한 정보제공자를 모집하기.
- 제품이 구매되고 소비되고 사용되는 장소에 접근할 수 있는 권한을 확보하기.
- 연구대상의 권리와 사생활을 존중하기.
- 조사를 도와주는 참여자와 라포^{rapport}를 쌓기(라포를 쌓는 이유는 참여자에게 솔직한 의견을 듣기 위해서이지 그들을 착취하고 이용하기 위해서가 아니라는 점을 분명히 해둘 필요가 있다).
- 감정에 치우치지 않고 객관적으로 관찰하기.
- 편견 없이 자료를 기록하기.
- 조사현장의 본래 모습$^{integrity\ of\ the\ site}$을 그대로 보존하기(조사자가 목격하고 있는 것을 임의로 변형하면 안 된다).

에스노그라피는 자료를 수집하기 위해 구조화된 자료수집 방법과 현장에서 즉흥적으로 자료를 수집하는 방법의 조합이다. 연구자는 능동적인 자료수집 방법과 수동적인 자료수집 방법을 모두 사용할 수 있어야 한다.

에스노그라피에서 수집해야 하는 자료는 질문에 대한 응답에 그치지 않는다. 에스노그라피에서는 주어진 조사환경 속에서 혹은 그와 관련하여 일어나는 모든 것이 자료로서의 가치가 있으며, 이 중 많은 것이 다른 시장조사에서는 수집하지 않는 형태의 정보이다.

- 현장노트^{fieldnote}: 현장에서 관찰한 연구참여자의 행동을 그 자리에서 손으로 적은 것.

- 음성 녹음tape recording: 현장에서 사람들이 나눈 대화를 녹음한 것 또는 에스노그라퍼가 수행한 심층면담을 녹음한 것.
- 비디오 녹화video recording: 소비자들이 제품을 사용하는 장면을 촬영한 것.
- 개인적인 문서자료personal documents: 연구참여자의 집안 청소 비법이라든가 연구참여자가 특히 좋아하는 아침식사 요리법 등.
- 제품 견본.
- 관찰한 내용을 찍은 사진.
- 물리적 흔적physical traces: 예를 들어 제품을 세척한 뒤에 남은 찌꺼기나 사람들이 자주 다녀서 바닥에 생긴 자국 등.

2. 에스노그라피 관찰의 이상과 목적

질적 연구로서의 에스노그라피는 과학이자 예술이다. 훈련을 통해 습득한 구조화된 조사방법과 직관적이고 창의적인 탐구가 조화를 이루어야 에스노그라피의 연구 목적을 달성할 수 있다. 에스노그라피를 수행하는 연구자는 한편으로 진실을 좇는 데에 능숙하고, 다른 한편으로 사람들과 빨리 친해지고 신뢰관계를 구축하는 데 필요한 대인관계 기술을 가지고 있어야 한다.

에스노그라피 연구의 이상과 목적은 다음과 같다.

심층적인 소비자 이해의 추구: 에스노그라퍼는 더 깊숙한 곳에 있는 의미와 진실을 규명하기 위해 피상적인 대답과 얕은 관찰 너머로 나아가고자 한다. 눈에 보이는 현상에 관한 정보도 중요하지만, 우리의 목적은 그 이면에 숨은 의미까지 찾아내는 것이라는 점을 잊지 말아야 한다. 우리의 최우선 목표는 소비자의 행동에 담긴 의미를 해독하여 연구의뢰인에게 어떻게 하면 소비자의 바람을 만족시킬 수 있는지, 어떻게 하면 그들과 더 효과적으로 소통할 수 있는지를 알려 주는 것이다.

소비자의 관점에서 사물을 바라보기: 에스노그라퍼는 인간의 행동을 탐구할 때 자신의 편견과 성향을 버리고 그들의 입장에 서려고 노력한다. 소비자의 관점에서 바라보면 그들은 새로운 제품이 출시되거나 새로운 캠페인이 시작될 때 소비자의 대변인임을 자임할 수 있게 된다.

열린 마음으로 다른 관점 수용하기: 에스노그라퍼는 자신의 아이디어에 도전하는 새로운 관점을 기꺼이 수용해야 한다. 에스노그라퍼는 가능한 한 특별한 기대나 예상을 하지 않은 채 현장에 들어가야 한다.

맥락과 전제조건 탐구하기: 에스노그라퍼는 이해와 명확성을 추구한다. 명확한 이해에 도달하기 위해 에스노그라퍼는 연구에서 다루는 제품이나 제품군 이상의 것을 탐구하거나, 그 제품을 동일한 환경에서 사용되는 다른 종류의 제품들과 비교한다. 예를 들어, 커피 소비에 관해 조사할 때는 음료의 선호도 변화라든가 사람들의 일반적인 아침식사 습관을 알아 두면 도움이 된다. 에스노그라퍼는 '왜', '언제', '어디서'에 대한 대답뿐만 아니라 소비자의 선택이 변화할 가능성까지도 찾아낼 수 있어야 한다. 마케팅 에스노그라피에서 맥락을 이해한다는 것은 제품 사용에 관한 정보 이상의 것을 밝혀내는 것이다. 소비자가 집에서 종이 타월을 사용하는 방식은 청결에 대한 느낌이나 세균의 번식 상태, 환경오염 물질의 발생 등과 같이 제품 자체와 상관없는 측면들과 결부되어 있을지도 모른다.

사람들의 행동 이면에 숨어 있는 느낌과 감정 밝혀내기: 사람들이 제품을 고르고 사용하는 방식은 합리적인 니즈뿐만 아니라 비합리적인 니즈와도 관련된다. 그러므로 에스노그라퍼는 보디랭귀지를 관찰하고 언어적 표현 뒤에 숨은 의미를 추측해 냄으로써 겉으로 보이는 소비자의 태도 이면에 있는 감정을 찾아내야 한다. 언어적 표현이나 신체적 표현이 실제로 의미하는 바를 해석할 때에는 기호학semiotics적 관점이 유용하다.

관찰한 태도와 행동을 가능한 한 자세하게 기록하기: 이를 위해서는 무엇보다 소비자 행동의 전체 과정을 살펴보아야 한다. 예를 들어, 세탁이란 옷을 세탁기에 집어넣는 것 이상을 의미한다. 옷가지를 세탁기에 넣기 전에 분류하고 손질하는 행동을 살펴보면 세탁에 대한 소비자의 기대와 믿음을 알 수 있다. 이처럼 전체 과정을 관찰하여 새롭게 알게 된 사실을 통해 소비자의 기대와 만족 기준에 관한 단서를 얻게 되며, 이를 통해 연구의뢰인은 신제품 개발에 필요한 아이디어를 얻을 수 있다.

그 분야에 대해서 다 아는 것처럼 행동하지 않기: 에스노그라퍼는 언제나 새로운 아이디어와 관점, 조사방법을 배울 수 있는 기회라는 생각을 가지고 연구에 임해야 한다. 따라서 에스노그라퍼는 항상 전제조건을 의심하고 당연하게 여겨지는 사실들에 의문을 제기하는 자세를 견지해야 한다.

방법론적 유연성: 에스노그라퍼는 조사하고자 하는 제품의 범주 및 소비자의 인구통계학적 특징에 따라 사용하는 도구와 접근법을 달리해야 한다.

【주】

1. 에스노그라피와 질적 연구에 관한 이론적 시각을 더 자세히 알고 싶다면 Schutz(1970), Taylor & Bogdan(1984), Denzin & Lincoln(1994)을 참조하라.

12
에스노그라피의 기초

에스노그라피적 시장조사는 가게나 사무실, 길거리, 집과 같이 사람들이 일상적인 삶을 영위하는 장소에서 구조화된 방식에 따라 주의 깊게 소비자를 관찰하고 그들과 이야기를 나누는 과정을 통해 이루어진다.

에스노그라피 조사방법은 특히 조사 목적이 다음과 같을 때 적절하다.

- 강도 높은 상호작용을 조사하고자 할 때: 예를 들어 판매자와 소비자의 접촉이나 가정 내 의사결정 등.
- 행동과정을 세밀하게 분석하고자 할 때: 예를 들어 이를 닦는 패턴이나 집안 청소 등.
- 연구참여자의 기억이나 회상이 선명하지 않은 상황에서 조사하고자 할 때.

마케팅 에스노그라퍼가 조사하려는 소비자 행동은 연구를 후원해 주는 연구의뢰인의 관심사와 연관된 것이어야 하며, 관찰이 가능하고 너무 짧거나 길지 않은 시간 내에 이루어지는 것이라야 한다.

1. 연구참여자와의 상호작용

에스노그라피 조사연구에서 연구자와 연구대상자의 상호작용 수준은 참여의 강도에 따라 달라진다. 그 스펙트럼의 한쪽 극단은 단순관찰^{pure observation}이며, 반대쪽 극단은 참여관찰^{participant observation}이다.

- 단순관찰은 연구자와 연구대상자 사이에 접촉이 전무하거나 거의 없는 경우를 가리킨다. 예를 들어, 십대 청소년들이 이를 닦는 모습을 관찰하기, 공항 이용자들의 행동을 관찰하기, 또는 슈퍼마켓에서 구매자들이 POP 광고물을 활용하는 방식을 관찰하기 등이 있다.
- 참여관찰은 연구자와 연구대상자 사이에 상호작용이 존재하는 경우를 가리킨다. 참여관찰을 할 때 관찰자는 연구대상자에게 자신의 신분을 밝히기도 하고 감추기도 한다.* 인류학과 사회학의 전통적 방법론으로서 참여관찰을 수행할 때는 연구자가 장기간 동안 특정 공동체에 소속되어 있으면서 매우 일반적인 관찰을 수행한다. 반면 시장조사를 위한 참여관찰일 때에는 불가피하게 조사기간이 제한되고 특정한 상호작용에 초점을 맞추게 된다.

단순관찰 조사는 '현실 세계'의 다양한 상황에 적용할 수 있으며, 사용성 연구에서처럼 실험실이나 조사시설에서도 할 수 있는 방법이다. 그와 달리 참여관찰 연구는 집이나 사무실, 판매점 등과 같이 사람들이 실제로 일상적인 삶을 영위하는 공간에서만 할 수 있는 방법이다.

---

* 전통적인 인류학 연구에서는 연구자가 연구대상자에게 자신의 신분을 밝히지 않는 경우가 거의 없다.

마케팅 에스노그라피에서 연구참여자의 역할은 다른 형태의 조사에서 연구참여자가 맡는 역할과는 판이하게 다르다. 마케팅 에스노그라피는 행동에 관한 정보와 태도에 관한 정보, 양쪽 모두를 추구하는 접근법이다. 즉 마케팅 에스노그라퍼는 연구참여자의 일상적인 행동을 관찰하는 한편, 연구참여자가 한 행동의 의미를 알기 위해 연구참여자와 면담하거나 토론을 한다. 그러므로 마케팅 에스노그라피를 수행하는 연구자는 연구참여자와 친밀한 관계를 유지하는 데에 특히 주의를 기울일 필요가 있다. 연구자는 연구참여자를 질문에 대답하는 아무가 아니라 완전한 인격체로 인식하고 대우해야 한다. 연구자는 연구참여자가 풍부한 인생경험을 가진 삶의 전문가임을 이해하고 인정해야 한다는 점을 잊어서는 안 된다. 이러한 태도를 갖춘 연구자는 연구참여자가 싱크대를 닦을 때 쓰는 제품이 무엇인가 같은 단순한 정보 이상의 것을 배우게 된다.

　　에스노그라퍼 리사 하디는 보고서에 다음과 같이 썼다.

　　한 가족과 휴가 장소에 관해서 면담을 했다. 그 면담을 통해 나는 그들이 매우 끈끈한 정으로 묶인 필리핀인 가족임을 알게 되었다. 아버지는 최근에 멀리 떠났는데, 가족들은 아버지와 만나기만을 간절히 바라고 있었다. 이것은 단순한 시장 조사 자료 이상의 의미가 있다. 나는 그들이 기꺼이 나에게 준 개인 정보를 소중히 다루어야 했다. 이런 만남을 단지 연역적인 자료 수집 기회로 보는 것은 어리석은 생각이다. 청소용품이나 휴양지 같은 연구 주제를 따라가다 보면 결국 그들의 삶과 마주하게 되며 그로부터 많은 것을 배우게 된다.

　　에스노그라피의 또 다른 특징은 조사의 초점이 현장과 맥락에 맞추어져 있다는 것이다. 특정인 한 명을 주요 연구참여자로 뽑았더라도 연구자는 주어진 현장에서 그와 함께 상호작용하는 모든 사람들, 예를 들면 그의 가족이나 그가 파티에 초대한 친구들, 또는 직장 동료들에게 주의를 기울여야 한다.

식사시간에 강제로 음식을 먹이려는 엄마한테 반항하는 어린아이에게서 강력한 통찰력을 얻을 수도 있다.

연구참여자와의 상호작용에서 우리 연구자들은 연구참여자의 편안한 기분과 열린 마음, 솔직한 태도를 방해하는 다양한 문제들에 적절하게 대처해야 한다. 연구참여자들이 우리가 어떤 의도나 기대를 가지고 있다고 생각하게끔 해서는 안 된다. 우리는 그들이 평가받는다고 느끼지 않기를 바라며, 그들이 우리를 의심하거나 조사에 예민하게 반응하는 것도 원치 않는다. 물론 그들이 카메라 앞에서 '그런 척' 연기하는 것 역시 바라지 않는다.

2. 연구참여자와의 상호작용 가이드라인

에스노그라퍼는 질문할 때나 기록할 때, 또는 관찰된 행동에 관해 추가로 물어볼 때 반드시 조심스럽게 행동해야 한다. 연구참여자와의 상호작용을 앞둔 조사자에게는 다음과 같은 조언이 도움이 될 것이다.

- 연구참여자가 자신의 행동을 의식하게 만드는 말이나 행동을 삼가라. 예를 들어 "방금 그 프로그램의 일부를 건너뛰셨습니다." 같은 말을 해서는 안 된다. 다시 말해, 연구참여자가 일련의 행동으로 이루어진 관행적 절차a behavioral routine를 끝내기 전에 그에 대해 언급하는 행동은 바람직하지 않다.
- 연구참여자에게 왜 특정한 방식으로 행동했는지 혹은 행동하지 않았는지를 가능한 한 묻지 말라. 예를 들어 "TV를 청소하실 때 왜 뒤쪽은 닦지 않으셨나요?" 같은 질문은 좋지 않다. 좀 더 일반적으로 말하면, 연구참여자를 방어적으로 만들어서는 안 된다는 뜻이다. 끈기 있게 그리고 날카롭게 계속 관찰하다 보면 물어보지 않아도 분명히 그 이유를 알아낼 수 있다. 연구참여자가 TV의 뒤편을 청소하지 않는 이유는—그곳에 손대

는 것이 위험하다고 생각하기 때문인지, 현재 사용하는 청소용품으로는 닦아내기가 어렵기 때문인지, 아니면 눈에 보이지 않는 부분이라 신경을 쓰지 않기 때문인지는—관찰을 하면 알게 된다. 연구참여자의 행동에 즉각적으로 의문을 제기하면, 그 행동을 하게 되는 진짜 이유가 무엇이든 간에 연구참여자는 위축되고 방어적으로 대응하게 된다.

- 연구참여자에게 직접적으로 설명을 요구하거나 그가 한 행동을 단계별로 묘사해 달라고 요구하지 말라. 그로 인해 연구참여자가 자신의 행동에 신경을 쓰게 될 수 있다. 그 대신 연구참여자의 행동을 주의 깊게 관찰하라.

- 행동의 의도나 의미를 알고 싶을 때에는 연구참여자에게 그의 목적과 의도에 대해 공손하고 간접적인 방식으로 질문하라. 예를 들어 "방금 무엇을 하기 위해 그런 행동을 하신 건지 설명해 주시겠어요?"라든가 "이렇게 하면 어떤 일이 일어나게 되는 건지 이야기해 주실 수 있나요?"라고 물어보는 것이 바람직하다. "방금 무슨 생각을 하셨나요?"라고 물어보는 것도 좋다.

- 우리는 연구참여자의 권리와 재산, 사생활을 존중해야 할 책임이 있다. 연구참여자의 인간관계나 해야 하는 일을 방해해서는 안 된다. 평소에 연구참여자가 저녁식사를 준비하고 있을 때 종종 친구가 찾아온다면 연구자는 이것을 새로운 기회로 여기고 상호작용의 패턴을 주의 깊게 관찰해야 한다. 만약 연구참여자가 조사와는 상관없는 일(예를 들어 친척에게서 전화가 왔을 때) 때문에 하던 행동을 갑자기 중단하더라도 연구자는 묵묵히 끈기 있게 기다릴 줄 알아야 한다.

- 조사를 시작하기 전에 조사 진행 방식을 연구참여자에게 명확하게 알려주라. 연구참여자의 자연스러움을 빼앗지 않을 만한 선에서 충분한 정보를 제공해 주어야 한다. 연구참여자를 놀라게 할 수 있는 상황을 피하라. 연구참여자가 혼란스러워할 수 있다.

- 연구가 이루어지는 환경에 영향을 주지 않도록 주의하라. 연구자는 가능

한 한 자연스러운 상태의 현장을 관찰하기 위해 노력해야 한다. 연구참여자의 일을 돕거나 조언을 해주는 등 연구참여자의 자연스러운 행동에 영향을 끼치는 행위를 해서는 안 된다. 연구참여자에게 (관찰을 위하여) 식사를 준비해 달라고 부탁한 경우에는 아무리 맛있어 보여도 연구자가 그 식사를 먹으면 안 된다. 연구자가 연구참여자에게 식사를 대접받는다면 상호작용의 초점이 연구참여자의 행위에서 연구자의 만족감으로 옮겨 가기 때문이다. 만약 연구참여자가 제품을 사용하는 도중에 거치적대는 물건을 한 장소에서 다른 곳으로 옮겨야 하더라도 현장방문자들이 이를 도와주는 것은 부적절한 행동이다.

• 현장방문 중에는 침착하고 참을성 있게 연구참여자의 활동을 관찰하라. 에스노그라퍼는 연구참여자가 평소 속도대로 행동하도록 놔두어야 하며, 연구참여자를 재촉하거나 연구참여자가 무언가를 하고 있는 중에 제지해서는 안 된다.

• 조사 중에 에스노그라퍼와 연구참여자가 친해진다면 그날의 뉴스나 가족 구성, 사교 활동, 개인적인 관심사 등과 같이 조사와 전혀 상관없는 주제에 대해서 이야기하게 된다. 연구자가 연구참여자와 그들의 자녀에 관해, 휴가 계획에 대해 이런저런 이야기를 하는 것은 지극히 자연스러운 일이다. 이런 잡담은 라포 형성에 도움이 되는데, 특히 잡담을 하다가 서로 공통점을 발견했을 때에는 더욱 그러하다. 그러나 연구참여자와 대화를 나눌 때 연구자 자신의 전문적인 업무나 현재 조사하는 제품을 주제로 삼는 것은 부적절하다.

• 때때로 조사에서 적절하게 유지되어야 하는 관계 이상의 친밀한 관계를 요구하는 연구참여자가 있다. 연구참여자가 현장방문자에게 칵테일이나 '사교용 약물social drug'*을 건넨다면 이는 두 사람 사이에 강한 신뢰와 라

---

* 니코틴, 알코올, 카페인, 대마초나 마리화나 같은 것을 말한다.

포가 쌓였음을 보여 주는 긍정적 신호이다. 그러나 에스노그라퍼는 현장 방문 중에 취하면 안 되므로 연구참여자의 행동에 대한 평가를 삼가면서 조심스럽게 제안을 거절해야 한다.*

• 관찰 가이드는 관찰 과정이나 연구자가 탐구할 행동에 대한 지도 또는 청사진일 뿐이며, 꽉 짜인 질문지나 행사 프로그램 같은 것이 아니다. 연구자는 주어진 가이드를 따라가는 가운데 필요할 때는 가이드를 벗어날 줄도 알아야 한다.

• 연구참여자가 자신의 집에 타인이 침입했다고 느끼지 않도록 면담에 참여할 연구자의 수를 두세 명으로 제한한다.

• 종종 연구참여자는 에스노그라퍼를 연구 대상 제품에 관한 전문가나 권위자로 잘못 생각한다. 이런 연구참여자들은 당연하다는 듯이 연구자에게 자신의 행동을 평가해 달라거나 자신이 경험한 골치 아픈 문제를 해결해 달라고 부탁한다. 이럴 때 연구참여자에게 권위를 내세우면 그들이 자율적이고 자연스러운 태도를 유지하는 데 부정적인 영향을 끼칠 수 있으므로 부탁을 최대한 정중하게 거절한다. 자신의 행동을 평가해 달라는 연구참여자의 요청에 대처하는 적절한 방법은 행동의 결과가 아니라 연구참여자의 시도에 대해 답을 하되 에둘러서 말하는 것이다.

> 연구참여자: 이 제품을 쓰니까 오븐 위의 광택이 굉장히 살아나지 않나요?
> 에스노그라퍼: 광택을 내고 싶으셨던 게 확실해 보이네요.

연구참여자가 자신을 주인이자 전문가로 여기고 에스노그라퍼는 공손하게 행동하는 특별한 손님의 역할을 맡는다면, 두 사람의 만남은 풍부하고

---

* 이런 지침은 보통 반나절이나 하루에 끝나는 가정방문조사home visiting 같은 상황에 알맞으며, 전통적인 인류학의 참여관찰 상황에는 적용되지 않는다. 장기적인 참여관찰을 할 때에는 연구참여자의 삶에 동참할 기회가 온다면 기꺼이 받아들인다.

만족스러운 결과로 이어지게 될 것이다.

3. 윤리적 책임

소비자의 집이나 업무가 이루어지는 장소에서 조사를 수행할 때에는 사람들의 정직성을 해치지 않고 조사 윤리를 지키기 위해 몇 가지 규칙을 따라야 한다.[1] 이와 같은 규칙의 최종적인 목적은 조사에 참여하는 시민들의 존엄성과 자율성, 그리고 정직성을 보호하고 존중하는 데 있다. 또한 윤리적 규칙은 연구자가 전문성과 자유를 보장받는 분위기에서 조사를 수행하는 데에도 필요하다. 즉 에스노그라퍼는 연구참여자에 대한 책임 외에도 학문적 책임과 직업적 책임을 갖고 있다. 에스노그라피 조사는 연구자가 양심적으로 조사 윤리를 준수할 때에만 인정된다.[2] 연구자는 다음과 같은 점을 지켜 윤리적 책임을 다해야 한다.

연구하고자 하는 개인과 환경에 사전 동의를 구할 것: 연구자는 연구참여자가 연구의 가치와 연구자에 대해 알 수 있도록 연구의 배경을 충분히 설명해 주어야 한다. 오늘날 대부분의 시장조사 연구는 연구의뢰인의 정체를 비밀로 하고 자료를 열람할 수 있는 권한을 제한하며 자본주의 경제의 경쟁시장에서 이루어진다. 만약 이런 이유 때문에 조사를 후원한 연구의뢰인의 정체를 밝힐 수 없다면 연구참여자에게 이 점을 알려 주어야 한다. 그러면 연구참여자는 아마 안심할 것이다. 조사에서 얻게 된 자료를 공익사업이나 상업광고 등에 공개적으로 쓰고자 한다면 연구자는 연구참여자에게서 이에 대한 동의를 따로 받아 두어야 한다.

현장에서 수집한 자료의 비밀 보장을 약속할 것: 에스노그라퍼와 연구의뢰인은 연구참여자의 자세한 신원과 사적 행동, 개인적 입장이 사전에 동의한 목적 이외의 것으로는 사용되지 않을 것임을 분명하게 약속해야 한다. 현장에서 수집한 자료를 바탕으로 연구에 참여한 사람들에게 마케팅이나 판매를 진행하면 안 된다는 점 역시 두말할 필요가 없다.

연구 목적과 상관없는 연구참여자의 개인 정보를 알게 되었는데 언젠가 연구참여자를 곤란하게 만들 것 같은 내용이라면 기록에서 삭제한다. 예를 들어, 연구참여자가 마리화나를 피우는 것 같은 불법 행동을 했으나 현장에 있는 사람이 위험하지 않다면 그 사실을 기록할 필요가 없다.

일반적으로 모든 개별 자료는 종합적으로 관리하는 것이 좋다. 즉 연구참여자의 신원이 밝혀져도 사생활과 자율성이 보호될 수 있는 장치가 마련되어 있지 않다면 연구참여자를 특정한 개인이 아니라 뭉뚱그린 연구참여자 집단의 구성원으로 다루어야 한다.

다른 종류의 외부 자료, 예를 들어 자동차 관련 기록이나 슈퍼마켓 구매 이력 등이 에스노그라피 자료와 긴밀하게 연관되어 그 자료를 수집하고자 한다면 연구참여자에게 이 사실을 미리 알려 주어야 한다. 윤리적 책임을 다하지 않아서 문제가 된 예로는 공공 화장실에서 벌어지는 남성 간의 성행위를 연구한 로드 험프리스Laud Humphreys의 『화장실에서의 성교환Tearoom Trade』(1975)*을 들 수 있다. 험프리스는 공공장소에서 이루어지는 성적 활동을 관찰한 뒤 그 행위자가 사는 곳을 추적해 찾아가서는 그가 선택된 배경에 대한 설명 없이 후속 관찰 및 후속 인터뷰를 실시하는 방식으로 연구를 진행하여 많은 비난을 샀다. 이 연구가 공공장소에서 성적 행위를 하는 동성애자 남성들의 특성을 밝혀내고 일탈적 하위문화subculture의 속성을 이해하는 데 획기적으로 기여한 것은 사실이지만, 그것으로 그가 윤리적 의무를 어겼다는 사실을 덮을 수는 없다.

---

* tearoom은 속어로 남성 동성애자들이 상대를 찾는 데 이용하는 공중 화장실을 말한다.

❖ 연구참여자에 대한 책임

피해를 주지 말 것: 연구자는 연구참여자에게 조사 활동 및 연구자와의 관계로 인해 신체적·감정적·물질적 피해가 발생하는 일은 결코 없을 것이라는 점을 보장해 주어야 한다. 어떠한 경우에도 연구자는 연구참여자에게 위험한 일을 부탁해서는 안 된다. 이런 윤리적 계명injunction의 필요성은 예기치 않은 상황에서 수면 위로 떠오를 수 있다. 한 연구자가 집안 청소 방법을 조사하기 위해 현장을 방문했는데 연구참여자가 암모니아와 염소 표백제를 혼합하는 모습을 보게 되었다. 고등학교 화학 시간에 배우듯이 두 약품을 혼합하면 유독가스가 만들어진다. 에스노그라퍼의 중요한 계명 중 하나가 현장에서는 어떠한 간섭도 하지 않는다는 것이지만, 연구자는 윤리적 의무에 따라 연구참여자에게 그런 행동은 위험하므로 하면 안 된다고 알려 주었다. 청소할 때마다 어지럼을 느꼈던 연구참여자는 그 같은 조언에 진심으로 고마워했다.

연구참여자를 선별할 때 차별적 관행을 피할 것: 조사에 따라 특정한 연령이나 성별, 언어, 인종, 또는 종교 집단을 기준으로 연구참여자를 선정하게 된다. 예를 들어 최근 이민 온 남미 사람들을 위한 커뮤니케이션 프로그램을 개발할 때나, 청소용품 생산업체가 소비자를 대상으로 청결의 기준과 브랜드에 관한 생각 및 제품 선호도를 조사하고자 할 때 그에 적절한 집단을 선택하고자 할 것이다. 그러나 연구 목적에 기초하여 명확한 정당성이 없다면 연구자가 연구참여자들을 신분 지위identity status에 따라 자의적으로 연구 대상에서 배제하면 안 된다.

연구참여자의 권리를 존중할 것: 연구참여자는 특정한 질문에 대답하지 않을 권리가 있다. 또한 연구참여자는 자신의 의지에 따라 현장방문 자체를 거부할 수도 있다. 나아가 연구참여자는 조사 중 가정 문제가 생겼을 때 이를 사적으로 처리할 수 있는 권리, 필요하다면 편안함을 유지하기 위해 현장 방문이 진행되는 동안 누군가를 초대할 권리가 있다. 조사자는 연구참여자의 권한을 침해해서는 안 되며, 연구참여자가 협조해 주면 추가로 보상하겠다고 제안해서도 안 된다.

다른 에스노그라피 조사에 악영향을 끼치지 말 것: 모든 마케팅 에스노그라퍼의 활동은 다른 에스노그라피 전문가들의 이익과 장래의 연구를 보호하는 방향으로 이루어져야 한다. 다른 이의 에스노그라피 연구를 위태롭게 하거나 동료 에스노그라퍼의 명예를 훼손할 수 있는 활동이나 발표public disclosure는 반드시 피해야 한다.

❖ 연구의뢰인에 대한 책임
동료 에스노그라퍼 및 참여자에 대한 윤리적인 책임과 더불어 에스노그라퍼는 조사를 후원하는 연구의뢰인에게도 책임을 다해야 한다.

정직한 자기소개: 연구자는 고용 및 조사 계약을 따내기 위해 연구의뢰인에게 자신의 자격증이나 학위, 경험, 혹은 능력에 대해 거짓된 정보를 주어서는 안 된다. 조사자는 자신의 능력과 경험, 그리고 에스노그라피 기법의 한계를 솔직하게 밝혀야 한다. 예를 들어 연구의뢰인과 경쟁 관계에 있는 기업으로부터 조사를 의뢰받은 적이 없는데 있다고 한다든가, 반대로 있는데 없는 것처럼 얼버무리는 행동은 옳지 않다.

조사의 비밀을 보장할 것: 연구자가 연구의뢰인과 조사 내용을 공개하지 않겠다는 약속을 했든 안 했든, 연구자는 연구의뢰인의 승인 없이 조사 결과를 공개해서는 안 된다. 경쟁사와의 관계를 의식해서 소비자 조사에서 사용한 방법을 밝히는 것조차 꺼리는 연구의뢰인도 있다. 나아가 시장조사를 실시했다는 사실을 공개하는 것조차 거부하는 경우도 있다.

양심적인 자료 보관: 컨설턴트는 윤리적 측면과 실용적 측면 모두에서 그들과 연구참여자의 상호작용에 관한 기록을 빠짐없이 보존할 의무가 있다. 그러므로 자료의 세부사항이 문제가 될 경우 연구의뢰인은 자신의 이익을 지키고 이의를 제기하기 위해 열람 가능한 자료들을 조사할 수 있다.

❖ 연구의뢰인의 윤리적 책임

에스노그라피 조사의 후원자로서 연구의뢰인은 연구수행자와 일반 대중에게 다음과 같은 윤리적 책임을 지게 된다.

윤리적 책임을 자각할 것: 연구의뢰인은 조사를 맡아 수행하고 있는 자신이 고용한 사람이나 컨설턴트가 윤리적 책임을 도외시하지 않는지 반드시 확인해야 한다.

최대한 정보를 공개할 것: 조사를 후원하는 연구의뢰인은 경쟁적인 비즈니스 문화에서 허용되는 한, 조사와 관련해 최대한의 정보를 조사자와 일반 대중에게 공개할 의무가 있다. 잠재적인 연구참여자에게 공개해도 무방하다고 판단되는 정보—예를 들어 조사의 후원사, 연구 목적, 결과의 사용 계획 등—는 반드시 공개한다. 또한 연구의뢰인은 자료의 비밀보장이 요구되는 기간이 끝나면 조사 자료와 결과를 대중이 열람할 수 있게 허락해야 하며, 열람의 목적이 에스노그라퍼 교육일 경우에는 더욱 적극적으로 협조해야 한다.

감정에 흔들리지 않을 것: 조사 후원자는 공정하고 감정에 흔들리지 않는 마음가짐을 갖추고 현장에 들어가야 한다. 연구의뢰인은 기대했던 바를 확인하기 위해 숨은 의제나 의도를 가지고 조사에 임해서는 안 된다. 조사 중 특정한 결과를 유도하려고 해서도 안 된다. 연구 중에 만들어지는 모든 가설이나 예측은 언제든 그에 반대되는 증거가 나타나면 폐기되어야 한다.

연구수행자에게 정보를 공개하고 안내교육을 제공할 것: 마케팅 에스노그라피가 최고의 결실을 맺기 위해서는 연구의뢰인이 연구수행자를 진정한 파트너로서 대우해 주어야 한다. 이를 위해 연구의뢰인은 연구수행자에게 연구 대상 제품군에 대하여 사전에 충분히 교육하고, 기밀로 취급되는 기존 조사 자료의 열람권을 보장하며, 오해가 발생하지 않도록 정확한 관련 정보를 건네주어야 한다.

연구수행자에게 윤리적으로 합당한 보상을 할 것: 에스노그라피 수행자는 합당한 보수를 받을 권리가 있다. 연구 후원자는 자금을 통제할 수 있는 자신의 권한을 내세워서 연구수행자에게 부적절하고 부당하며 무례한 요구를 해서는 안 된다. 연구의뢰인은 계약 조건에 따라 연구수행자에게 정당한 보상을 해주어야 한다.

4. 질적 조사자의 마음가짐

질적 연구자는 자신이 자료 수집 과정의 일부라는 점을 인지해야 한다. 연구참여자의 언설과 행동 가운데 어떤 것을 기록할지를 선택하는 데 절대적으로 중요한 것은 조사자의 능력과 통찰력이다. 연구자는 수집된 자료의 타당성과 신뢰성을 보장해 주는 결정적인 척도이다. 몇몇 냉소적인 포스트모더니즘 사상가들은 에스노그라피를 조사자가 만든 허구에 지나지 않는다고 주장하지만, 우리는 이 비판이 너무 극단적이며 개별 조사자investigator의 노력과 헌신을 과소평가한다고 생각한다.

질적 조사의 수행이라는 중요한 책임을 성공적으로 완수하기 위해서는 특별한 마음가짐이 필요하다. 연구자는 연구참여자의 동의를 원활하게 얻기 위해, 라포를 지속적으로 유지하기 위해, 타당한 자료를 수집하기 위해 특별한 품성을 갖추어야 한다. 에스노그라퍼가 반드시 체득해야 할 품성은 다음과 같다.

객관성: 연구자는 자신이 가진 믿음과 신념, 기대, 그리고 선입견이 조사에 미칠 수 있는 영향력을 자각하고, 그것에 좌우되지 않는 태도로 조사에 임해야 한다. 그러나 자기 자신의 사고방식은 쉽게 확인할 수 없기 때문에 이런 성찰을 실천하기는 결코 쉽지 않다. 자신의 사고방식을 확인할 수 있는 유일한 방법은 다른 사람의 사고방식과 비교해 보는 것이다. 개인적인 예를 하나 들어 보자. 나는 다른 사람들을 관찰하기 전까지는 내가 아침에 샤워를 하면서 무엇을 하는지에 대해 거의 생각해본 적이 없었다(Rydholm 2002 참조). 다른 사람들의 샤워 행위를 관찰하면서 나는 내가 몸을 먼저 씻은 후 머리를 감는다는 사실을 깨달았다. 나는 이런 행동을 너무나 당연하게 여기고 습관적으로 반복했지만 다른 사람들은 그렇지 않았다. 그들은 머리를 먼저 감고 몸을 나중에 씻었다. 이렇게 다른 사람들을 관찰하면서 나는 몸을 씻는 동안 머리에 샴푸 거품을 남겨 두는 것이 더 효과적인 제품 사용방법이라고 생각하게 되었다. 그리고 이 새로운 발견으로 인해 나의 생활은 바뀌었다.

직접적이고 구체적으로 질문할 것: 연구자가 연구참여자에게 질문할 때는 아무리 어려운 질문일지라도 직접적이고 분명하게 물어보아야 한다. 비언어적으로 캐묻는 방식을 통해 은밀하고 개인적인 측면에 접근하는 경우가 종종 있지만, 민감한 영역에 대해 직접적으로 질문하지 않는다면 소비자의 느낌을 온전히 이해하는 데에 한계가 있을 수밖에 없다. 세탁에 관해 조사하는 상황을 예로 들어 보자. 세탁물에 얼룩이 생긴 이유는 매우 다양하다.

먼지 때문일 수도 있고 분비물 때문일 수도 있다. 이때 연구자는 자신 있고 부드럽지만 직접적으로 연구참여자에게 물어보아야 한다. "선생님께서는 침대 시트에 생긴 피 얼룩을 어떤 방법으로 지우시나요?"

평가를 피하는 태도: 관찰자는 연구참여자의 행동에 대응할 때 감정적으로 중립적인 태도를 취해야 한다. 활동을 마친 연구참여자에게 "잘 하셨네요." 같은 감정적 반응을 보이지 않도록 한다. 물론 연구참여자에게 잘하고 있다고 말해 주어 그들을 격려하거나 노력의 가치를 상기시켜 주는 것이 잘못된 일은 아니다. 그러나 행동의 결과나 특정 제품에 관해 감정적인 반응을 보이는 행동은 삼가야 한다. 그로 인해 연구참여자에게 연구자의 기준을 암묵적으로 강제할 수 있기 때문이다. 또한 연구참여자를 방어적으로 만들 수 있는 단어나 표현 역시 삼가야 한다. 예를 들어 "왜 그렇게 하지 않으셨지요?"라든가 "어떻게 하면 더 잘할 수 있었을까요?" 같은 표현을 사용해서는 안 된다.

경청하는 능력: 연구자는 연구참여자와 강력한 라포를 형성하고 유지해야 한다. 꼭 필요한 말만 하고, 연구참여자에게 말할 기회를 주어서 자신을 드러낼 수 있도록 격려한다. 연구참여자의 반응이 연구자나 연구의뢰인의 기대와 일치하지 않더라도 반드시 주의를 기울인다.

보디랭귀지에 대한 민감성: 연구자는 자기 자신뿐만 아니라 연구참여자의 보디랭귀지를 정확히 이해해야 한다. 연구참여자와 눈 맞추기, 개방적이고 편안한 태도를 유지하기, 연구참여자가 말할 때 그를 향해서 몸을 살짝 기울이기 등과 같은 보디랭귀지는 조사를 수행할 때 도움이 된다. 연구자는 연구참여자의 언어적 표현의 이면을 이해하려고 노력해야 하며, 연구참여자의 피로도를 정확하게 파악할 수 있어야 한다. 또한 특정 행동을 관찰할 때 연구참여자의 태도나 표정을 보고 그가 기뻐하고 있는지 아니면 좌절하고 있는지를 알 수 있어야 한다. 연구참여자의 보디랭귀지를 읽는 법은 다음 장에서 더 자세하게 살펴볼 것이다.

사교성: (참여)관찰자는 쾌활하고 위압적이지 않아야 한다. 여유로운 품성을 갖추고 사교적인 제스처를 능숙하게 사용할 줄 알아야 하며 웃음에 인색하지 않아야 한다. 딱딱하고 위압적이며 격식을 차리는 태도로 접근한다면 연구참여자는 마음을 열지 않을 것이다.

프로정신: 연구자는 연구참여자와의 관계에서 일정 정도의 직업적 거리를 유지해야 한다. 그들은 연구참여자 앞에서 자신의 의견이나 제안을 개진해서는 안 되며, 연구참여자처럼 행동해서도 안 된다. 에스노그라퍼는 연구참여자에게 자신의 역할과 그에 따르는 책임을 분명하게 알려 주어야 한다. 에스노그라퍼는 자신이 예의 바른 손님처럼 보일 수 있지만 그런 행동의 밑바탕에는 과학적이고 상업적인 목적이 있다는 점을 분명하게 밝혀야 한다.

호혜성: 훌륭한 연구자는 남에게 잘 베푸는 성격을 가지고 있다. 이들은 연구참여자에게 조사가 좋은 경험으로 남도록 노력한다. 기회가 될 때마다 연구참여자에게 시간과 장소를 내어준 데 대해 감사함을 표현할 필요도 있다. 연구참여자의 애완동물과 인테리어, 자녀를 칭찬하는 말은―진심이기만 하다면―언제나 좋은 결과를 가져올 것이다.

존중: 훌륭한 연구자는 연구참여자의 감정과 의견을 존중할 뿐만 아니라 연구참여자가 한 가정, 조직 또는 공동체의 일원이며 연구자에게 극히 일부분만을 공개하기로 허락한 하나의 완전한 개체라는 점을 인식하고, 공유된 모든 정보를 신중하게 다루어야 한다.

융통성: 훌륭한 조사자는 자신을 저마다의 인격적 특성을 가진 다양한 연구참여자들에게 맞출 수 있어야 한다. 훌륭한 조사자는 꽉 막혀 있지 않고 일정에 쫓기지 않으며 다른 사람의 기대에 얽매이지 않는다. 필요하다면 연구참여자의 태도에 따라 면담 내용을 재빨리 바꿀 수 있다.

창조성: 훌륭한 연구자는 창조적인 시각을 가지고 있다. 그들은 비슷해 보이는 활동을 새로운 방식으로 바라보아 새로운 시사점을 이끌어 내며, 궁극적으로 새로운 미래를 설계해 낸다. 에스노그라퍼는 자신이 조사하는 바를 평범하고 별것 아닌 일로 치부해서는 안 된다. 모든 만남은 기존의 경험을 뛰어넘게 해주는 새로운 기회이다.

【주】

1. 에스노그라퍼들로 구성된 협회의 상당수가 적극적인 윤리 규정을 마련해 놓고 있다. 다음의 웹사이트에서 확인할 수 있다. American Anthropological Association(www. aaanet.org/committees/ethics/ethcode.htm), Society for Applied Anthropology(www. sfaa.net/sfaaethic.html), National Association for the Practice of Anthropology(www. practicinganthropology.org/about/?section=ethical_guidelines), American Sociological Association(www.asanet.org/members/ecoderev.html), Qualitative Research Consultants Association(www.qrca.org/ethics.asp).

2. 에스노그라피를 수행할 때의 윤리 준수와 관련된 쟁점을 살펴보고 싶다면 Murphy and Dingwall(2001)을 참조하라.

13
바라보는 방식들

　에스노그라피는 추리력과 직관력의 조합을 필요로 한다. 즉 일상생활의 세부적 활동에 가능한 한 철저히 몰입하는 한편, 관찰된 것의 함의를 설명하고 예측하기 위해 상상력과 훈련된 통찰력을 적용한다. 물론 에스노그라피를 잘 수행하기 위해서 연구자는 자신이 관찰하는 행동을—실제로 우리가 '현실세계'라고 부르는 모든 것—감정을 싣지 않은 사려 깊은 태도로 바라볼 수 있는가에 대해서 비판적으로 검토해야 한다.

　관찰은 궁극적으로 주관적인 경험이며, 관찰자 자신의 인지적 한계, 깨닫지 못했던 편견들, 선입견에 의거하여 현실을 범주화하는 행위이다. 그럼에도 불구하고 에스노그라퍼가 효과를 거두려면 자신에게 잠재된 편견들과 씨름해야만 한다. 자기 자신의 내적 경험을 거리를 두면서 살펴보지 않는다면 에스노그라퍼는 타인을 그들의 관점으로 철저하게 이해할 수 있는 기회조차 갖지 못한다. 자신의 견해를 제쳐 두는 과정을 뜻하는 판단중지^{epoche}는 타인의 관점에서 일상생활의 경험을 이해하기 위해서 거쳐야 하는 필수적 과정이다. 최근에 인본주의자와 페미니스트 연구자들은 여기에서 더 나아가, 자기 자신의 관점을 완전히 배제하는 것은 불가능하기 때문에 어떤 과정을 통해 자신의 관점을 발견하고 해석하여 어떤 의미를 부여했는가를 드러내야 한다고 주장한다(Plummer 1983; Stanley & Wise 1993 참조). 그들은 연구자들이 초연하고 공평한 관찰자라기보다는 이해관계를 가진 주관적인 행위자로서 연구의 틀에서 중심적 위치에 있다는 사실을 인정해야 한다고 주장한다(Lester 1999).

1. 관찰 그리고 인식의 현상학

일상의 행동을 볼 때 우리는 무엇을 하는가? 그 작업은 결코 단순하지 않다. 우리는 우리가 본 것을 셈하거나, 이름 짓거나, 범주화한다. 예를 들어 '익숙한/낯선' 또는 '사람/사물' 등의 의미 있는 스펙트럼이나 범위를 분류하거나 질서를 부여하거나 등급을 매긴다. '가까이 있는/멀리 있는'을 기준으로 합리적 계산에 의거해서 사물들에 질서를 부여할 수도 있으며, '내가 좋아하는/내가 싫어하는'을 기준으로 무의식적 또는 감정적 의미에 의거하여 사물에 등급을 매기기도 한다.

우리는 선택적으로 주의를 기울이거나 기울이지 않을 수 있다. 어떤 것들을 다른 범주에 포함시키거나 독립된 것으로 분류할 수도 있다. 예를 들어, 우리는 하루 일과를 보내는 데 충분한 돈이 주머니에 있는가는 염두에 두지만 정확히 얼마가 있고 지폐와 동전이 각기 얼마씩 있는지에는 무신경하다. 그러나 만약 자판기에서 청량음료를 사거나 대중교통 요금을 지불할 때가 되면 주머니 안의 사정이 중요한 문제로 떠오른다. 어떤 전환점에 도달하기 전에는 정확한 숫자에 거의 신경을 쓰지 않을 수도 있다. 방 안에 있는 파리가 열 마리냐 서른 마리냐는 별 차이가 없다. 중요한 점은 그 숫자가 가벼운 짜증을 일으킬 정도냐 심각하게 우글거리는 정도냐라는 것이다.

문화 습득의 과정, 경험을 범주화하는 방식, 기대심리는 소비자에 대한 사회적 사실들을 수집하는 과정에서 직면하는 세 가지 광범위한 복합요소들이다. 이 요소들은 우리가 실제 세계를 기민하게 관찰하고 기록할 때마다 직면하는 일상생활의 정상성과 반복성에 대한 감각을 구성한다.

문화: 문화는 사회 속에서 생활하는 인간으로서 갖게 되는 경험의 기초 baseline를 뜻한다. 그것은 특정한 시간과 공간 속의 집단들을 특성화하는 개인적 세계관, 사회적 규칙, 그리고 인간관계의 역동을 포함하는 광범위한 개념이다. 문화는 종교적 신념, 언어, 사회 제도, 패턴을 형성하는 집단적 역학, 사회적 환경 속에서 사람들을 한계 짓고 정의하는, 당연하게 받아들여지는 관념체계들과 본능을 통해 작동한다. 문화는 대단히 변화하기 쉬운 것임에도 불구하고 보수적인 경향이 있기에 종종 군사적 정복이나 급격한 기술 변화, 혹은 투쟁적인 사회운동을 통해서만 변화한다. 사람들은 대안적 문화를 현재의 문화와 다른 것 혹은 잘못된 것으로 보면서 자신들의 문화를 지키려는 경향이 있다. 예를 들어 식습관에 따라 햄샌드위치는 맛있는 음식일 수도 있고 구역질나는 음식일 수도 있다.

다문화 사회의 행위자로서 에스노그라퍼는 자신이 세계를 인지하고 평가하는 의식이 문화의 산물이라는 사실을 이해해야 한다. 문화를 초월하는 것은 불가능하지만, 연구참여자와의 만남에서 문화가 미치는 영향을 숙고할 필요가 있다. 연구대상자 가족이 기도하거나 애완동물과 생활하는 모습 등, 에스노그라퍼에게 익숙지 않은 행동을 할 때 그는 어떤 감정을 느끼게 될까? 그럼에도 불구하고 에스노그라퍼는 자신의 문화에 기초한 편견을 배제해야 하며, 연구참여자 자신의 감정과 인식의 렌즈를 통해서 이를 표현 represent 하도록 노력해야 한다.

범주: 문화는 우리가 현실을 분할하는 slice up 방식인 범주, 즉 우리가 일상

생활의 경험과 목표를 정의하는 데 사용되는 범주에 지대한 영향을 미친다. 범주화하려는 인간의 성향은 본질적으로 우리의 언어 능력과 연결되어 있으며, 인식을 조직하는 구조를 만들어 낸다. 따라서 우리의 지각과 경험을 형성하는 명제들을 참조하지 않은 채, 인식을 객관적인 것으로 상정해서는 안 된다.

간혹 마케터들은 소비자들 간에 공유하는 언어 및 범주에 밀착하지 않은 상태에서 현실을 구성해 내곤 한다. 예를 들어, 마케터들은 알코올 음료 범주에 있는 '갈색 상품' 대 '백색 상품'에 대해 이야기한다. 그러나 그것은 소비자에게 별 의미가 없다. 소비자에게 그러한 분류는 지나치게 넓을 뿐이며 스카치나 보드카 같은 개인 취향과 아무런 관련이 없다. 만약 연구의뢰인이 백색 상품과 갈색 상품에 대한 소비자의 태도를 조사하라고 요구한다면 연구를 진행하기가 까다로울 것이다. 소비자가 그러한 용어로 자신들의 취향을 조직하지 않기 때문이다.

에스노그라퍼는 우선 소비자 자신의 언어를 통해서 소비자의 인지를 이해해야 한다. 그리고 나서 자료 수집과 철저한 분석을 마친 후에만 마케터들이 사용하는 범주와 실제 소비자의 경험 사이의 괴리를 조정해야 한다. 에스노그라퍼는 소비자가 사용하는 언어에 항상 주의를 기울여야 한다. 소비자가 제품 사용의 이득, 과정, 결과를 가리키는 용어는 마케터의 단어 목록에서 항상 맨 위에 있어야 한다.

기대: 정해진 일상을 살아가는 보통 사람들은 하루하루의 경험이 매우 일관되고 반복적이기를 기대한다. 습관, 의례, 관습은 이러한 반복되는 주기들을 강화하고 일상에서 선택권choices과 옵션option의 범위를 정한다. 세탁은 화요일이나 토요일에, 목욕은 금요일에, 양파를 곁들인 간 요리는 월요일에 하듯이, 대다수 사람들의 생활은 크고 작은 의미에서 규칙적이다. 이러한 규칙성은 일반적인 것도 있고, 개인마다 특징적인 것도 있다. 어느 경우

이든 우리 존재의 규칙성은 다른 사람들의 행동에 대한 기대 집합을 만들어
낸다.

　에스노그라퍼는 사람들의 일상에서 일어나는 규칙적인 과정을 존중하
고, 연구참여자가 어색하거나 별나다고 느끼지 않도록 주의해야 한다. 다른
사람들도 규범적으로 행동하고 우리와 똑같은 방식으로 일을 처리할 것이라
고 예상한다면 우리는 장님이나 다름없다. 연구자 자신의 행동 패턴에 기초
한 기대감을 최소화해야만 연구자는 개인적 차이를 받아들이고 연구의 객
관성을 확보할 수 있다.

2. 에스노그라피와 젠더

　젠더gender는 성적 특징과 지향, 그리고 성별 역할에 의거해서 사회의 사
람들을 구별 짓는 핵심 틀을 의미한다. 젠더의 영향력은 문화 내의 사회적
상호작용을 통해 생물학적 요소와 사회문화적 요소들이 개인적 층위에서
중재된 교차점을 의미한다.

　젠더는 단지 남성과 여성이라는 양극뿐만 아니라 그 사이에 있는 선택 요
소들과 가능성들을 끌어안아 정체성의 기초가 된다. 젠더는 자기표현self-
representation의 원천이다. 젠더는 담론의 형태를 띠면서도, 사회에 스며든 차
별적 권력의 구성 성분이기도 하다. 젠더에 기초한 구조들은 보통 추상적이
고 정형화되어 있으며, 고정관념에 기초해 있다. 많은 집단들은 성별에 따
라 다른 의상과 말투를 통해서 남성과 여성을 엄격하게 분리한다. 이보다
약하게 구분하는 사회에서도 젠더는 처신의 적절성과 예절, 타고난 능력,
관심, 동기에 대한 관념의 기초를 이룬다.

　에스노그라퍼는 자신의 작업 속에서 끊임없이 젠더와 대면해야 하며, 젠
더를 반영성reflexivity의 기초로 삼아야 한다(Meyerhoff & Ruby 1982; Skeggs
2001). 우리가 살고 있는 사회에서 일어나는 상호작용에서 일상적으로 반복

되는, 젠더에 기인한 기대와 장애disabilities로부터 분리된 혹은 그 위에 존재하는 입장·position을 무의식적으로 가정해서는 안 된다. 현실에서는 젠더가 지배적인 상호작용의 패턴을 결정하며, 에스노그라피적 만남을 통해 성립된 역할을 대체할 수도 있다. 남성과 여성 공간의 분리 때문에 복잡함과 문제점이 야기될 수도 있다. 예를 들어, 연구 시작 단계에서 남성이 차고나 작업실에서 하는 행동을 여성 에스노그라퍼가 들어가서 관찰하고 이해하고 정확하게 기록하는 작업이 가능할 것인가를 자문해 보면 쉽게 이해될 것이다. 젠더에 기초한 역할 수행은 상황을 복잡하게 만드는 또 다른 문제의 원천이 되기도 한다. 과연 여성들이 아름다움과 자기표현에 대한 관심과 걱정거리로 가득한 얼굴 관리 과정을 남성 에스노그라퍼에게 구체적으로 자세히 드러내 보일 수 있을까?

젠더에 기초한 사안은 연구의뢰인이 조사회사를 선택하는 과정에 종종 영향을 미친다. 일대일의 개인적 돌봄이나 아이들의 행동에 관한 주제일 때에는 남성보다 여성 프로젝트 관리자를 선호하고, 수리가 필요한 사물에 관한 주제일 때는 남성 프로젝트 관리자를 요구한다.

젠더는 에스노그라퍼와 연구참여자 사이의 상호작용 현장에 스며들어 있는 사안이다. 눈에 안 보이던 것을 드러내거나, 당연하게 여겨지거나 애매모호한 일들은 종종 젠더에 기초한 관념과 연결된다. 이러한 점이 가끔은 면담 수행자에게 이점으로 작용한다. 젠더에 기초한 지식을 서로 협상하는 상황에서 에스노그라퍼가 자신의 순진한 모습을 보이면, 잘 드러나지 않던 연구참여자의 느낌을 밖으로 이끌어낼 수 있다. 예를 들어 남자는 유아 돌보기나 화장에 대해 아무것도 모른다고 생각하는 여성 연구참여자에게는 외부인으로 인식되는 남성 에스노그라퍼가 더 효과적일 수 있다. 자동차용품 제조업체에 대한 연구에서 퀄리데이터 사의 여성 에스노그라퍼는 '감탄하는 여성'이라는 문화적 · 상황적으로 받아들여지는 역할을 자신에게 적용해 남성들의 세계인 차량 개조자의 세계에 들어갈 수 있었다.

에스노그라피를 실행할 때 젠더의 함의를 무관한 것으로 묵살해서는 안된다. 젠더는 매번 이루어지는 만남 속에서 측정되고 이해되고 관리되어야 하며 분석 과정에서 주의를 기울여야 하는 대상이다.

3. 인종, 지위, 계급

현장방문 수행에서 고려해야 하는 인간의 조건은 젠더뿐만이 아니다. 인종적 특징, 사회적 지위, 사회적 계층 또한 자기표현과 정보 공개 수준, 연구자와 정보제공자 간의 상호관계에 혼란을 일으킬 수 있다. 서로 다른 집단의 성원들이 서로의 특성을 잘못 파악하고 오해하는 일이 흔하다는 점을 생각하면, 에스노그라퍼는 특별히 민감하고 사려 깊어야 한다.

사회 계급에 따라 제품에 대한 생각이 다른 경우에도 사회 계급의 함의가 분석 속으로 스며든다. 예를 들어 퀄리데이터가 해충구제 사업 관련 연구를 진행했을 때에는 계급 문제가 중요하게 부각되었다. 곤충의 가내 출몰은 훌륭한 사회적 수준 측량자였다. 개미와 바퀴벌레가 집주인의 재력과 인종을 가리지는 않는다. 그럼에도 불구하고 최하계층의 사람들은 해충의 출몰을 윤리적^{moral} 실패의 증거로 간주했다. 반면 중산층 성원들은 해충 출몰의 원인을 순전히 적절한 방충 제품이 수중에 없기 때문이라고만 인식했다.

4. 시각 자료

대부분의 설문조사 및 면담 방법론과 달리 에스노그라피는 자료의 기본적·원천으로서 사람들이 사용하는 어휘와 표현 이상의 것을 수집한다. 우리가 관찰하는 맥락과 행동은 때로는 연구자의 현장노트(필드노트) 형식으로 기록된다. 이러한 맥락과 행동은 일반적으로 필름, 비디오, 사진 등의 이미지 캡처 기술로써 기록된다. 에스노그라피적 맥락에서 기록된 이미지인 사진과 비디오테이프는 그 자체로서 분석 대상이 될 만한 가치가 있는 시각 자료이다.

시각 자료를 기록하고 의미를 부여하는 작업은 단순하지 않다. 포착된 이미지captured images는 우리 자신의 편견과 편애, 접근의 용이성, 그리고 사진을 찍는 사람의 태도를 반영한다. 이미지는 보통 사회의 구조와 자기표현과 표상representation, 인지의 공유 형태, 무엇이 기록될 만한 것인가에 대하여 이미 성립된 합의를 반영한다(Bourdieu 1990). 가장 흔한 기록물 형태인 필름이나 사진은 때때로 '실제'와 상충한다. 이와 비슷하게, 기록 장치의 존재가 종종 이상적인 행동을 하게 만들기도 한다. 예를 들어 세탁하는 여성은 카메라에 감시당할 때 얼룩을 더 꼼꼼하게 제거한다.

현실에 대한 표상 중 그 어떤 것도 본질적으로 에스노그라피적인 것은 없다. 오로지 에스노그라피적 맥락에서 사용되고 해석되는 과정에서 결과적으로 그러한 명칭을 얻을 수 있을 뿐이다. 따라서 우리가 아마추어 사진가로서, 관광객으로서, 직업사진가로서, 예술사진가로서 각각 생각하는 방식과 연관된 방법론적 장점이나 단점 같은 것은 존재하지 않는다. 사진이 현실을 표상하는 특정한 종류의 문서에 사용되는 한, 누가 촬영했는가는 중요하지 않다. 기록된 이미지의 품질은 오직 그것이 프레젠테이션이나 의사소통 목적에 따라서 사용될 때에만 문제가 된다. 시각 자료가 반드시 구술 자료나 노트에 기록한 자료보다 더 중요하거나 진실에 가깝다고 단언할 수는 없으며, 사진만으로 에스노그라피적 지식을 충분히 생산할 수 있다고 주장할 수도 없다(Pink 2001, p.17).

시각적 에스노그라피 자료와 관련된 일부 제한은 연구참여자에게 사진가의 역할을 맡기면 극복할 수 있다. 요즘에는 연구참여자에게 디지털카메라나 비디오카메라를 내주고 일정 기간 동안 자신만의 방식으로 자신의 삶에 대한 표상을 만들어 달라고 하기가 상대적으로 쉬워졌다. 이러한 접근법은 성인 에스노그라퍼가 접근하기 어렵고 민감한 10대 소비자에 대한 연구에 매우 효과적이었다. 10대나 그 외 연구참여자들에게 기록물을 직접 만들게 하는 방법의 장점은 또 있다. 어떠한 환경에서도 포착하기 어려운, 선택의 과정과 관련성의 영역을 분석하는 자료를 얻을 수 있다는 것이다.

누가 촬영하는가에 관계없이, 신뢰와 라포의 맥락은 양질의 시각 자료를 생산하는 데 필수적이다. 참여 접근 방법을 이용하는 에스노그라퍼는 현장 방문의 첫 단계에서 시각 기록이 필요한 이유를 연구참여자에게 확실히 설명해야 한다.

공공 공간에서 이미지를 은밀하게 수집하는 연구자 또한 그러한 접근법의 장점 못지않게 그 한계와 편향성에 대해서도 올바르게 인식해야 한다. 이미지 캡처의 범위와 영역은 연구의 목적과 관련성이 있어야 한다. 최근에 퀄리데이터가 수행한 휴대용 전자기기에 대한 소매환경 에스노그라피에서도 폭넓은 범위에 걸쳐 판매원의 상호작용을 캡처할 수 있도록 카메라를 배치했다. 우리는 판매사원의 관심을 끌기 위해 다양한 장치들이 경쟁하고 있다는 사실을 확인했다. 판매 직원들은 값비싼 제품 범주에 더 강하게 동기를 부여했고 비싼 제품에 대해 더 잘 알고 있었기 때문에 저렴한 제품은 불리한 면이 있었다.

비디오 및 사진 기록작업은 노트와 일기 작성, 그리고 자료 보관의 필수적인 형태가 되고 있다. 이들은 자료 전달, 정보 공유 및 프레젠테이션에 중요한 자원이다. 컴퓨터에 기초한 전자 통신과 효율적인 프레젠테이션 소프트웨어로 인하여 시각 에스노그라피 자료의 영향력은 점점 더 커질 것이다.

5. 관찰과 측정

에스노그라피적 연구는 일반적으로 체계적인 측정을 통해 사회과학적 이론을 실증하기보다는 기초 이론과 풍부한 묘사를 통한 문화적 발견에 집중

한다. 에스노그라피 연구의 참여자를 선발할 때는 반드시 이론적으로 합목적적이고 연구의 구체적 요구와 관련성이 있는가를 기준으로 선별해야 한다. 달리 말하면, 우리는 연구의뢰인이 관심 있는 목표 시장과 소비자 세그먼트에서 연구참여자를 광범위하게 선별하기 때문에 정보제공자로서 자발적으로 협력하겠다고 추정되는 연구참여자들을 선택하게 된다. 따라서 유아 돌봄을 연구할 때는 특히 첫 아기를 가진 어머니들을 선별하고, 집안 청소를 연구할 때는 최근에 집을 새로 지었거나 증·개축한 연구참여자들을 선별한다.

그러나 연구 목표를 달성하기 위해 체계적인 측정이 필요한 경우도 있다. 예를 들어 아침 시리얼을 판매하는 소매점에서 나타나는 남녀 간 행동의 차이점이나 집안 청소를 끝내는 데 걸리는 평균 소모시간을 알아두면 도움이 된다. 이 경우에는 그 결과가 일관되고 믿을 만하다는 점을 보증하기 위해서 의미 있고 공정하고 객관적인 척도와 분류 체계를 만들어야 한다.

일반적으로 질적 통찰을 얻기 위해 에스노그라피를 사용하기 때문에, 확률과 수학적 모델을 사용하는 방법은 발견을 묘사하고 분석하거나 유효성과 신뢰성에 의문을 제기하는 데에는 일반적으로 부적절하다. 그럼에도 불구하고 만일 양적 주장을 만들고자 한다면 일반적으로 받아들여지는 증거 기준들에 기초해야 한다. 이 기준들 중 가장 중요한 것은 샘플이 충분히 크고 선별 기준이 의미 있어야 한다는 것이다. 샘플이 충분히 탄탄하지 않거나 제기된 주장과 관련하여 무작위로 선택되지 않았다면, 결론은 오로지 가설로만 간주되고 차후에 다른 연구에서 확증되기만을 기다려야 할 것이다.

14

에스노그라피가 찾고자 하는 것

에스노그라피는 여러 사회과학 분야들의 통합을 대표하며, 에스노그라피 작업을 수행하는 사람들은 인간 행동에 대한 훌륭한 탐구자들이다. 그들은 사회 제도의 본질, 사회 안정과 변화의 기초를 통찰하는 능력을 갖추어야 한다. 에스노그라퍼는 사람들의 자기 이미지, 자기표현, 그리고 대인관계의 구조 등 사람들이 어떻게 자신을 표현하고 다른 사람들과 상호작용하는가에 대해서 항상 신경을 곤두세워야 한다. 에스노그라퍼는 인류학, 심리학, 사회학, 언어학, 경제학의 관점들에도 정통해야 한다.

고도로 훈련된 자성적 성찰 능력도 에스노그라피를 실행하는 데 필요한 지침이다. 타인을 관찰하기 위해서 에스노그라퍼는 자기 자신의 관념과 관점, 선호와 편향의 근본을 이해해야 한다. 절대적 객관성은 불가능하다. 에스노그라피를 통해 발견한 것들은 사회적으로 구성된 현실의 또 하나의 형태에 불과하다. 에스노그라피를 통해 발견한 것이 다른 형태의 지혜보다 본질적으로 우월하다고 주장할 수 있는 근거는 없다. 에스노그라피적 발견을 만들어 내는 과정에서 어느 정도의 주관은 수용해야 한다. 다수의 관찰자들의 인식들이 서로 완벽한 조화를 이루는 경우는 드물기 때문이다. 에스노그라피적 지식의 가치는 진리를 향한 타고난 통찰보다는 명료함, 섬세한 감수성, 유용성 등의 실용적 지침을 통해 나타난다.

여러 사회과학 문헌들에서 행동 패턴을 묘사하고 이해하는 질적 연구 방법들을 찾을 수 있다. 이를 통해 소비자의 내적 경험과 겉으로 드러난 활동을 통찰하는 데 필요한 어휘와 틀을 얻을 수 있다. 이 장에서는 연구자들이 연구의 초점을 찾는 데 필요한 개념들을 알려 주는 일련의 문헌들을 살펴본다.

1. 문화를 이해하기

우리는 이미 에스노그라피적 접근이 제품의 구매 및 사용에 대한 문화의 영향을 평가하는 유용한 방법이라는 점을 논의했다. 문화는 행동을 묘사하고 분류하는 발견적 원리heuristic principle로서, 일상생활을 감싸고 있는 상징적 세계로서, 그리고 대인관계가 어떻게 사람들의 선택에 영향을 미치는가를 설명하는 분석적 개념으로서 중요하다.

문화는 인간 경험의 물질적 층위와 비물질적 층위 모두에서 작동한다. 그것은 모든 인간 집단의 행동, 의미, 그리고 도구의 기초로서 기능한다. 문화적 도구란 집단 생활방식의 모든 물리적 구성요소, 기술과 물질적 소재뿐만 아니라 일상 업무를 달성하는 데 필요한 기본 규칙, 코드, 기술 들을 의미한다. 또한 실용적이든, 목표 지향적이든, 감각에 관한 것이든, 신비적이든 간에 상관없이 집단 성원들과 관련된 행동들의 총체이다. 문화적 의미란 의미 부여 과정을 가리킨다. 즉 우리의 모든 행동, 그리고 일상생활을 영위할 때 사용하는 모든 도구의 밑바닥에 잠재한 목적, 함축된 의미들implications, 연상associations을 우리가 어떻게 지적으로 혹은 감정적으로 이해하는지를 뜻한다.

문화를 분석하는 데 쓰이는 이러한 용어들의 정의를 명확하게 이해하는 데 다음의 설명이 도움이 될 것이다.

2. 문화 행동

이 개념은 생물학적으로 조건화된 것(잠이나 섭식 등) 이외의 모든 인간의 행동을 포함한다. 행동은 의식적·목적지향적일 수도, 무의식적·무목적적일 수도 있다. 행동을 분류하는 방법은 다음과 같다.

의례: 의례란 신념이나 습관의 힘에 의해서 생각 없이 반복적으로 수행되는 패턴화된 행동을 뜻한다. 에스노그라피 실행 과정에서 관찰할 수 있는 예로, 식사할 때 요리가 나오는 순서나 아침에 일어나서 하는 특정한 몸단장 형태 등을 들 수 있다. 예를 들어 이탈리아 요리는 식욕을 돋우는 차거나 따뜻한 애피타이저로 시작한다. 다음에는 파스타 혹은 지역에 따라 리소토, 폴렌타 죽, 뇨키gnocchi가 나온다. 그다음에는 고기나 생선 요리가 나오고 채소나 샐러드가 그 뒤를 따른다. 끝으로 커피 혹은 브랜디나 포도주 같은 강한 주류와 함께 과자, 케이크, 비스킷으로 식사를 마무리한다. 이탈리아식 식사 절차는 미사에 비견될 만큼 견고하게 확립된 강력한 문화적 의례이다.

역할: 우리는 행동을 통해서 집단의 다른 성원들과의 관계를 구축한다. 예를 들어 보스가 되거나 아버지가 되는 것이다. 지위는 사회적 상황에서 차등적 권력이나 위신을 극적으로 표현한 행동과 관련된다. 따라서 아버지가 된다는 것은 아이의 양육과 같이 단순히 특정 역할에 관계된 책임을 지게 된다는 것 이상의 의미를 띤다. 아버지라는 역할은 미성년 자녀 같은 종속적 역할을 수행하는 사람들의 순응을 유도하는, 문화적·상황적 요소에 근거한 고유의 권위와 잠재적 의사 결정 능력을 갖고 있다.

소비자는 자신의 역할이나 집단 내에서 자신이 차지한 지위를 강화하기 위해 특정 브랜드의 상품을 구매한다. 자동차의 럭셔리 브랜드 아이콘이나 프리미엄 담배 브랜드는 특정 수준의 권위와 권력을 드러내기 위해 선택된다. 구매자는 단순히 욕구를 충족하기 위해 담배를 구매하는 것이 아니다. 그는 시크하거나 세련되거나 거친 남자처럼 보이려는 마음에서 셔츠 주머니에 넣어둘 담배 브랜드를 결정하는 것일 수도 있다.

에스노그라피의 결과는 역할과 관련된 신제품을 개발할 기회를 찾아 주기도 한다. 주요 종이 제품 제조업체들에 대한 연구에서 우리는 주로 남자들 사이에서 차고와 작업실용으로 쓰도록 특화된 종이 타월—종이 타월은 보통 부엌이나 욕실에서 남성과 여성 모두 사용하는 제품이지만—의 수요가 존재한다는 사실을 밝혀냈다. 연구의뢰인은 이 기회를 포착해 중량이 더 크고 인장 강도가 높으면서 꽃무늬 대신 채도가 낮은 청색 데님 색깔 종이 타월을 개발하여 DIY 광들이 쇼핑하는 가옥 개조·수선 용품 매장과 자동차용품 아웃렛에 배치했다.

실용적 활동과 목적 지향적 행동: 이는 작업, 쇼핑, 요리, 청소를 비롯하여 일상생활에서 필요한 모든 행동들을 말한다. 일상적 과업을 수행한다는 것은 일반적으로 학습되거나 사회적 영향을 통해 형성된 일련의 습관, 관행적 절차routine, 솜씨, 스타일 등과 관련된다.

사람들이 일상생활을 둘러싸고 있는 브랜드를 실제로 처음 사용하게 되는 이유와 과정 같은 실용적 활동에 대한 분류체계taxonomy 또는 풍부한 설명description을 만들어 내는 것이 대다수 마케팅 에스노그라피가 집중하는 부분이다. 그러나 마케터로서 우리는 여기에 멈추어서는 안 되며, 브랜드와 소비자 사이의 유대관계를 강화하는 통찰을 추구해야 한다. 영리사업에서 필수적인 관행적 절차들을 어떻게 수행하는가를 이해하는 작업은 그 자체로서 흥미로울 뿐만 아니라, 이러한 작업을 컴퓨터로 용이하게 처리해 주는 소프트웨어 프로그램의 발전으로 이어질 수 있다.

모든 일들을 종이 서류로 처리하던 시기인 몇 년 전에 퀄리데이터 사는 현재의 보험 청구절차를 새롭게 등장하는 전자 환경에 맞게 재구성할 수 있는지를 검토하기 위해서 보험청구 수행과정을 관찰해 달라는 의뢰를 받았다. 에스노그라피적 연구 결과, 우리는 청구서 양식, 증명서, 사진 등을 하나의 파일로 정리하는 기능과 이메일 신청서 등을 활용해 컴퓨터로 파일을 전송함으로써 일처리 속도를 더 높이는 방법을 제안했다.

연행演行— 보여 주기 위한 역할 수행performance: 패턴화된 행동은 관찰자에게 보여 주기 위해서 연출되는 행동이다. 예를 들어 가족을 위해 쿠키를 굽는 행동은 '좋은 부모'의 역할을 보여 주고 싶은 가정주부의 욕구에서 나온 것일 수 있다. 손님을 초대한 집주인은 자신이 이루어낸 바를 극적으로 드러내 보이기 위해 일반적으로 식사 마지막에 화려한 후식을 접대하는 경향이 있다. 자동차 정비사는 수리한 차량을 배달해준 후 고객 앞에서 짐짓 엔진의 회전수를 올려 보곤 한다. 소비자가 성취의 순간을 어떻게 자연스럽게 연출해 내는가는 마케터가 제품과 소통하는 데 필요한 단서를 제공한다.

그러나 에스노그라퍼의 관점에서 보면, 보여 주기 위한 역할 수행에는 이로운 측면과 해로운 측면이 동시에 존재한다. 이러한 역할과 관련된 제품의 마케터들이 마주치게 되는 고유한 기회를 이해하려면 가정, 일터, 공공 공간에서 역할과 관련된 실제 수행(연행) 상황을 관찰할 필요가 있으나, 이때 실질적인 문제에 맞닥뜨리게 된다. 어빙 고프먼Erving Goffman(1959)이 지적했듯이, 역할의 연행에는 무성의, 냉소, 혹은 속임수 같은 요소가 내포될 수 있다. 주의 깊은 관찰자는 연구참여자가 관찰자를 기쁘게 하기 위해 혹은 추정되는 기대에 부합하기 위해 행동하고 있지 않은가를 확인해야 한다. 예를 들어, 최종 영상 기록물에서 멋있게 보이기 위해 과업을 수행하면서 신체적 움직임이나 발언을 과장하는 연구참여자들이 있다. 이처럼 명백히 위조된 역할 수행은 부드럽지만 확고한 방식으로 지적하여 단념시켜야 한다.

놀이, 게임, 기분 전환diversions : 이러한 활동은 일반적으로 사적인 휴식이나 개인들 간의 유대를 유도한다고 여겨지지만, 이보다 더 넓은 범위의 사회적 기능을 수행한다. 이 활동을 통해 행위자들은 다양한 사회적 관계의 기초를 다지거나 개인 간 지위의 차이를 강화하거나 무마한다. 예를 들어, 사장이 골프 모임에 평사원을 초대하는 행위는 팀에 대한 사원의 헌신을 장려하고 그 보상으로 사원을 이너 서클inner circle에 입장시켰음을 의미한다.

에스노그라퍼는 상호작용의 기능이나 기대 결과가 얼마나 중요한지와는 상관없이 대부분의 사회적 교류가 진지하고 심각하게 진행되지 않는다는 점을 잘 알고 있어야 한다. 우리는 부모들이 아이들에게 개인 생활용품이나 가정 청소도구의 사용법을 직접 지시하지 않고 놀이를 통해서 가르친다는 사실을 관찰한 바 있다. 브랜드 이미지와 선택의 영향은 사용자들 간의 놀이와 놀리기를 통해서 전달된다.

3. 문화적 의미

의미meaning란 우리가 사물, 행동, 또는 다른 관념idea 등에 부여하는 관념, 감정, 혹은 믿음이다. 연구자들은 행동에 숨어 있는 의미를 이해함으로써 행동에 의미를 부여하려 한다. 행동의 목적이나 기능이 언제나 자명하지는 않다. 에스노그라퍼가 관찰된 행동에 잠재된 의미를 통찰하고자 한다면 연구참여자를 깊이 파고드는 질문을 하고 그 행동의 맥락을 깊이 이해해야 한다. 의미를 담지하거나 전달하는 문화적 패턴의 언어는 이러한 개념들을 포함하고 있다.

상징물symbols : 상징물이란 다른 어떤 것을 대신해 나타내는 간단한 도형이나 부호로서 기독교, 십자가형, 예수의 수난, 구원, 그 외 종교적 관념을 나타내는 십자가 같은 것을 말한다. 기업 로고처럼 세속적인 것도 포함된다. 상징물은 관념이나 사물을 밑바닥에 잠재된 의미 체계에 연결한다. 예를 들어 코카콜라 로고는 젊음, 에너지, 상쾌함, 혹은 전통을 의미한다. 소비자는 일반적으로 기능을 고려할 뿐만 아니라 상징적 수준에서 상품 범주와 브랜드에 반응한다. 혼다를 운전해도 슈퍼마켓에 갈 수는 있겠지만, BMW를 몰 때 운전자가 느낄 브랜드의 사회적 가치와 소유자의 자부심, 지위 과시 같은 것을 누릴 수는 없다.

표지|Signs: 표지는 환경에 있는 어떤 것을 가리킨다. 예를 들어 고속도로 표지판은 출구의 방향을 안내한다. 맥도날드의 아치는 소비자가 가족 외식을 할 수 있는 장소를 일관된 예측 가능한 방식으로 지시한다. 소비자 가정, 공공장소, 근무 환경은 사람들에게 방향을 가리키고 그들의 행동을 사회적 환경 속에서 구조화하는 표지들로 가득 채워져 있다. 공항 터미널에서 이루어진 관찰 연구에 따르면, 비효율적인 표식 때문에 승객들은 발권 및 체크인 절차를 밟는 과정에서 방향 감각을 잃었고 공항은 혼잡해졌다.

언어, 전문용어, 속어: 단어는 기초적인 의사소통 가치를 넘어서는 의미를 가진 의사소통 수단으로서, '내부' 집단을 '외부' 집단과 구별하는 암호로서 기능한다. 단어는 사업 조직이나 종교 혹은 민족 하위문화subculture와 같은 폐쇄된 집단 내에서 의미를 소통하는 암호cipher 혹은 코드를 제공한다. 언어는 속되지 않은 미묘한 방식으로 낙인을 찍거나 모욕하거나 중상할 수 있다. 이를 잘 보여 주는 예가 성인 여성을 'girl'이라고 부르는 성차별적 언어이다. 언어의 차이는 다양한 계급, 지역, 국적에 기원을 둔 집단 구성원을 정의하는 데에 도움이 된다.

올바른 단어를 사용하여 제품에 대해서 의사소통하는 것은 소비자의 긍정적 반응을 얻는 중요한 방법이다. 이는 마케팅 에스노그라퍼가 연구참여자가 사용하는 정확한 언어에 민감하게 주의를 기울이는 이유이기도 하다. 단어는 실제 현실보다는 이상과 포부를 나타내기도 한다. 랜들 로센버그 Randall Rothenberg(2003)는 집단적 전문용어vernacular 사용을 "성취에 대한 야망"(p.A25)이라고 묘사했다. 그는 목표를 설정하는 방법으로서 제도적 구조를 설명하기보다는 전략 기반 전환strategy-based transformation과 같은 비즈니스 용어를 사용하는 쪽을 지지한다.

마케팅 에스노그라피를 통해 연구자는 자신이 제기한 질문에 소비자가 무엇으로 응답하는가뿐만 아니라 그들끼리 무엇을 말하는가에 귀를 기울여 자연스러운 맥락에서 그들의 언어를 배우게 된다. 젊은 소비자들이 친구들과 밤새 이야기하는 방식을 연구하여 맥주 브랜드나 휴대전화 브랜드에 대한 그들의 이야기를 들을 수 있는 것이다.

신념과 가치: 신념과 가치는 의미의 필터 혹은 일상생활에서 작동하는 진리의 기준이다. 이는 개인의 행동을 정당화하고, 옳은 것과 잘못된 것을 구별하는 기준이다. 가치의 폭넓은 패턴들—예를 들어 육식을 거부하거나 환경에 대한 우려 등—은 여러 범주에 걸쳐 소비자 행동의 기반이 된다.

실제로 소비자의 행동이 얼마만큼 신념이나 가치와 일치하는가에 대해서는 의문의 여지가 있다. 가치들은 서로 충돌하기도 하며 구매자는 브랜드를 결정할 때 여러 층위에서 가치와 신념을 적용한다. 우리는 집안 청소에 대한 연구를 위해 환경 문제를 고려하는 브랜드를 선호한다고 말하는 소비자들을 만난 적이 있다. 그들은 분명히 실제로 '친환경green' 청소용품을 구매했다. 그러나 수납장을 조사했을 때 우리는 그 브랜드 제품이 뒤쪽에 밀려나 있는 광경을 보았다. 소비자들이 실제로 사용하는 제품은 가장 인기 있고 효과가 좋은 청소용품이었다. 무슨 일이 일어난 것일까? 이는 환경 친화적인 제품을 구매하게 된 동기인 환경 문제에 대한 우려와, 최상의 반짝거림과 살균 효과를 통해서 꼭 지켜야 할 위생적 청소의 욕구라는 두 가치 사이의 충돌을 보여 준다.

태도와 의견: 사람, 사물, 사건을 향한 관점의 표현은 긍정에서 중립, 부정에 이르기까지 다양하다. 태도와 의견은 강하게 드러날 수도 있고, 거의 부각되지 않을 수도 있다. 태도와 의견은 깊이 견지되는 원칙과 가치에 뿌리내리기도 하지만, 그보다는 성격의 영향을 덜 받고 상황적인 경우가 더 많다. 코카콜라냐 펩시콜라냐는 인생의 목적 같은 근본적인 믿음이 아니라 동료나 가족과의 경험, 특정 브랜드와의 소통에 깃든 특징characteristics과의 동일시에 달려 있다.

에스노그라퍼로서 연구참여자에게 관찰된 행동에 대해 설명하고 그 이유를 말해 달라고 요구할 때 이들이 제시하는 의견이 사실은 사후 설명이라는 사실을 발견하는 경우가 종종 있다. 따라서 믿음은 소비자의 행동을 논리적이고 옹호할 만한 것처럼 보이게 만드는 동기의 어휘a vocabulary of motives를 구성해 낸다. 그것을 부정확하다는 이유로 거부할 필요는 없다. 소비자가 자신의 시장 행동을 스스로 이해하는 방식은 그들의 실제 행동만큼이나 중요하다.

해석: 해석을 통해서 우리는 우리와 소통하는 사물들을 이해한다. 두 사람이 동일한 광고를 보거나 동일한 소설을 읽어도 각자의 해석은 상이할 수 있다. 해석은 마케팅 소통 과정에서 본질적인 요소이다. 이는 마케터가 이야기할 때 소비자는 무엇을 듣는가라는 문제이다.

감정과 느낌: 내적인 의식적 · 무의식적 경험은 보통 성찰적으로 일어난다. 가끔 우리는 사람, 행동, 혹은 관념에 적극적으로 감정과 느낌을 부여한다. 마케팅적 맥락에서 감정은 외부 세계에 대한 소비자의 내적 반응이다.

광고는 우리를 화나게 할 수도 있고 호기심을 불러일으킬 수도 있다. 이웃의 새 차를 보고 감탄하면서 질투에 빠질 수도 있고 어리둥절할 수도 있다. 새로운 요구르트를 맛보고서 매혹될 수도 있고 구역질이 날 수도 있다.

감정적 속성과 염원은 소비자의 선택에 깊은 영향을 미친다. 따라서 소비자가 관행적 절차routine들을 수행할 때 갖게 되는 감정을 에스노그라피로 성찰하여 현재의 구매 패턴을 바꿀 수 있는 영향력을 행사할 잠재적 주체와 개입의 양상을 통찰할 수 있다.

관계: 사물이나 개인들 사이에 사회적으로 구축된 연결—예를 들어 가족, 국가, 혹은 클럽의 일원이 되는 것—은 우리의 일상생활과 작업 습관, 신념에 지대한 영향을 끼친다. 사람들은 더 큰 공동체로 묶이기 위해 많은 브랜드를 사용한다. 할리 데이비슨 오토바이의 소유자들은 스스로를 반항적이고 모험을 즐기는 개인들로 구성된 더 큰 공동체의 일원이라고 생각한다. 비슷한 브랜드 이미지의 카멜 담배와 잭 다니엘 위스키처럼, 이러한 연결은 브랜드 사용과 연관된 패턴을 만들어 내기도 한다.

4. 문화적 도구

도구는 인간의 능력을 확장시키기 위해 문화적으로 생산된 장치로서 물건과 생각 모두를 포함한다. 문화적 도구는 작업 수행을 돕거나 우리 자신을 보호하거나 사회적 연대를 조직하게 함으로써 삶을 더 편안하고 안전하게 만든다. 마케팅 에스노그라피는 소비자가 이용할 수 있는 시장 도구를 평가함으로써 소비자의 만족을 확대하고, 생산 효율성을 자극하며, 연구의 뢰인의 수익성을 향상시키는 새로운 도구를 창조하는 행위를 지향한다. 광범위한 에스노그라피적 맥락에서 봤을 때 문화적 도구의 형태는 다양하다.

물리적 공간: 우리의 가정, 직장, 쇼핑 장소, 도시 등의 환경은 가장 기본적인 도구이다. 우리가 일상적인 작업을 수행하는 공간을 구조화하는 방법은 기회와 한계를 동시에 만들어 낸다. 윌리엄 화이트[William H. Whyte](1980)는 도시의 공간 구조가 안전과 휴식의 감정을 어떻게 자극하는가를 보여 주었다. 파코 언더힐[Paco Underhill](2000)은 소매 공간의 배치가 판매 실적을 자극한다는 사실을 입증했다. 즉, 선반 위에 놓인 상품의 존재를 목표 고객이 알아채기 쉽게 만들면 그들은 더 많은 상품을 구매하게 된다.

기술—낮은 수준에서 높은 수준까지: 일반적으로 도구란 종이 클립에서 슈퍼컴퓨터에 이르기까지 인간의 능력을 확장하는 모든 것을 의미한다. 이미 앞에서 에스노그라피적 연구 중 하나인 '사용성 연구[usability study]' 가 사용자와 고급 기술 도구 사이의 관계에 초점을 맞추고 있음을 논의한 바 있다.* 컴퓨터 소프트웨어와 통신장치의 작동 방식이 사용자의 심상 이미지를 따른다면 더 사용하기 쉽고 효율적인 장치로 거듭날 것이다.

화학의 진보 또한 소비자들이 이해하기 쉽지 않았던 기술적 선택권을 제공했다. 계면활성제는 염소 표백제와 비슷한 수준으로 직물의 오염을 제거하지만 원단의 색상을 손상하지는 않는다. 처음에 소비자들이 변색 염려가 없는 표백제의 개념을 이해하기란 매우 어려웠다. 그러나 제품을 사용하고 회사의 홍보를 접하자 마침내 소비자들은 두 제품의 차이를 구분하게 되었으며, 흰색 의류와 색상 의류에 알맞은 두 가지 표백제를 각각 구매하게 되었다.

규칙: 규칙은 민족국가, 직업, 기업, 가족 등의 사회 조직 및 프로세스의 작동에 대한 체계적인 틀[framework]을 제공한다. 규칙을 통해 우리는 어느 정

---

* 제4장을 참조할 것.

도의 예측 가능성과 안전을 보장받으면서 일상생활을 하게 된다. 『로버트의 의사진행 규칙*Robert's Rules of Order*』처럼 정교하게 성문화된 공식적 규칙도 있으며, 통근 버스를 탈 때 줄 서는 것처럼 일상생활의 행동을 알려 주는 합의 같은 비공식적 규칙도 있다. 간단한 회사 정책 성명서statement, 야구 규칙, 미국 헌법 등이 우리의 삶을 돕는 규칙들이다.

에스노그라피 수행의 중요한 구성 요소는 연구대상의 환경을 작동시키는 규칙을 해독decode하는 것이다. 많은 경우, 특히 비공식적 규칙이 활성화된 곳에서 소비자는 누군가가 자신이 그렇게 행동하는 이유를 묻기 전까지 자신들이 패턴화된 행동을 하고 있다는 사실을 전혀 인식하지 못한다. 예를 들어, 우리는 집에서 숯불 바비큐를 하는 소비자에 대한 연구에서 고기를 준비하고 숯에 불을 지피고 꺼지지 않도록 계속 유지하는 것 같은 작업 단계가 일반적으로 상당히 관례화된 규칙을 따른다는 사실을 발견했다. 명민한 소비자들은 이러한 규칙을 숙지한 반면, 숯불을 잘 피우지 못하는 사람들은 이러한 규칙을 잘 인식하지 못했으며, 결과적으로 실수할 여지가 적은 가스 그릴로 도구를 바꾸는 경우가 많았다. 이를 통해 연구의뢰인은 숯불 바비큐의 규칙이 더 명확해져야 한다는 점, 그리고 숯불 피우기에 미숙한 사람들의 니즈를 겨냥한 특성화된 상품을 개발할 기회가 있다는 점을 배웠다.

테크닉: 일을 처리하는 방법을 잘 아는 것이 바로 생활의 지혜이다. 테크닉은 기술technology, 규칙rules과 함께 작동함으로써 인간의 잠재력을 증진한다. 일상생활의 과업을 완수해 내기 위해 사람들이 사용하는 테크닉은 사용 가능한 기술에 사람들이 얼마나 만족하는가를 보여 주는 단서이다. 사람들이 무릎을 꿇어 손으로 바닥을 청소하는 이유는 그 외에 다른 어떤 것도 그들이 만족할 만한 수준의 청결함을 만들어 내지 못한다는 믿음 때문이다. 우리가 일상적 과업을 완수하는 방식은 창조적이고 혁신적일 수도 있으며, 기존의 규칙을 의례적으로 따른 것일 수도 있다. 우리는 에스노그라

피 연구에서 테크닉에 대한 사실들을 발견하여 제품 생산과 납품 과정을 혁신하고 단계적으로 개선하는 데 도움을 주고, 마케터에게 에스노그라피 연구의 가치를 증명할 수 있다.

5. 결론: 행동과 문화

우리 자신과 다른 사람의 행동, 의미, 도구를 객관적으로 보기란 매우 어렵다. 우리는 너무나 많은 것을 당연하게 여기며, 자신의 문화적 혹은 개인적 패턴이 일을 처리하는 정상적인 방법이라고 생각하고 싶어 한다. 그러나 우리가 다른 국가적 또는 국제적인 문화에서, 심지어 다른 사회 계급이나 민족 집단에서 연구를 수행할 때, 우리는 우리 자신의 관행적 절차와 기대심리에서 한 발짝 빠져나와서 사물을 명확하게 보아야 한다. 더 높은 차원의 진리에 도달하려면 에스노그라퍼는 자신의 가치와 기대심리를 내려놓고, 흔히 말하는 '소비자의 입장에서walk in their shoes' 소비자의 관점을 이해해야 한다.

비교문화적 연구를 수행할 때에는 생소한 문화에서 맞닥뜨리는 다양한 행동들의 의미를 잘못 이해하기가 쉽다. 사람들은 세계를 해석하고 이해하는 기초로서 자기 자신의 문화를 이용하는 경향이 있다. 하지만 비교문화적 연구를 하는 이들은 스스로에게 더 높은 수준의 자기도전과 객관성을 적용해야 한다. 행동의 문화적·상황적 맥락에 대한 통찰력이 없다면 진정한 의미를 오해하기 쉽다. 따라서 비교문화적 연구를 하는 이들은 자기가 속한 특정 문화의 눈을 통해서가 아니라 관찰 대상 문화의 관점에서 행동 패턴과 의미를 이해해야 한다.

15
현장방문 접근법

이 장에서는 에스노그라피의 핵심 요소인 현장방문에 필요한 다양한 전략을 검토한다.

1. 에스노그라피 수행에 필요한 창조적 사고

일반적으로 연구의뢰인은 마케팅 집단 내의 사고^{thinking}를 획기적으로 자극하기 위해 에스노그라피 연구를 위탁한다. 제품 개발과 마케팅 전략의 새로운 가능성을 찾기 위해 현장으로 찾아가 미지의 소비자 영역을 체계적으로 탐구하고자 한다. 에스노그라피 연구는 상당한 투자와 함께 직원의 시간과 노력을 요하는 작업이다. 따라서 창조적 진행과정을 잘 이해하고 그것을 어떻게 실천에 통합할 것인가를 탐구해야 한다.

창조적인 에스노그라피는 연구를 개념화하고 조직하는 것에서 시작하여 자료 수집과 분석의 과정을 통해 지속된다. 각 연구는 에드워드 드 보노

Edward de Bono(1970)가 말한, 새로운 경로를 찾는 수평사고lateral thinking*를 필요로 한다.

'수평사고'는, 단순히 허용된 한계 내에서 작동하기보다는, 결론에 도달했다고 느껴지는 바로 그 순간에 더 멀리 나아가기 위해 새롭게 시작하려는 노력이다. 수평사고는 자극제provocative이다. 그것은 그다음에 무엇이 있는지, 무엇이 더 나은 것인지를 묻는다. 수평사고는 일방향적이지도 않고 일차원적이지도 않다. 그것은 적합해 보이는 곳이라면 어디든 갈 수 있다. 그것은 사물을 정의하고, 명명하고, 분류하는 새로운 방법을 탐색한다. 수평사고는 합의를 따르기보다는 기발함과 독창성을 불러일으킨다. 그것은 위험을 기꺼이 감수하며, 정답을 보증하지 않는다.

로저 본 외흐Roger von Oech(1983)의 『옆통수 철썩 때리기A Whack on the Side of the Head』** 는 창의력creativity이란 창작 과정을 방해하는 여러 장벽을 깨트린 후에야 도달할 수 있는 사고 과정이라고 설명한다. 에스노그라퍼는 본 외흐가 묘사한 '마음의 자물쇠mental locks'를 인식하면서, 연구참여자들을 관찰하고 만남에 기초하여 결론을 이끌어 내는 과정에서 자물쇠를 극복하도록 돕는 조치를 취해야 한다.

- 연구의뢰인은 종종 우리에게서 하나의 정답만을 기대한다. 그러한 접근 방식이 기업의 의제agenda와 잘 맞을 수도 있지만, 그런 사고방식은 우리를 대안적 답변과 새로운 사고로부터 멀어지게 만든다. 창의적인 에스노그라퍼는 관점의 다양성을 활용한다. 에스노그라피로 소비자들이 어떤 혜택을 얻는 일정한 방식을 발견할 수 있지만, 규준에서 벗어난 일탈자들을 올바르게 인식하는 것도 중요한 작업이다. 그들이야말로 대안적인

---

* 드 보노의 '수평사고'는 '수직사고'에 대비되는 개념이다. '수직사고'는 냉정하게 관찰하면서 면밀히 검토하여 논리적으로 생각을 전개해 나가는 사고 과정을 말한다.
** 이 책의 부제는 '더 창조적인 사람이 되는 방법How you can be more creative'이다.

범주를 인식하는 방법 혹은 트렌드를 가리키기 때문이다.

- 계획을 짜거나 조직화할 때에는 논리의 역할이 중요하다. 그러나 창조적 작업을 할 때에 과도한 논리적 자세는 방해가 될 수 있다. 좋은 연구자는 추상, 은유, 그리고 모호함을 활용할 준비가 된 사람이다. 현장에서 소비자들과 상호작용을 하기 위해서는 선입견을 버려야 한다. 우리는 그들이 특정한 의제를 따르기를 기대하기보다는 그들이 실제로 무엇을 하고 있는가를 이해해야 한다.

- 지나친 규칙 엄수는 막다른 골목으로 이어질 수 있다. (현장) 연구를 진행하기 위해서는 체계적인 훈련도 필요하지만 임기응변에도 능해야 한다. 필요하다면 질문의 방향을 바꾸거나 예상보다 빨리 다른 주제로 옮겨 가야 한다. 또한 훌륭한 연구자는 자료를 이해하고 해석할 때 상황의 요구에 따라 융통성을 발휘하여 규칙을 깨트리고 혁신할 수 있도록 준비해 두어야 한다.

- 가치 있는 아이디어는 처음에는 그리 실용적으로 보이지 않을 수 있다. 창의력과 노력을 상당히 쏟아부은 후에야 아이디어의 실용성이 부각된다. 훌륭한 연구자는 실용성이라는 척도로 모든 것을 판단하지 않는다. 그것은 사고를 단일한 패턴으로 잠가 버릴 수 있는 함정이 되기 때문이다. 창조적 사고는 '만약 ～라면'이라는 방식과 표류하는 상상력이 필요하다. 좋은 연구의뢰인은 이러한 종류의 창조적 복잡성을 환영하며, 사안에 대해 깊이 생각하고 있는 컨설턴트를 제약하지 않는다.

- 일반적으로 명확한 의사소통이 이루어져야 하기 때문에 연구자들은 모호함을 피해야 한다고 배웠다. 그러나 새로운 아이디어를 찾는 에스노그라퍼는 더욱 강하게 모호함을 추구해야 한다. 그것이야말로 현실 세계의 상황을 더 잘 반영하기 때문이다.

- 오류와 실수를 두려워하는 연구자는 획기적인 혁신보다는 안전한 해결책만을 찾으려 할 것이다. 창조적인 마케터는 시행착오에서 배움을 얻는

다. 만약 실패가 절대 용납될 수 없다면 혁신성은 발현될 수 없다.

- 훌륭한 연구자들은 혁신이 필요한 상황에서 놀이와 재미를 권장한다. 정신이 편안하면 창조적 사고가 나래를 편다. 연구참여자가 에스노그라피 연구 참여의 즐거움을 발견한다면 마음속에 내재되었던 경계심과 방어심이 줄어들 것이다.

- 전문화specialization는 어쩔 수 없는 현실이지만, 우리의 사고를 진부하고 딱딱하게 만들 수 있다. 훌륭한 연구자는 대안적 관점으로 문제에 접근하는 사람들에게 배우는 것을 두려워하지 않는다. 에스노그라피는 사회과학적 사고뿐만 아니라 다른 분야의 사고를 받아들일 수 있다는 것이 장점이다. 예를 들어 음악이나 물리학에서 착상한 아이디어로 소비자의 가정에서 관찰한 현상을 새롭게 바라볼 수 있지 않을까?

- 동조conformity라고 불리는 집단순응사고groupthink 혹은 '이 바닥에서 일이 돌아가는 방식'은 창조성에 치명적인 영향을 미친다. 훌륭한 연구자는 집단의 압력을 받아도 동조하지 않으며, 튈 수 있는 용기를 갖고 있다.

- 만약 연구자가 자기 자신을 창조적이라고 생각하지 않으면 정말로 그렇게 되고 만다. 훌륭한 관찰자는 영감을 불어넣어 주며 안심시켜 주는 사람이다.

2. 현장방문 단계

현장방문은 상대적으로 예측 가능한 순서대로 진행된다. 이 순서를 준수하여 연구참여자의 순조로운 상호작용을 돕고, 결과적으로 풍부한 자료를 수집할 수 있다. 이러한 단계들을 성급하게 건너뛸 수는 없다. 과정의 각 단계에서 충분한 시간을 투자하고 주의를 기울여야 한다. 행동 관찰에 소요되는 시간을 넉넉히 잡아 두면 라포를 형성하고 연구참여자에게 조사 과정을 적절히 설명해 주는 등의 예비적 책임을 완수하는 데 충분한 시간을 확보할 수 있다.

　관찰 가이드를 구성할 때 에스노그라퍼는 다음에서 설명하는 현장방문 단계의 구조를 따라야 한다. 우리는 이미 에스노그라피적 면담의 단계를 다른 집단적 체험의 단계에 비교하여 묘사한 바 있다(Mariampolski 2001, p.199). 현장방문이 진행되면서 나타나는 발달 단계는 유아기, 아동기, 청소년기, 청년기, 장년기, 노년기라는 생애 주기에 비유하여 설명할 수 있다.

　1단계: 입문 단계(유아기)　현장방문에 착수하는 단계에서 연구자에게 가장 중요한 일은 연구참여자들과 인사하며 모든 방문자를 소개하고 그들이 맡게 될 역할을 설명한 다음, 연구참여자들이 새로운 상황에 익숙해질 수 있도록 돕는 것이다. 이런 종류의 일상에 대한 간섭을 경험해본 연구참여자는 거의 없을 것이다. 이 단계에서는 연구의 목적과 기본 규칙을 설명하고 방문자와 연구참여자가 서로 편안해지게끔 만들어 주어야 한다. 만일 동의서 서명 같은 서류 업무가 남아 있다면 이 단계에서 정규 절차가 완료되었는지를 확인한다.

　2단계: 역할 맡기와 라포 형성 단계(아동기와 청소년기)　이 단계에서 연구자의 기본 과업은 라포를 형성하고, 적절한 말투를 설정하여 참여자의 신뢰를 얻는 것이다. 이 시점에서 연구참여자는 자기 자신에 대해서 그리고 연구대상인 브랜드와 범주에 대한 자신의 경험에 대해서 말하기 시작할 것이다.

　이 단계를 시작할 때 관찰자는 가족 구성, 가옥의 물리적 구조, 직업, 시민활동, 관심사, 이웃 등 연구 주제와 직접적으로 연관된 것보다는 중립적인 주제로 대화의 문을 열 수 있다. 또한 이 단계는 관찰자가 고향이나 공통의 관심사, 스포츠 등 라포를 형성하기 좋은 화제를 통해서 자기 자신을 어느 정도 드러내기에도 좋은 시기이다.

3단계: 일반적 질문 단계(청년기)　이 단계에 이르면 현장방문이 연구과정의 주요 활동이 되므로 연구의 진행속도가 탄력을 받게 된다. (참여)관찰자는 사용 경험, 브랜드 인지도, 해당 범주에 대한 일반적 태도 등 개략적인 질문을 하거나 사실을 진술해 달라고 요구할 수 있다. 또한 이 단계는 관찰 대상인 가사 작업과정household process에서 사용되는 장비와 제품의 목록을 작성하기에 좋은 시기이다. 예를 들어 이탈리아 요리 습관이 조사 대상인 경우 에스노그라퍼는 음식 저장고, 와인 캐비닛, 양념 선반, 요리책 선반, 냉장고에 있는 신선한 재료, 특별한 식기, 식탁 액세서리와 접시 등을 비롯하여 이탈리아 요리 준비에 관련된 모든 것들을 조사하고 싶어 할 것이다.

4단계: 구체적인 질문 및 활동 단계(성숙한 성인기)　사실관계와 참여자들의 관점에 대한 기초적인 이해를 쌓은 후 소비자 행동을 직접 관찰하는 단계이다. 에스노그라퍼는 더 위험한 질문을 던질 준비가 되어 있어야 한다. 이 시점에서 우리 에스노그라퍼들은 깊은 감정과 정서의 측면을 보려고 노력하고, 더 구체적인 질문을 던지거나, 연구참여자에게 그들이 하고 있는 일을 상세하게 설명해 달라고 요구할 수 있다. 또한 민감한 문제를 파고들거나, 창조적인 질문과 '만약~라면' 같은 형식의 질문을 던질 수도 있다. 현장방문 중 4단계가 시간이 가장 오래 걸린다.

5단계: 마무리 단계(노년기)　이제 현장방문을 단계적으로 축소해 나가는 시기이다. 5단계는 연구 팀이 연구참여자에게서 사실에 대한 정보, 감정, 그리고 추정projection을 얻을 수 있는 마지막 기회이다. 이 시기에 많은 (참여)관찰자들은 앞선 기간 동안 그들의 인식과 직감을 나누고 입증해온 태도와 감정을 검토하고 요약한다. 또한 방문한 연구자들은 체험이 끝나는 시기를 예측하여 연구참여자가 자신이 기여한 바를 뿌듯하게 느끼도록 돕고, 긍정적이고 건설적인 방식으로 관계를 마무리해야 한다.

만약 연구자가 각 단계의 중요성을 경시한다면 연구대상자가 소외되고 연구의 타당성이 손상될 위험이 있다. 예를 들어 현장방문이 제 궤도에 오르거나 보다 높은 수준의 라포가 형성되기 전에 감정적인 문제를 파고들게 되면 연구참여자가 위협을 느껴 개인의 세세한 사항을 공개하지 않는 위험을 야기할 수 있다.

3. (참여)관찰 가이드의 제작과 활용

(참여)관찰 가이드 observation guide 는 (참여)관찰 연구 수행의 기본적 도구이다. 가이드는 (참여)관찰 대상이 되는 행동, 관찰 주제의 범위, 각 영역 활동의 대략적인 소요시간, 더 깊게 알기 위해서 도입할 후속질문 probing 이나 질문 순서 등의 측면에서 방문을 어떻게 진행할 것인가를 서술한 문서이다.

연구자는 효과적인 (참여)관찰 가이드를 구성하고, 이 도구를 어떻게 활용할 것인지를 반드시 이해한 후 연구에 들어가야 한다. 가이드는 연구 프로젝트를 진행하는 동안 여러 연구참여자들 속에서 체계적으로 준수해야 할, 예상 행동의 지도이다. 따라서 연구자와 연구의뢰인은 팀 전체를 훈련하는 기초로서 (참여)관찰 가이드의 내용에 서로 동의해야 한다.

다음은 (참여)관찰 가이드의 제작과 활용에 대한 권장사항이다.

- 가이드는 포괄적인 동시에 독립적이어야 한다. 양치질을 하는 과정 같은 관찰 영역뿐만 아니라 구강 위생의 중요성 같은 논점과 후속질문 영역을 모두 포괄해야 한다.
- 가이드는 만남 encounter 이 어떻게 진행될 것인가에 대한 경험에서 우러난 추측 educated guess 이다. 가이드에는 준수해야 할 각각의 행동들이 논리적으로 나누어져 있다. 그러나 가이드는 완벽하거나 완전하지도 않으며, 이전의 연구가 완료되지 않은 이상 관찰에 근거하지도 않기 때문에 가설적

이라고도 할 수 있다. 에스노그라퍼는 뜻밖의 행동 패턴을 예상하고 감안해야 한다. 판단의 일차적 기준은 연구자 혹은 마케팅 직원의 기대가 아니라 연구참여자들이며, 그들이 과업을 처리하는 방식이다. 즉, 가이드로는 연구참여자들이 과업을 수행하는 자연스러운 질서를 예측할 수 없으며, 소비자들이 일과를 완수하기 위해 채택하는 해결책의 범위를 알 수도 없다. 에스노그라피적 (참여)관찰자는 연구참여자가 그들의 방식대로 일을 처리하도록 해야 한다. (참여)관찰자는 연구참여자의 행동, 의미, 수단을 충실히 기록할 뿐, 그들에게 도전하거나 그들의 특정한 논리와 대결하지 않도록 한다.

- 연구자의 지나친 참견 없이 연구참여자의 자연스런 행동을 관찰할 수 있는가를 확실히 해야 한다. 과도하게 끼어들면 연구참여자는 타인의 시선을 의식하고 부자연스럽게 행동하게 된다.
- 예비 질문과 사실관계에 대한 질문에서 시작하여 연구 과정 후반에는 더 집중적으로 의견을 묻는 질문으로 나아간다. 초기에는 민감한 질문이나 과도하게 파고들어 가는 후속질문은 피한다. 이런 질문들은 어느 정도 라포가 형성될 때까지 아껴 둔다.
- (참여)관찰 가이드는 질문지가 아니라 주제개요a topic outline이다. 가이드의 질문은 (참여)관찰 시 언급할 만한 사안들을 정리한 것이지, 반드시 에스노그라퍼가 제기해야 하는 질문은 아니다. (참여)관찰자는 연구참여자나 상황에 가장 적절한 방식으로 그때그때 문제를 제기하는 융통성을 발휘해야 한다. 연구참여자의 자연스러운 행동의 흐름을 따르고 적절한 순간에 질문을 던지기 위해서는 상당한 자유와 임기응변이 필요하다.
- 질문은 예/아니요 같은 단답형 답변보다는 열린 답변을 할 수 있는 것이어야 한다. 정해진 반응을 요구하기보다는 사고, 토의, 탐구를 자극하는 질문이 좋다. 이런 점에서 에스노그라피적 담론은 자연스러운 대화보다는 치료적 담론therapeutic discourse과 유사한 점이 더 많다고 할 수도 있다.

- 연구참여자를 따르라. 통계 조사일 때는 면담의 동일한 시점에 모든 질문을 똑같은 방식으로 제기하는 것이 중요하고 또 필요한 일이다. 그렇게 하지 않으면 질문의 순서나 구조 등의 미묘한 편향이 엄청난 차이를 불러일으킬 수 있다. 그러나 이는 에스노그라피적 연구에 사용되는 (참여)관찰 가이드에는 해당하지 않는다. 연구자는 연구참여자의 행동과 관심, 정서를 따라가야 한다. 연구자는 연구참여자에게 지금이 어떤 특정한 과업을 끝내 버릴 순간이라고 말하면 안 된다. 대신 연구자는 연구참여자가 주는 신호와 준거틀frames of reference을 경청해야 한다. 에스노그라피적 만남에서 지나치게 틀에 짜인 구조는 연구자의 기대심리에서 나오는 신호를 감지한 순종적인 연구참여자들이 이를 오해하여 자신의 정해진 관행을 바꾸어 버리는 상황을 유도함으로써 잘못된 연구 결과를 낳을 수 있다.
- 융통성을 견지하라. (참여)관찰자는 연구 목적에 합치하면서 소비자 행동의 자연스러운 구조를 따르는 한, 얼마든지 필요에 따라 주제를 이탈할 수 있다.
- 연구참여자들을 대할 때 자연스럽고 품위 있게 대하라. 면접관처럼 행동하지 않도록 하라. 에스노그라퍼는 (참여)관찰 가이드를 읽으면서 질문을 던져서는 안 된다. 방문하기 전에 전체적인 내용을 암기해 두어야 한다. (참여)관찰 가이드는 중요한 사항들을 누락하지 않을 목적으로 참고하는 문서일 뿐이다.
- 뜻밖의 일에 대비하라. 현실 세계의 행동이 (참여)관찰 가이드를 따라 이루어지리라 기대하지 말라. 연구참여자는 그들만의 독특한 방식으로 행동한다. 우리의 목적은 행동 및 그에 관련된 도구들을 기록하고, 소비자가 어떻게 각자 독특한 실천들을 통해 의미를 구축하는가를 식별하는 것이다.
- (참여)관찰 가이드에 시시콜콜한 세부사항까지 적지 않는다. 현장에서 기억을 도와주는 (참여)관찰 가이드의 주요 주제와 키워드를 형광펜 등으

로 표시해 두면 좋다. 가이드의 주제와 후속질문 내용을 들춰보는 일 없이 연구참여자들과 능동적으로 상호작용하는 데 도움이 될 것이다.

- 진행 절차들의 개요를 포괄적으로 만든다. (제품 사용을 위한) 준비 및 (제품의) 보관에 관련된 세부사항들은 때로는 제품 사용 과정만큼이나 관찰 전체에서 중요한 위치를 차지한다. 겉보기에는 이질적인 요소가 혁신의 중요한 실마리가 될 수 있다. 예를 들어 남성의 면도 행동을 관찰하는 에스노그라퍼는 다음 사항 모두에 주목해야 한다.

- 면도날 보관
- 면도기 보관
- 비누 보관
- 컨디셔너 보관
- 면도 제품(젤, 폼, 크림) 보관
- 면도날과 면도기의 준비
- 비누, 컨디셔너, 면도 제품의 준비 작업
- 얼굴 및 면도할 다른 부위의 준비 작업
- 제품을 얼굴에 바르기(적용하기)
- 면도 방법
- 면도에 할애하는 시간
- 얼굴의 모든 부분에 면도기가 쉽게 밀착하는가. 예를 들어 아래턱 밑 부분
- 헹구기
- 씻어내기
- 세척 용기
- 용기를 보관함에 정리하기
- 비누, 컨디셔너, 면도 제품을 보관함에 정리하기
- 결과 평가 또는 결과의 정정

• 마무리

이상의 행위 목록은 남성 면도 행위라는 주제에 대한 관찰 가이드에 포함될 행위의 측면과 대개 일치한다.

16
자료 수집

    모든 에스노그라피에서 자료 분석은 자료 수집과 동시에 시작되며 모든 사람들이 연구 현장을 떠난 이후에도 계속된다. 연구참여자가 과업을 수행하고 이야기를 하는 동안 (참여)관찰자는 보고 들으며 패턴을 찾아야 한다. 소비자가 자신의 일과를 수행하는 가운데 풍부하고 섬세한 세부사항들이 드러난다. 이에 더해, 검증을 위한 후속질문을 던지면 맥락을 더욱 정교하게 관찰할 수 있고 소비자의 태도와 습관에 대한 결론을 뒷받침하는 증거를 얻을 수 있다.

    연구팀 구성원들은 너무 성급히 결론을 내고 분석을 발전시키지 않도록 주의해야 한다. 하나의 관찰만을 일반화해서는 안 된다. 훌륭한 질적 분석을 하려면 일정 수준의 반성적 사고를 하고 문서 증거를 상세히 검토해야 한다. 더 나아가, 팀 연구일 때는 다른 (참여)관찰자들의 관점도 고려해야 한다. 조급하게 분석하면 체계적이기보다는 인상에 근거하게 되며, 고급 질적 분석의 표식인 풍부함과 뉘앙스가 결핍될 수 있다.

1. 질적 자료

프로젝트의 현장방문을 완료할 때마다 분석에 사용할 수 있는 다음과 같은 자료가 축적된다.

- 토의 녹취 테이프
- 비디오테이프
- 면담 노트
- 관찰 노트
- 스틸 사진
- 각종 측정치
- 문서 및 물리적 흔적
- 결과 보고에서 도출된 아이디어

질적 자료는 처음에는 무질서해 보이며, 질적 자료의 분석은 증거의 체계적인 정밀검토systematic scrutiny of evidence라기보다는 의식의 흐름을 반영하는 작업이다. 이질적인 정보들에 의미를 부여하기 위해서는 빈틈없는 분석 과정을 거쳐야 한다. 분석할 때는 수집한 모든 정보를 골고루 사용해야 한다. 그러지 않으면 미묘한 편향이 결론에 영향을 미칠 수도 있다.

현장에서 수집한 모든 것—동작, 억양, 버릇 등—은, 연구자의 결론과 제언에 의미 있게 통합될 수 있는 한, 자료의 잠재적 원천이다.

2. 매핑Mapping

어떤 환경의 여러 차원과 이동 패턴을 그림으로 그려 보는 것plotting은 관찰을 조직화하는 데 도움이 된다. 가정, 일터, 공공 공간의 사회생태학에 주의를 기울이면 그 안에서 행동이 일어나는 하나의 준거틀을 찾을 수 있다.

　소매 유통 환경에서 판매 공간의 공간적 조직은 공간 사용의 용이성과 판매 가능성에 큰 영향을 미친다. 아무 이유 없이 판촉 상품과 빠르게 회전하는 상품들을 선반 앞부분에 배치하지는 않는다. 바로 그곳이 상품들이 눈에 더 잘 띄고 고객의 충동구매를 불러일으키는 곳이기 때문이다.

　행동들이 어떻게 발생하는가를 보여 주는, 신중하게 그린 지도는 연구자가 보고서와 프레젠테이션에 사용할 분석은 물론, 발견적heuristic 목적에도 유용한 도구이다.

3. 제품 목록

　제품 혹은 범주 관리 목록inventory의 작성은 에스노그라피적 현장방문의 중요한 첫걸음이다. 사람들이 필요한 만큼 편리하게 조금씩 나누어 쓰고, 보관하고, 비상시에 사용하기 위해 제품을 비치하는 장소는 사람들이 그 제품에 느끼는 감정과 기대감에 대한 정보를 제공한다. 종이 제품을 생산하는 대기업의 의뢰를 받아 수행한 연구에서 퀄리데이터 사는 욕실이나 차고, 기타 장소에서 종이 타월이 또 다른 용도로 쓰일 가능성이 있음에도 불구하고 타월을 꺼내 쓰는 방법 면에서 선택의 여지가 점점 줄어든다는 사실을 발견했다. 결과적으로, 소비자들은 부엌이 아닌 다른 장소에서 물티슈wet wipe 류처럼 쉽게 뽑아 쓸 수 있는 다른 여러 종류의 제품을 찾아다니고 있었다. 이 발견은 회사의 종이 타월 제품의 잠재적 사용처를 확장하려는 연구의뢰인에게 좋은 기회가 되었다.

　오늘날의 소매 유통 환경에서 우리는 소위 창고매장이라고 불리는 가게에서 대량으로 구매한 건조 식품과 잘 썩지 않는 식품들이 가정의 저장 공간을 점점 더 많이 차지하고 있다는 사실에 주목했다. 이는 교외에 사는 소비자보다 상대적으로 좁은 공간에서 생활하는 도시 소비자에게 더 큰 문제가 된다.

저장 공간 안에서 우리는 제품 위치의 위계질서를 발견했다. 선호하는 브랜드의 제품은 손이 닿기 쉬운 곳에 놓으며, 덜 매력적인 제품은 뒤쪽에 놓인다. 종종 소비자들은 유혹에 빠져 좋아하지도 않는 제품을 사거나, 아주 가끔 사용하기 위해 제품을 사서 보관하기도 한다. 예를 들어 우리는, 많은 소비자들이 여러 가지 관계를 이용한 마케팅 책략 때문에 친척이나 직장 동료에게서 제품을 구입하지만, 효과가 약하거나 희석해서 사용해야 하기 때문에 그 브랜드를 좋아하지 않는다는 사실을 발견했다. 결과적으로 소비자들은 친척이나 직장 동료가 그 제품의 재구매를 권할 경우에 대비하여 손이 잘 닿지 않는 곳에 그 제품을 보관해 두지만 실제로 사용하지는 않는다.

제품 목록을 작성하면 제품에 대해 세밀하게 토의할 기회가 생기고, 소비자들이 수중에 있는 브랜드들을 범주화하고 기대하는 바에 대해 토론할 수 있다. 다음의 사례에서 에스노그라퍼는 브랜드 제품이 어떻게 사용되며, 경쟁 브랜드에 대한 경험과 어떻게 연관되는가 등에 대해 많은 특이사항들을 끌어낼 수 있었다.

에스노그라퍼: 사용하시는 물건에 대해 궁금한데요. SOS 주니어*부터 시작할까요?

연구참여자: 네.

에스노그라퍼: 무슨 일을 하실 때 이 제품을 사용하시나요?

연구참여자: 아, 이걸 무슨 일에 쓰냐고요? (상자를 집어 들고 바라본다.) 이건 대단한 물건이에요. 다용도라서 어디에든 다 쓸 수 있지요. 저는 냄비나 팬을 태워버렸을 때 이걸 써요. 오븐도 청소하고요. 바닥을 청소할 때에도 사용해요. 음,

---

＊ 특수 세정성분을 함유해 잘 닦이지 않는 곳도 쉽게 닦을 수 있는 수세미 제품의 상품명.

화장실을 청소할 때에도 써요, 안쪽 부분이요. 기본적으로 그렇게 쓰죠.

에스노그라퍼: 항상 SOS를 구입하시나요?

연구참여자: 보통 SOS 아니면 브릴로Brillo예요. 전 사실은 …… 아니, 언제나 둘 중 하나를 사지요.

에스노그라퍼: 두 가지가 다른가요?

연구참여자: 네, 달라요. 하나는 분홍색이고 다른 하나는 파란색이에요. 하나는 사각형이고 다른 하나는 아니고요. 소용량으로 나온 SOS 주니어를 사본 건 처음이지만, 저는 1인용 제품이라는 이런 종류의 콘셉트가 좋아요. 음, 이걸 여기에 보관할 때마다, 자주 쓸 일이 있는 건 아니라서, 오래 보관했다가 녹슬어 버릴까 봐 걱정돼요. 만약에 대용량을 샀다면 얼마 지나지 않아 못 쓰게 되겠지요. (그녀는 상자에서 하나를 꺼내 들어 부엌 싱크대의 어느 곳에 두는지를 보여 주었다.)

에스노그라퍼: 그럼 이 제품을 좋아하시나요?

연구참여자: 네, 저는 이게 좋아요. 이게 아니라면(즉 대용량이라면) 저기에 오래 놔두었다가 결국 못 쓰게 됐겠지요. 그래서 소용량이 좋아요.

에스노그라퍼: 저 상자 한 통을 거의 다 쓰셨는데요?

연구참여자: 맞아요. 저게 마지막이에요. 더 필요해요. (그녀는 물건들을 제자리로 돌려놓았다.) 보시다시피 저는 당신이 보내준 편지대로 했어요. 다른 새 청소용품을 사오지 않았거든요. (그녀가 말하는 '편지'란 에스노그라퍼가 사전에 연구참여자에게 보낸 공지문을 말한다. 이 문서에서 에스노그라퍼는 아무것도 준비하지 말고 평소대로 있어달라고 요청했다.)

에스노그라퍼: 아주 좋아요. 그리고 비닐장갑을 갖고 계시군요.

연구참여자: 항상 그렇죠.

에스노그라퍼: '항상'요?

연구참여자: 네. 아래층에 한 짝이 있고 위층에도 한 짝이 있어요. 온갖 일들을 할 때마다 쓰지요. (그녀는 시연을 위해 비닐장갑을 집어서 착용했다.)

에스노그라퍼: 무슨 일을 하실 때 비닐장갑을 착용하시나요?

연구참여자: 다용도예요. 표백 성분이 있거나 접착성 액체를 담은 물건을 사용할 때나, 아니면 그런 냄새가 손에 배지 않도록 장갑을 끼어요. 손을 씻어도 세척제 냄새가 남기 때문에 주로 싱크대를 닦을 때에 사용하죠. 저는 손톱이 잘 깨지는데, 손톱도 보호해 줘요. 설거지를 할 때 손이 상하는 것도 막아 주고요.

에스노그라퍼: 좋아요. 그러면 에이젝스Ajax*는요?

연구참여자: (그녀는 장갑을 벗고 에이젝스를 집어 들었다.) 에이젝스. 싱크대를 문질러 닦을 때 써요. 가끔 바닥 청소를 할 때도 쓰지요. 뭐, 내키는 대로 써요. 에이젝스를 쓸 때도 있고, 벽에 튄 얼룩을 닦을 때는 브릴로 패드Brillo pad를 쓰기도 하고요.

에스노그라퍼: SOS 수세미 같은 제품보다 에이젝스를 쓰고 싶을 때가 특별히 있나요?

연구참여자: 음, 냄비와 팬에는 클렌저cleanser**를 사용하지 않아요. 어떤 사람들은 그렇게 하지만, 저는 그러지 않아요. 이유는 모르겠어요. 저라면 화장실을 청소할 때에나 클렌저를 쓰겠어요. 흠집 내는 건 싫거든요.

에스노그라퍼: (그녀가 들여다보고 있는 병을 가리키며) 저 뒤에 있는 것은 뭔가요? 궁금하네요. 처음 보는 건데요?

응답자: 정말요?

에스노그라퍼: 목재 표면 전용이라고 쓰여 있는데요.

응답자: 음 …… 네, 나무로 처리된 제품에 이걸 써요.

에스노그라퍼: 써보시니 어때요?

응답자: 제 언니가 이걸 써보고 아주 좋아해서요. 언니가 권해준 거라서 저도 써보고 있지요.

---

* 다용도 세척제의 상품명.
** 여기에서는 싱크대나 타일을 닦을 때 쓰는 가루비누를 섞어서 만든 세척제를 말한다.

4. 일기

오늘날 연구를 실행할 때 일기 작성은 현장방문 바깥의 맥락에서 일어나는 소비자 행동을 보는 일반적인 방법이 되었다. 이 방법에는 몇 가지 장점이 있다. 현장방문의 연장선상에서 자료를 얻을 수 있으며, 사용주기의 다양한 양상을 통찰할 수 있다. 또 제품을 정해진 대로 사용하는 경우와 그렇지 않은 경우 모두에 대한 단서를 얻을 수 있다.

전통적인 방식으로 일기를 작성할 수도 있고 스틸 사진, 비디오, 수집한 자료 등 시각 자료를 사용해 보완할 수도 있다. 텍스트와 이미지를 조합해 개인 블로그 형태로 작성할 수도 있다. 일기에 동료, 가족 구성원 등의 행동을 기록할 수도 있다. 일기는 제품을 사용하는 동안 나타나는 감정과 태도뿐만 아니라 행동을 보여 준다. 그러나 훈련받은 에스노그라퍼가 생산한 기록보다 소비자가 직접 자신의 생활 환경에서 일어나는 일들을 기록한 영상·사진 일기가 본질적으로 더 우위에 있다고 상정한다면 이는 잘못된 생각이다. 소비자는 일기에 자신의 편견과 선택 요인을 있는 그대로 기록하므로 일기는 포괄적인 기록물이 될 수 없다.

어느 정도 수준에서 연구참여자들 간의 상호작용이 바람직하다고 간주되는 상황에서는 온라인 게시판 등의 서비스를 통해 일기를 작성하게 할 수있다. 이 접근법은 현장방문 이후에 나타나는 태도 변화의 패턴과 적응을이해하는 데에 유용한 방법이다.

일기 작성 방법을 사용할 때는 연구참여자가 관계된 맥락적 세부사항들이 모두 포함되도록 일기 작성법을 주의 깊게 구조화해야 한다. 예를 들어, 혈당 측정기를 사용하는 당뇨병 환자에 대한 연구에서 연구참여자들은 하루 동안의 현장방문을 받기 일주일 전부터 일기를 작성했다. 일기 작성 지침에 따라 연구참여자들은 혈당 측정 시간과 장소, 사용 제품, 제품을 사용할때의 느낌, 제품 고장 여부 등을 기록했다.

5. 노트 작성

다음은 현장방문 시 노트할 때 참고할 만한 정보이다.

- 현장방문 시에는 작은 스프링노트가 가장 다루기 편리하다.
- 대화 중에 지나치게 자세히 노트에 기록하는 행동은 문제가 된다. 현장 방문을 하면서 대화 내용을 완벽하게 녹취하려고 해서는 안 된다. 노트 작성은 집중을 방해한다. 즉, (참여)관찰자가 연구참여자의 세부적인 행동들을 놓치게 된다. 가장 좋은 방법은 개요를 작성하되, 잠시 틈이 생겼을 때나 현장방문을 끝낸 후에 기억을 더듬어 추가 정보를 채워 두는 것이다. 만일 녹음을 했거나 동영상을 찍었다면 현장방문 시 자세하게 노트할 필요가 없다.
- 관찰을 하면서 목록을 만들고 행동 과정과 순서를 묘사하는 방식으로 노트하라.
- 연구참여자의 말을 들으면서 행동을 관찰하기가 쉽지 않은 경우가 많다. 팀 구성원들이 각자의 역할을 나누어 적어도 한 명은 행동만 집중 관찰하는 것도 좋은 방법이다.
- 노트를 작성할 때 키워드나 기호, 도표, 스케치 등을 활용하라. 노트에 모든 느낌을 기록할 수는 없다. 경제적으로, 빠르게 적어야 한다.
- (참여)관찰자는 연구참여자가 말하는 동안 노트를 보고 있어서는 안 된다. 이는 라포를 파괴하는 행동이다.
- 분석에 도움이 되는 관찰 내용을 노트에 기록하라. 예를 들어 특정한 주제를 논의할 때나 특정한 행동이 발생할 때 나타나는 보디랭귀지나 몸짓을 기록한다.
- 노트 내용의 유형을 구분하기 위해 기호와 표식을 이용하라. 예를 들어 화살표는 당신의 관찰을, 따옴표는 직접 인용을, 'R'는 연구참여자가 말

한 것을, 'B'는 보디랭귀지나 몸짓에 대한 관찰을 의미하는 식으로 표식의 의미를 미리 정해 둔다.

• 도표로 과정이나 순서를 묘사하라.

• 이해되지 않는 부분은 기록해 두었다가 나중에 다시 보라. 모든 것을 당장 이해할 수는 없다. 때로는 잠깐의 성찰과 검토가 문제를 이해하는 데 도움이 된다.

• 노트와 관찰을 다른 현장방문자들과 공유하라. 그러나 관점에 따라서 의견이 일치하지 않을 수도 있음을 예상해야 한다. 자신의 판단을 잠시 멈추고 다른 사람들의 관찰을 살펴볼 기회를 가진다.

6. 음성 및 영상 기록

에스노그라피 자료의 주요 원천은 음성 및 영상 기록이다. 특히 영상 자료는 음성만으로는 이해하기 어려운 보디랭귀지를 분석하는 데 도움이 된다. 영상 기록은 현장방문에 참여하지는 않았지만 연구 결과에 대한 느낌을 더 풍부하게 얻고자 하는 사람에게도 도움이 된다.

• 나중에 참조하기 쉽도록 테이프 등의 기록 매체에 날짜, 장소, 간단한 프로젝트명, 연구참여자의 이름이나 별명, 다른 조사현장들과 비교해 이 조사현장의 독특한 특징들을 정확히 표시하라.

• 예감이나 가설을 확증하기 위해 현장방문 후 테이프들을 주의 깊게 검토하라. 연구의뢰인이 원하거나 예산이 허용된다면 녹음된 면담 테이프의 내용을 서면 자료로 변환하는 것이 좋다. 테이프 내용을 변환하는 방법은 두 가지이다.

  • 녹취록: 구두 녹음을 세밀하고 정확하게 옮긴 것. 논의 내용에 매우 미묘한 뉘

앙스가 흐르거나 기술적인 내용을 다루는 경우, 혹은 보고서에 말한 내용을 그대로 인용할 경우에 필요하다.

- 현장노트: 구두 녹음을 더 간략하고 덜 구체적으로 서술한 것. 대화의 흐름을 요약하거나 가장 결정적인 내용만 인용하여 서술한다.

7. 구조화된 활동

현장방문이 진행되는 과정에서 연구참여자들을 익숙하지 않은 활동에 참여시키는 방법이 도움이 되는 경우가 있다. 조사에 이러한 활동을 조직하는 이유는 다양하다.

- 연구참여자들이 생소한 제품이나 브랜드를 사용하는 모습을 보기 위해서. 아마도 이것이 조사의 주목적이 될 것이다.
- 연구참여자들이 낯선 절차routine에 어떻게 반응하는가를 보기 위해서. 보통 절차를 수행하는 새로운 방법이 연구참여자의 라이프스타일에 편안하게 맞아 들어가는가를 시험해 보기 위한 방법이다. 예를 들어 새로운 형식의 기기로 혈당을 측정하는 경우 등이다.
- 현장에서 특정 브랜드, 범주 등에 대하여 관찰했음을 보증하기 위해서. 익숙한 브랜드나 관행적 절차를 평가하는 경우라면 연구자는 이 활동이 테스트이며 일상적인 행동으로 생각되지 않을 것이라는 점을 연구참여자에게 알릴 필요가 있다.

8. 사용성 연구의 특별한 쟁점들

사용성 연구의 목적은 사용자 인터페이스, 즉 사람과 기술 사이의 상호작용 방식을 이해하는 것이다. 군대의 인적 요소 연구에서 시작된 이 연구의 목적은 사용자들이 장차의 기술적 도구들을 얼마나 쉽게 다룰 수 있을지, 만족도가 어느 정도일지를 평가하는 것이다. 사용성 연구는 보통 웹사이트나 컴퓨터 소프트웨어 등의 기술적 범주에 적용되지만 퀄리데이터 사는 현금인출기의 대화형 문항dialogs, 자동차 계기판 기술, 휴대전화 기능 등의 범주에 대해서도 사용성 연구를 수행해 왔다.

사용성 연구가 항상 엄격하게 에스노그라피적이지는 않지만, 체계적이고 객관적인 결과를 도출하려면 에스노그라피와 마찬가지로 효과적인 관찰의 기본 요건을 지키기 위해 주의를 기울여야 한다. 사용성 연구를 수행할 때에 부각되는 중요한 쟁점들을 살펴보자.

누구의 장비인가? 기업이나 조사기관이 후원하는 사용성 연구소에서 조사하든, 연구참여자가 소유한 장비로 일터나 가정에서 조사하든 간에 상관없이, 먼저 연구 장소가 어디인가를 고려해야 한다. 연구 후원자가 연구참여자들을 자신의 연구 시설로 초대하여 웹사이트나 소프트웨어를 사용해 보게 하는 방법은 일관성과 통일성이라는 장점을 갖고 있다.

어떤 요소들을 분석할 것인가? 사용자 인터페이스 측정법의 구체적 내용은 다음과 같다.

- **학습의 편의성:** 사용자가 얼마나 빨리 새로운 기술의 사용법을 익히는가?
- **사용의 효율성:** 각 단계들은, 예를 들어 인스턴트 메세지를 주고받는 것처럼, 사용자가 정의한 목표 달성과 경제적·논리적으로 연관되어 있는가?
- **기억의 용이성:** 시간이 어느 정도 흐른 후에도 사용자가 과업을 끝내는 방법을 기억하는가? 아니면 사용하지 않은 사람들과 마찬가지로 기능을 다시 배워야 하는가?
- **사용자의 실수 발생 빈도 및 정도:** 언제 그리고 왜 실수하는가? 사람들이 웹사

이트를 돌아다니는 경로를 잘못 가정했기 때문인가? 혹은 정보를 누락했기 때문인가?

- **주관적 만족감**: 사용자들이 웹사이트를 방문하기를 좋아하는가? 새로운 프로그램을 이용하여 과업의 목표를 빠르게 달성할 수 있는가?

성공적인 제품 구현과 관련된 요소들이 일단 발견되면 이는 한 범주에 대한 표준 지식의 일부가 되며, 이후 후속 버전과 대체 기술 설계에 이용될 수도 있다.

웹사이트를 통해서 연구할 수 있는 사용성 연구 관련 사안은 무엇인가? 웹사이트의 사용자 인터페이스 연구 수행 과정에서 일반적으로 평가되는 사안은 다음과 같다.

- **검색**: 사용자가 사이트를 통해 원하는 결과를 얻을 수 있는가? 언제나 원하는 정보의 위치를 알 수 있는가? 원하는 것을 발견할 수 있는가? 현재의 검색 체계로 사용자가 원하는 결과를 산출할 수 있는가? 웹사이트의 용어와 사용자의 용어 간 연관성이 낮아서 전문 용어가 사용자를 혼란스럽게 만들지 않는가?
- **웹사이트의 구조**: 논리적이고 의미 있는 위계에 따라 조직되어 있는가?
- **레이아웃**: 페이지가 보기에 좋은가? 부담 없이 각 페이지들을 다룰 수 있을 만큼 여백이 충분한가? 변화하는 요소와 반복되는 요소 사이에 분명한 관계가 존재하는가? 그래픽과 이미지가 미학적으로 보기 좋으며, 불러오는 과정에서 문제가 발생하지는 않는가?
- **오류 메시지**: 사용자가 오류 메시지에 따라서 조치를 취할 수 있는가? 아니면 오히려 마비되는가?

객관적 척도와 주관적 척도를 어느 정도로 혼합할 필요가 있는가? 사용성

테스트에서는 연구참여자에게 도전적인 과제를 부여하고 그것을 완수하게 끔 하는 과정을 거친다. 과업 완수에 걸리는 시간과 실수 발생 빈도 등을 객관적인 척도로 측정한다. 주관적 분석은 사용자의 이야기와 행동에 대한 관찰을 기반으로 한다. 때로는 '소리 내어 생각하기' 기법을 사용하면 과업을 수행하는 동안 연구참여자의 마음속에서 무슨 일이 벌어지고 있는지를 알 수 있다.

자료를 어떻게 기록할 것인가? 연구참여자가 새로운 기술을 탐색할 때 보이는 행동을 추적하기 위해 종종 영상 기록을 사용한다. ClickTracks(www. lyris.com)나 Clicklab 같은 사용하기 쉬운 클릭 스트림 기록 프로그램을 사용하면 웹사이트를 편리하게 평가할 수 있다.

17
연구참여자와 라포 형성하기

연구참여자와 라포^{rapport}를 형성하는 것은 현장방문의 진행상황에 영향을 미치는 인간관계 중 가장 중요한 사안이다. 라포 형성의 과정은 관찰자가 연구참여자들과 상호작용을 함과 동시에 시작된다. 라포란 연구자와 연구참여자 사이에 편안하고 교감이 이루어지는 관계를 말한다. 이는 정보제공자가 거의 주저함 없이 관계를 받아들이는 경지를 뜻한다. 라포를 유지하는 연구자는 시간의 압박과 연구참여자의 요구에 예민하게 반응하고, 세심하면서도 긍정적인 품성을 보여 주어야 한다.

방문 시작 단계에 연구참여자에게 정확한 조사 관련 정보를 제공하면 라포를 더 빨리 형성할 수 있다.

- 연구의 목적과 방법을 개관해 준다.
- 현장에 있는 모든 사람들에게 관찰팀의 모든 성원들을 소개한다.
- 보안과 비밀보장을 위해 연구의뢰인의 이름을 노출할 수 없다는 사실을 설명한다.

- 아이들이나 애완동물에게 특별히 더 관심을 기울인다. 아이들, 애완동물과 편안하게 지내면 집주인이 긴장을 풀고 협조할 확률이 높다.
- 기본 규칙을 설명한다.
- 연구참여자들의 기여가 중요하다는 사실을 확신시켜 준다.
- 자유롭게 속마음을 말할 수 있도록 연구참여자들에게 자신감을 심어 주고, 모든 질문에는 정답이 없음을 분명히 한다.
- 연구참여자들이 그들의 환경에서 주도적 입장에 있음을 확인시킨다. 평소에 하던 익숙한 절차^{routine}대로 일하는 것을 아무도 방해하지 않을 것이며, 연구참여자가 주의를 기울여야 하는 집안일이 생겼을 경우에는 하던 일을 잠시 중지할 수 있음을 알려 준다.
- 숨은 계획이나 의제^{agenda} 따위가 없다는 사실을 확인시켜 준다.

다음에서는 면담의 첫 두 단계를 수행하면서 라포 형성을 극대화하는 데 유용한 몇 가지 권장사항을 소개한다.

1. 소개 단계

예정된 장소에 도착하면 모든 팀 구성원들은 각자 개인적으로 현장의 사람들과 인사해야 한다. 일일이 눈을 맞추거나, 악수를 하거나, 머리를 숙이는 등 연구참여자 문화에 따라 적절한 제스처를 취하도록 한다. "방문을 허락해 주셔서 감사합니다." 혹은 "만나 뵙게 되어 반갑습니다." 같은 말로써 환대에 대한 감사를 표현한다.

그 후 팀 구성원들은 각자의 이름과, 가능하다면 고향을 소개한다. 이보다 더 공개할 필요는 없다. 통상적인 소개사항 중 어떤 것들은 현장방문에 전혀 도움이 되지 않는다. 예를 들어 직함이나 고용주의 이름을 말하면 연구참여자가 특별한 기대감을 가질 수 있다.

미국의 가정에서는 아이들과 애완동물에게 인사하는 것이 매우 중요하다. 어린이들은 대체적으로 에스노그라피적 상황을 모호하고 이상하고 불편하게 여긴다. 학교에서 낯선 사람들과 대화하면 안 된다고 배운 아이들은 낯선 사람들이 자신의 집을 침입했다고 느껴 방문자들과 상호작용하기를 두려워한다. 퀄리데이터 사는 현장방문을 수없이 치렀는데, 부모들은 그 상황을 자녀에게 여러 부류의 낯선 사람들에 대해 가르쳐 주는 구실로 삼았다.

애완동물은 서구 여러 나라에서 가족 구성원으로 여겨지므로 현장방문을 시작하기 전에 애완동물을 편안하게 해줄 필요가 있다. 그러지 않으면 관찰하는 내내 개 짖는 소리에 시달릴 것이다. 애완동물을 가족 구성원으로 생각하는 북미의 연구참여자들은 방문자가 자신의 애완동물에게 최소한 아는 척이라도 해주지 않는다면 무례하다고 생각할 수 있다.

어떤 문화에서는 손님(특히 외국에서 온)이 집에 들어올 때의 복잡한 환영 의례가 정교하게 발달해 있다. 예를 들어 북미의 연구참여자들은 식사나 간식을 준비하지 말아달라는 부탁을 쉽게 받아들이지만, 다른 지역에서는 이러한 요청이 불가능할 수도 있다. 환영 의례를 거부하는 행동이 무례하거나 적대적으로 비칠 수 있기 때문이다. 터키에서는 부유함의 정도를 막론하고 모든 가정에서 귀한 손님을 맞이하기 위해 특별한 식기와 식탁차림을 준비해 둔다. 어디에서든 각 지역의 환영 관습을 존중하는 태도를 취해야 한다.

❖ 정보 공개 및 기본 규칙

다음으로 소요 시간, 카메라와 조명의 사용 등 조사 진행방법에 대한 정보를 공개해야 한다. 이러한 요소들을 공개하면 참여자들의 신뢰감이 커진다. 이전 단계에서 대부분의 세부사항들을 공개했더라도 당일의 조사가 시작될 때 다시 한번 살펴보는 것이 좋다.

마지막으로 참여의 기본 규칙을 소개한다. 다음은 방문 팀이 연구참여자들에게 말해야 할 몇 가지 사항들이다.

- 과업을 수행할 때 평소에 하던 대로 행동할 것.
- 관찰자의 존재 때문에 자기검열을 하거나, 통상적으로 일하는 순서의 일부를 누락하지 말 것.
- 과업을 완수하려고 서두르지 말 것. 연구자들은 참을성 있는 사람들이므로 필요한 만큼 시간을 들여도 된다는 점.
- 너무 자의식을 갖지 말 것. 처음에는 어렵겠지만, 시간이 지나면서 우리의 존재에도 익숙해질 것이라는 점.
- 당신을 평가하는 사람은 아무도 없으며, 우리는 당신에게 무언가를 배우기 위해 왔다는 점.

이 연구가 의뢰인에게 얼마나 중요한지를 재확인하면서 소개 단계를 마무리한다. 연구참여자는 고객이 제품을 사용하는 방법을 거대 제조사들이 진심으로 알고 싶어 하며, 소비자 요구에 따라 제품을 개선하고자 한다는 점을 확인하게 될 것이다.

연구참여자는 기본 규칙이 조금이라도 불분명하다고 느껴지면 조사자에게 질문할 수 있어야 한다. 처음 소개하는 단계에서 어떤 연구참여자들은 연구에 편파적인 영향을 미칠까 두려워 연구조사자로서는 별로 답하고 싶지 않은 종류의 질문을 날카롭게 던진다. 예를 들어 "이 방문 조사를 의뢰한 회사가 어디인가요?" 같은 질문이다. 조사자는 라포를 망치지 않는 방식으로 재치 있게 이 상황을 다룰 수 있어야 한다.

보안 유지 및 다른 회사와의 경쟁 문제 때문에, 그리고 연구참여자의 응답에 영향을 미칠 수 있기 때문에 그 질문에 지금은 답해 드릴 수가 없습니다.

(참여)관찰 팀은 현장의 모든 사람들을 밝고 따뜻하게 대해야 하며, 사적 공간을 개방해 주고 참여를 허락해준 데에 감사를 표해야 한다.

2. 역할 분담 및 라포 형성 단계

다음은 연구참여자들이 자신을 더 자세히 소개하고 기록할 만한 발언을 시작하도록 유도하는 단계이다. 연구자는 자아가 위협받는 것 같은 느낌ego-threat을 줄이고 라포 형성을 촉진하기 위해서 짧은 대화를 시도하여 연구참여자가 스스로를 좀 더 드러내게 할 수 있다. 예를 들면 다음과 같은 질문을 한다. 당신의 직업에서 가장 흥미 있는 요소는 무엇입니까? 자유 시간에는 어떤 일을 하는 것을 가장 좋아하십니까? 다음 휴가를 어디에서 보내고 싶으신가요?

일반적으로 서두 단계의 소소한 대화 중에는 녹음 장비를 꺼두어야 한다. 작동 중인 카메라를 들고 현장에 들어가거나, 방문 팀을 소개하기 전에 장비를 설치하는 데 지나치게 신경을 쓰면 연구참여자들이 매우 혼란스러워하고 어찌할 바를 몰라 하는 상황이 발생할 수 있다.

본격적인 질문에 들어가기 전에 "자, 이제 시작하겠습니다."라는 말로 상황의 전환을 환기시킨다. 그 시점에 카메라 촬영도 시작한다.

담화 주제를 설정할 때에는 "······에 대해서 이야기해 보지요.", "······에 대한 당신의 생각을 말해 주세요.", "당신은 ······를 어떻게 하시나요?" 등의 표현을 사용한다. 즉, 조사자는 토론을 이끌어낼 수 있는 동사를 사용해야 한다. 그렇게 하면 담화는 더 자연스러워지고 인터뷰 같은 느낌이 옅어진다.

개인적 차원의 좋은 라포를 만들고, 긴장이 풀린 대화 같은 방식으로 구체적인 이야기를 이끌어내는 사례를 살펴보자. 대화가 이루어지는 맥락은, 오래된 친구와 새 친구를 위해 여름 동안 몇 차례 만나다가 거의 정기 행사처럼 자리 잡은 한 사교 모임에서 일어난 어느 여름 나른한 일요일 오후의 상황이다.

에스노그라퍼: 여기에 친구들과 함께 오시나요?

연구참여자 1: 네. 그래요.

에스노그라퍼: 그분들을 만나봤어요. 통성명도 했고요. 그런데 여러분은 얼마나 자주 모이시나요? 보통 어떨 때 모이시죠?

연구참여자 1: 음, 데비하고 래리는 16년 동안 가깝게 지낸 사이예요.

에스노그라퍼: 아, 네.

연구참여자 1: 가능한 한 자주 모이려고 해요.

에스노그라퍼: 그렇군요.

연구참여자 1: 그리고 로리랑 댄은 새로운 친구들이에요. 그 친구들은 오늘 처음 왔어요. 마지막 방문이 아니었으면 좋겠는데.

에스노그라퍼: (웃음)

연구참여자 1: 데비하고 로리는 같은 학교에서 일해요.

에스노그라퍼: 그럼 여러분은 모두 선생님이신가요?

(모두 한꺼번에 말한다.)

연구참여자 2: 저 빼고 모두 그래요.

에스노그라퍼: 당신 빼고 모두 선생님이시군요. 그럼 당신은 어떻게 어울리게 되셨죠?

연구참여자 2: 사실, 저는 오랫동안 카운슬러였어요. 지금은 교장이죠. 직업을 바꾼 지 얼마 안 되었는데……. 정말 멋지네요!

에스노그라퍼: 아, 그럼 크게 승진하신 거군요?

연구참여자 2: 뭐, 그렇다고 볼 수 있죠. (웃음)

에스노그라퍼: (웃음)

연구참여자 2: 두고 봐야겠죠.

에스노그라퍼: 근사하네요. 이렇게 고기도 굽고 맥주도 마시는 자리를 얼마나 자주 가지시나요?

현장방문을 하면서 라포를 형성하고 유지하기 위해 에스노그라퍼가 지켜야 하는 중요한 규칙들을 다시 한번 살펴보자.

- 이번 방문의 목적과 기본 규칙을 최대한 자세히 설명해줄 것.
- 눈을 맞추면서 이야기할 것.
- 사람들을 친절하고 우호적으로 대할 것.
- 참여자의 편안함과 프라이버시에 대한 배려를 보여줄 것.
- 참여자의 기여에 대해 매우 긍정적으로 반응할 것.
- 토론 주제와 관련되지 않는 한, 자기 자신에 대해 어느 정도는 이야기할 것.
- 높은 관심과 에너지를 나타내 보일 것.

18
연구참여자에게 협조의 동기를 부여하기

대개의 경우 연구참여자들은 연구조사팀과 연구조사 의뢰 기업을 돕는 것을 기쁘게 여긴다. 연구참여자들은 정직하게 질문에 응답하고자 하며, 규칙에 주의를 기울이고, 주어진 과업을 달성하려 최선을 다하며, 진행 과정을 즐기고자 한다. 그들은 에스노그라피팀의 조력자이며, 절대로 적대자로 여겨져서는 안 된다.

그럼에도 불구하고 정직하고 개방적인 대화를 촉진하거나 방해하는 요소역시 존재한다.[1] 이러한 요소들을 염두에 두면서 조사를 진행하면 유용한 정보의 흐름을 유지할 수 있다.

1. 방해 요소

토론의 자유로운 흐름과 새로운 발견을 방해하는 여러 힘들이 존재한다. 에스노그라퍼는 다음의 상황들을 피하기 위해 주의를 기울여야 한다.

시간의 압박: 조사를 서둘러 진행하거나, 참여자가 평소에 소요되는 만큼 충분히 시간을 들이는 환경을 만들지 못하면 조사에 큰 지장이 발생한다. 연구참여자를 배려하지 않고 관찰 가이드만을 서둘러 따라가면 참여자를 소외시키고 조잡한 데이터를 양산할 수밖에 없다. 과업 수행에 필요한 시간은 연구참여자가 정해야 하며, 속도를 내기 위해 어떠한 압박도 가해서는 안 된다. 우리가 세탁 과정을 관찰할 때의 일이었다. 연구의뢰인이자 연구팀에 합류한 관찰자가 자신이 곧 사무실에 돌아가야 하니 연구참여자가 세탁 후 옷을 바로 건조하게 해달라고 우리를 재촉했다. 우리가 보기에 이는 결코 바람직한 행동이 아니었으며, 연구의뢰인의 강한 반발에도 불구하고 우리는 그의 요구를 거부했다. 연구참여자가 옷을 건조기에 넣기 전에 묵은 얼룩이 다 빠졌는지를 확인하는 단계를 보여 주었을 때, 우리는 그 요구를 거절하기를 잘했다고 생각했다.

자아에 대한 위협: 연구참여자가 준비되기 전에 생각을 말해 달라고 요구하거나, 그들의 과업 수행을 평가하는 것처럼 반응하면 연구참여자는 위협감을 느낀다. 더 나아가 어떤 주제는 근본적으로 연구참여자의 자아를 위협하기도 한다. 예를 들어 해충 구제 범주에 대한 연구는 말 그대로 '지뢰밭'이나 마찬가지인데, 왜냐하면 잘 살건 못 살건 집에 바퀴벌레가 있다는 사실에 누구나 부끄러움을 느끼기 때문이다. 이러한 경우 누구라도 해충으로 인해 곤란을 겪을 수 있으며, 집에 해충이 있다고 해서 살림 능력에 문제가 있는 것은 아니라는 사실을 말해 주어 연구참여자들에게 특별히 자신감을 불어넣을 필요가 있다.

에티켓: 가끔은 공손함이 효과적인 에스노그라피 관찰을 방해한다. 관찰자가 공공장소에서 특정한 행동이나 태도를 보여서는 안 된다고 믿는다면 연구참여자들은 자기 검열을 하게 되며, 이는 에스노그라피적 연구에 필요

한 열린 신뢰성에 해를 끼친다. 이러한 문제의 해결책은 편한 관계 수준의 라포 형성이다. 연구참여자들이 무엇을 말하고 행동하든 수용되고 이해될 것이라는 점을 인식시켜 줌으로써 이러한 문제를 해결할 수 있다.

때로는 조사자가 한 걸음 더 나아가 '예절'이라는 장벽의 존재를 분명히 인정하고, 연구참여자가 이 장벽을 넘어서도록 권장해야 한다. 퀄리데이터가 모엔Moen 사의 의뢰로 집에서의 샤워 행동에 대한 연구를 할 때, 연구참여자들의 벗은 모습을 녹화해야 한다는 점 때문에 우리는 극단적인 예절 문제에 직면했다. 다행히도 이러한 요구사항을 준수하는 지원자들을 모집할 수 있었고, 우리는 현장방문 전에 그들을 한 명씩 만나 이 사항이 문제가 되지 않을 것임을 확신시켜 주었다. 일단 현장에 방문한 후에는 그들을 최대한 존중하고 품위를 지켜 주면서 녹화할 수 있도록 조치했다.

트라우마: 연구참여자들에게 불쾌한 경험을 묘사하게 하거나 그들을 불쾌한 작업에 참여시킬 경우 연구참여자들은 솔직해지기가 쉽지 않다. 연구참여자들과 불쾌한 경험을 함께 나눌 때 조사자가 보일 수 있는 최선의 반응은 너그러운 신뢰감을 보여 주며 매우 긍정적으로 대응하는 것이다. 때로는 특별한 반응 없이 단지 듣기만 하는 것이 정보의 흐름을 유지하는 최선의 방법이다.

우리는 당뇨 환자에 대한 연구에서 이러한 문제에 부딪혔다. 환자들은 처음 진단을 받았을 때의 반응을 묘사해 달라는 요구를 받았다. 그들이 자신에게 충격적인 사건을 상기할 때, 우리는 그들의 이야기를 부정하지 않고 공감하며 수용적으로 행동했다. 긍정적인 청취자로서 진행한 다음의 녹취록 내용은 조사자와 편안한 관계를 형성한 사람들이 극히 개인적인 감정을 어떻게 나누게 되는가를 잘 보여 준다. 또한 매우 개인적인 정보가 연구 목적을 위해 유용하게 사용될 수 있다는 사실도 알려 준다.

연구참여자: 그 사실(당뇨 진단)을 인정하는 데 1년도 넘게 걸렸어요. 나는 그 사실을 애써 무시했고 스스로를 추스를 수가 없었어요. 그 일에서 깨달은 바도 없고 그리고……

에스노그라퍼: 그렇군요.

연구참여자: 실은 처음에는 항상 뭘 했냐면, 죽고 싶다는 생각 때문에 잘못된 짓을 하고 있었어요.

에스노그라퍼: 죽고 싶었나요?

연구참여자: 네. 대부분의 시간을 잘못된 일을 하면서 보냈어요. 자포자기했지요.

다음은 같은 주제에 대한 다른 연구참여자의 이야기이다.

연구참여자: 내가 "안 돼, 난 주사를 맞고 싶지 않아."라고 하자 그가 말했어요. "꼭 주사를 맞아야 하는 건 아니에요. 여러 가지 새로운 의료 기술이 개발되어서 주사를 맞아야 할 수도 있고 아닐 수도 있어요."

에스노그라퍼: 그런 일들을 겪을 때 기분이 어땠나요?

연구참여자: 진짜 우울했죠.

혼란: 기본 규칙이나 토의되는 주제에 대한 명료함과 구체성이 결여되면 에스노그라피적 만남의 성공 가능성은 낮아진다. 만일 연구참여자와 조사자 간에 합의된 바가 없는 상태에서 현장방문이 진행된다면 자료 수집에 문제가 생긴다. 한번은 모집 담당자가 연구참여자에게 비디오 녹화에 대해 이미 알려 주었을 것이라 생각하고 현장에 도착한 적이 있다. 의도는 좋았지만, 세부적인 면을 간과한 것이다. 만나자마자 카메라가 등장하자 말할 필요도 없이 연구참여자들은 크게 놀라며 당황했다. 이런 경우, 처음 30분 정도는 녹화 없이 진행하다가 라포가 어느 정도 형성되었을 때 다시 비디오 녹화를 제의하면 거의 대부분의 연구참여자들은 녹화에 동의한다.

2. 연구참여자에게 동기 부여하기

인간으로서 우리는 즐거움을 찾고 고통을 피한다. 조사 참여자들은 일반적으로 연구대상이 되는 것 자체가 가치 있는 일이라고 생각하기 때문에 연구 참여를 결심하게 된다. 이는 공통의 목적과 성취라는 감정, 즉 에스노그라퍼가 통제하는 상황적 요소들에 의해서 재강화된다. 참가자들이 만남의 경험에서 개인적인 보람을 찾게끔 노력하는 에스노그라퍼는 현장방문에서 더 많은 정보를 얻을 수 있다. 연구참여자들이 즐거움을 느끼도록 만남을 구조화하는 몇 가지 방법을 살펴보자.

기대감: 에스노그라퍼가 현장방문의 결과물에 대한 기대감이 높고 이를 연구참여자들과 공유한다면 그들은 기꺼이 높은 기대에 부응한다. 만남이 시작될 때에는 언제나 약간의 초조함이 있기 마련이다. 연구에 참여하는 사람들 모두는 서로 처음 만나서 자신의 역할을 찾고 적절하게 행동하는 방법을 알아내기 위해 노력하는 상황에 처한다. 철저히 준비했음에도 불구하고 첫 만남은 억지스럽거나 거북하게 느껴질 수 있다. 이를 극복하고 공허한 관계를 채워 나가는 것이 에스노그라퍼의 임무이다. 다음 녹취록은 연구참여자의 삶 속으로 첫발을 내딛은 상황의 좋은 예로서, 시작 단계에서 목표를 높게 설정하는 것이 얼마나 중요한지를 보여 준다.

에스노그라퍼: 안녕하세요, 트리시!

연구참여자: 안녕하세요!

에스노그라퍼: 처음 뵙겠어요. 만나서 반가워요.

연구참여자: 저도 그래요. 반가워요.

에스노그라퍼: 이렇게 아침에 찾아오는 걸 허락해 줘서 정말 고마워요.

연구참여자: 뭘요, 당연하죠.

에스노그라퍼: 그동안 정말 기대하고 있었어요.

연구참여자: 이 일이 잘 끝나면 좋겠어요.

에스노그라퍼: 아, 잘될 거예요. 그럴 거 같아요.

연구참여자: 물론 전 확실히는 잘 모르겠어요.

에스노그라퍼: 션(카메라 기사)을 소개할게요.

연구참여자: 안녕하세요.

에스노그라퍼: 일단 카메라를 끄고, 무슨 일부터 시작할지 잠깐 이야기할게요.

인정받음: 연구참여자들은 스스로를 인정받기 위해 연구 조사에 참여한다. 그들은 거대 기업이 자신에게 조언을 구할 때 으쓱해진다. 현장 방문자는 긍정적인 관심을 기울이면서 연구참여자들을 전문가처럼 대함으로써 연구참여자들과 라포를 쌓고 그들이 편안하고 자신감 있게 일상적 과업을 수행하는 모습을 보여 주게끔 유도할 수 있다. 다음 사례에서는 "청소에 대해 정말 잘 아시는군요."라는 말로 연구참여자의 전문성을 치켜세워 주었다. 연구참여자는 관찰당하고 인터뷰당하는 상황에 점점 더 편안해졌으며, 조사자는 청소 방법을 어떻게 배웠는가라는 더 심화된 질문으로 나아갔다. 연구참여자는 유리 선반을 면도날로 긁어내고 유리세정제를 뿌린 다음 얼룩을 닦아 냈다.

에스노그라퍼: 그런 얼룩에는 그 제품들을 같이 사용하나요?

연구참여자: 아침에 마스카라를 바르다 보면 그게 거울에 튀어요. 그런 건 윈덱스 Windex나 다른 유리 세정제로는 안 닦여요. 그래서 여기 놔둔 면도날로 거울 전체를 긁어내지요. 그다음에 윈덱스나 다른 세정제로 닦아 내요.

에스노그라퍼: 아주 좋은 정보네요. 맞아요. 마스카라가 문제지요. 또 문제가 되는 경우가 있나요?

연구참여자: 부엌이나 욕실 타일 사이사이에 낀 찌든 때 아시지요? 그건 정말 지우

기 힘들어요.

에스노그라퍼: 청소에 대해 정말 잘 아시는군요!

연구참여자: (웃음) 헤이즐^{Hazel}*이라고 불러 주세요!

에스노그라퍼: 궁금한 게 있는데요. 청소에 관한 정보를 얻는 곳이 따로 있나요?

연구참여자: 아니요. 다 어머니한테 배운 거죠. 우리 집은 항상 깔끔하고 깨끗했어요. 아마 어머니 때문이겠지요. 그 점에 대해 항상 감사해요. 그리고 이제는 내 집이 생겼으니까…….

이타주의: 참여자가 조사에 응하는 이유는, 무엇인가에 기여하고 싶기 때문이다. 그들은 자신들의 응답이 기업 정책에 영향을 미치고, 새로운 제품과 광고 전략 개발에 기여한다는 사실에 흥분한다. 건강, 교육, 사회복지 같은 종류의 범주나 제품은 연구참여자의 이타적 열정에 부응하는 데 매우 적합한 대상이다.

공감: 가끔 사람들은 공감을 얻기 위해 연구에 참여한다. 그들은 제품 범주나 특정 브랜드에 대해 부정적인 경험을 갖고 있고, 자신의 이야기를 잘 들어줄 사람을 찾고 있는지도 모른다. 에스노그라퍼는 그들의 이야기를 경청하되, 경쟁 브랜드를 험담하지 않도록 주의해야 한다.

카타르시스: 위와 유사하게, 단지 마음속의 이야기를 털어놓고 싶어 하는 연구참여자들도 있다. 이런 연구참여자들은 다른 사람이 자신과 같은 의견을 갖고 있거나 이들과 공감하면서 이야기를 들어줄 때에 힘을 얻는다.

---

* 1960년대 미국 NBC(시즌 1~4), CBS(시즌 5)에서 방영된 TV시리즈의 제목이자 주인공의 이름. 백스터^{Baxter} 씨의 집에서 일하는 노련한 가정부 헤이즐의 이야기를 다루었다.

의미: 연구참여자들은 새로운 방식으로 사물을 보게 되거나 자신의 행동을 반성하게 된 점을 높이 평가한다. 현장방문이 마무리될 때 연구참여자들은 과업을 모두 마친 후 "내가 이렇게 많은 절차들을 다 거치고 있다는 사실을 처음 알았어요."라고 말하곤 한다.

새로운 경험: 현장방문은 유쾌한 경험이 될 수 있다. 새롭고 신기한 조사 기술은 연구자뿐만 아니라 연구참여자도 자극한다. 현장방문을 마친 후 정말 재미있는 경험이었다며 열정적으로 이야기하는 연구참여자들이 많다.

외적 보상: 오로지 내적 보상만으로 연구참여자들에게 동기를 부여할 수 있을 것이라고 믿는 것은 순진한 생각이다. 현장방문을 마친 다음 후한 금전적 보상을 받는다는 사실 때문에 연구참여자들이 규칙을 준수하게 된다는 점은 분명하다. 미국에서는 연구조사 참여가 나름의 참여 규범과 고용주에 대한 책임 등을 지켜야 하는 일종의 노동으로 간주된다. 2004년도의 경우 조사에 협조해준 연구참여자에게 지급한 일반적인 보수액은 1회 방문당 200달러 혹은 그 이상이었다. 그렇다고 해서 오로지 금전적 사례에만 의존하여 연구참여자들이 관대하게 대해줄 것이라 기대해서는 안 된다. 또한 어떠한 경우에도 수당을 담보로 연구참여자들을 위협해서는 안 된다.

【주】

1. 이 절의 자료는 Gorden(1975)의 연구 내용을 개작한 것이다.

19
질문하기

연구참여자에게 질문을 던져서 정보를 얻어 내는 과정은 간단하지 않다. 정확하고 믿을 만한 자료를 수집하기 위해서 연구자는 반드시 올바른 질문을 던져야 한다. 에스노그라퍼는 라포를 유지하고 열린 관계와 정직성을 지키는 과정에서 끊임없이 도전받는다. 따라서 질문의 형식에서부터 더 깊이 알기 위해 후속질문 하기probing, 반응하기에 이르는 모든 절차를 세심하게 관리해야 한다.

1. 천진난만한 외부자 역할

팀 구성원들은 연구참여자의 관점으로 사물을 보는 방법을 배우려는 천진난만한 외부자 역할을 해야 한다. 그러기 위해서 자신의 지식을 잠깐 차단하거나 억누르고 연구참여자에게 주도권을 넘겨야 한다. 연구참여자는 자신을 방문한 연구자를 전문가로 대우하는 경향이 있기 때문에 이는 쉽지 않다. 연구참여자들은 "내가 잘하고 있나요?"라고 묻거나, 방문팀 구성원 앞에서 처음으로 일상적인 과업을 수행할 때 자신 없어 하기도 한다.

에스노그라퍼는 자신이 백지 상태로 현장에 들어간다는 사실을 연구참여자에게 강조할 필요가 있다. 예를 들면 다음과 같이 말한다.

> 세탁용 세제에 대해서 아무것도 모르는 사람은 세상에 없다는 사실을 저도 잘 압니다. 그래도 대답하실 때 제가 이 제품에 대해서 정말 아무것도 모른다고 생각하시고 말씀해 주세요.

"저를 도와주실 수 있나요?"라든지 "당신이 ……에 대해서 어떻게 생각하시는지 알고 싶습니다만…… ."이라는 표현으로 질문을 시작하면 연구참여자에게 권위를 부여하므로 결과적으로 라포를 유지하는 데 도움이 된다.

2. 자연스러운 언어 표현

연구자는 소비자들이 자연스럽게 사용하는 표현과 어휘들을 최대한 빨리 숙지해야 한다. 이로써 연구자는 소비자들이 사용하는 '올바른' 이름으로 사물을 지칭할 수 있고, 연구참여자들이 하는 이야기를 부정확하게 이해하는 경우를 막을 수 있다. 연구자는 사업 용어나 마케팅 용어를 사용하지 않도록 주의해야 하며, 심지어 '백색가전white goods' 같은 상대적으로 덜 전문적인 용어조차도 일반인에게는 아무런 의미가 없으므로 피해야 한다. 방문팀의 관점에서 봤을 때 소비자들이 '잘못된' 용어를 사용하고 있을 수도 있다. 그러나 이를 교정해 주는 것은 방문팀의 역할이 아니다. 대신 관찰자는 소비자가 관찰 대상 제품 및 제품군에 대해서 어떻게 이야기하고 있는지에 집중해야 한다.

연구자는 언어 사용에서 나타나는 문화적 · 지역적 · 사회 계층적 차이도 민감하게 파악할 수 있어야 한다. 이러한 차이에 따라 특정 표현의 함축적 의미가 달라지는데, 이는 차후에 조사에서 도출될 함의에 폭넓게 영향을 미칠 수 있다. 연구자는 단어를 신중하게 선택해야 하며, 연구참여자들이 말하는 바를 자신이 완전히 이해했는가를 확실히 해야 한다.

자연스러운 언어 표현은 특정 맥락에서는 대단히 중요하다. 청소년 문화나 민족집단 구성원, 기술적 주제를 다룰 때 특히 그러하다. 예를 들어 청소년들은 자신의 정체성을 나타내기 위해 그들만의 언어를 사용한다. 힙합음악이나 문자 메시지, 혹은 인터넷 채팅방을 통해 강화되는 청소년 은어는 젊은이들이 어른들의 세계로부터 지키고자 하는 생각을 소통시키는 도구이다. 이 언어는 약물이나 섹스, 반항 행위 등을 주제로 삼으며, 청소년들의 독특한 가치관과 동경을 표현한다. 어른들의 문화가 청소년 문화를 비로소 따라잡았을 때—예컨대 옥스퍼드 영어사전이 '블링블링bling-bling'(보석처럼 반짝이는)이라는 단어를 수록하게 되었을 때—는 이미 청소년 문화가 또 다른 언어 조합으로 옮겨 가고 난 뒤이다.

인종적·문화적 소수자 집단의 구성원 또한 이따금씩 수용과 배제의 상징으로서 그들만의 은어를 사용한다. 미국에서 아프리카계 미국인이나 유대인의 문화는 외부 집단의 구성원을 폄하하고 그룹 내 결속을 다지는 자신들만의 강력한 언어를 사용해 왔다. 때로는 의미가 전도되어 펑키한 funky,* 기똥찬phat, 나쁜bad이라는 표현이 긍정적인 지표로 사용되는데, 이는 집단정신과 소속감을 강화하고 나아가 외부자를 혼란스럽게 만들기 위한 행위이다.

기술적 언어는 모든 종류의 직업과 전문 분야에서 사용되고 있다. 어떤 일터에서 에스노그라피를 수행하든, 조사자는 그곳에서 사용되는 정확한 용

---

* funky는 '지독한 악취가 나는'이라는 부정적인 의미를 가진 단어였으나 이제는 '파격적이고 멋진', '비트가 강한' 등의 긍정적인 의미를 갖게 되었다.

어의 의미를 배워야 한다. 종종 기술적 언어는 새로운 관습이나 문화적인 유행이 되어 보다 큰 문화로 스며들어 가는데, 인터넷 검색을 '구글링Googling'이라고 표현하는 것이 대표적 예이다.

3. 질문 구성하기

에스노그라피적 조사 연구를 할 때 사용하는 질문은 분명하고 정확해야 한다. 연구자는 질문의 기저에 깔려 있는 구조를 민감하게 파악해야 하며, 목소리 톤에 주의를 기울여야 한다.

- 사실 문제 혹은 의견에 대해서 '무엇을', '어떻게', '언제'를 물으면 설명식의 대답을 유도할 수 있다. "액체를 사용할지 파우더를 사용할지를 어떻게 결정하시나요?", "'도움말' 기능은 언제 사용하시나요?"
- 더 자세한 대답을 듣고자 할 때에는 능동태를 사용하라. '묘사해 주세요', '설명해 주세요', '말씀해 주세요', '자세히 설명해 주세요' 같은 문장으로 질문을 시작한다. 조사자는 이렇게 질문할 수도 있다. "……라고 말씀하실 때 의미한 바를 더 분명히 말씀해 주실 수 있을까요?", "……에 대해서 더 자세히 말씀해 주세요.", "……를 조금 더 쉬운 말로 설명해 주세요." 등.
- '왜'라고 너무 많이 묻지 말라. 질적 조사의 주된 목적이 '왜'라는 질문에 대한 답을 구하는 것이라고 하더라도, 그렇게 시작하면 응답자가 방어적으로 대응하게 되며 대답의 범위가 제한된다. '왜'라는 질문을 하면 사람들은 그 자리에서 이성적으로 이유를 설명해야만 할 것 같은 느낌을 갖게 된다. '왜'라는 질문이 너무 많으면 응답자는 연구자가 까다롭고 선동적이라고 생각하고 위협감을 느낄 수 있다.
- 다양한 의견을 수용하는 방식으로 질문하라. 응답자에게 선택권을 주는 종류의 질문들을 다음 절에 예시해 놓았다.

4. 질문의 종류

어떤 사실에 대해서 묻는 것인지 아니면 행동의 근저에 있는 감정이나 태도를 알기 위한 것인지에 따라 질문이 달라진다. 일반적으로 마케팅 연구에서는 사실 진술을 요구한다. 예를 들어 "영화관에 한 달에 몇 번 가나요?"라는 식으로 말이다. 반면 마케팅 에스노그라피에서는 그 행위를 직접 관찰하기 전까지는 사실 관계에 대한 진술을 요구하지 않는다. 우리는 물어보기 전에 분명하게 관찰해야 할 필요가 있다. 만일 행동을 관찰하기 전에 "접시를 어떻게 닦으시나요?" 혹은 "아기 기저귀를 어떻게 가시나요?" 하는 식으로 먼저 정보를 요구한다면 소비자들은 실제로 행동할 때 영향을 미칠 기대심리를 갖게 될 것이다.

감정이나 의견을 탐색하는 데 있어서 우리는 소비자가 자신의 응답을 정확하게 정리할 수 있도록 도와주어야 한다. 많은 응답자들이 방문자가 집에 있으면 부정적인 감정을 억제하고 잘 표현하지 않으므로, 그들이 스스로를 노출시키려면 도움이 필요하다. 다음에서는 소비자의 대답을 유도할 수 있는 유용한 질문 접근법 몇 가지를 소개한다.

- **양방향적**two-tailed **질문:** 이러한 종류의 질문은 강한 긍정 혹은 부정의 의견으로 응답의 방향을 결정한다. 이를 감안해 세심하게 질문하는 방법은 양 측면을 모두 언급하는 것이다. 예를 들면, "어떤 사람들은 이 결과에 굉장히 만족합니다. 반면 실망스러워하는 사람들도 있지요. 당신은 어떻습니까?"라는 식이다.
- **내면의 생각을 끄집어내기 위한 도입 질문:** 예의바름이라는 장벽으로 인해 응답자의 내면이 잘 드러나지 않는 경우에는 응답자가 부정적인 감정을 인정하도록 장려하는 질문 방식을 종종 사용한다. "어떤 사람들은 y의 경우 x라고 느낍니다. 당신은 어떠세요?"라는 형태로 질문한다. 다음의 예를 보자.

(응답자는 샤워실 천장을 청소하기 위해 제품 X를 뿌린 후 기침을 하고 갑갑함을 느낀다.)

에스노그라퍼: 제품을 써보시니까 어떠신가요?

응답자: 괜찮은 것 같네요.

에스노그라퍼: 샤워실 내부 청소에 효과가 있는 것 같네요. 그런데 기분은 어떠세요?

응답자: 썩 좋지는 않군요.

에스노그라퍼: 음, 어떤 분은 기침이 나서 속상하다고 하시더라고요. 이 점에 대해서는 어떻게 생각하세요?

응답자: 맞아요. 기침이 안 나면 더 좋겠네요.

- **응답자를 가르치려 들거나 정보를 주려 하지 말 것**: 연구자가 자신이 듣고자 하는 바를 의식적으로 혹은 무의식적으로 너무 많이 노출하면 편향된 응답이 나올 수도 있다. 우리는 평소에 대화할 때 중립을 지키지는 않는다. 우리는 대화하면서 설득하고, 생각을 팔고, 논쟁하며, 자신의 언어적·개념적 기량을 돋보이게 하려고 대화하기도 한다. 에스노그라피적 현장방문 중에는 이 같은 태도를 삼가야 한다. 그러지 않으면 응답자의 기분을 상하게 하거나 응답자를 부적절한 방향으로 이끌게 될 것이다.

- **유도질문을 피할 것**: 유도질문이란 질문자가 듣고 싶은 대답이 무엇인지를 암시하는 질문을 말한다. 그러한 질문을 하지 않도록 주의해야 한다. 유도질문의 최악의 형태는 무언가를 단언하고 그에 대한 확인을 요구하는 것이다. 예를 들면 "좀 더 생산적으로 활동하고 싶지 않으세요? 그렇죠? 우리가 쓰는 이 제품이 좋은 제품이라는 말에 동의하시나요?" 같은 질문이다.

- **논의할 때 연구자의 의견을 주입하지 말 것**: 이는 권위자에게 인정받고자 하는 응답자들을 이끌어 주는 방법이다. 동시에 응답자들이 보디랭귀지를 통해 말하고자 하는 바에 민감하게 공감하는 자세로 임하여 그들이 부정적인 감정을 표현할 기회를 만들어 준다.

- **질문의 순서:** 앞에서 서술한 자연스러운 인터뷰 단계대로 질문하여 응답자가 자아를 위협받는 상황을 줄인다. 즉 초기 단계에는 잡담하듯이 작은 주제의 대화를 전개하여 일반적인 질문을 던지면서 분위기를 파악한다. 도전적이고 날카로운 질문은 나중을 위해 남겨 둔다.

❖ 반응, 승인, 강화

누군가 응답을 하거나 과업을 마쳤을 때 연구자가 그에 대해 반응하거나 승인, 강화를 표현하는 것은 자연스러운 일이다. 그러나 보통 대화에서 흔히 하듯이 "잘했어요." 혹은 "그것 참 안됐네요." 같은 식의 판단을 내리는 반응은 절대 피한다.

(참여)관찰자는 감정적으로 중립적인 강화, 예컨대 "직접 보고 있으니 흥미롭군요.", "이런 건 처음이네요.", 혹은 그저 "아하." 같은 식으로 반응해야 한다. 비구두적인 강화도 중요하다. 미소, 끄덕임, 눈 크게 뜨기 등은 응답자를 특정한 방향으로 유도하지 않으면서도 관심과 격려를 나타내 준다.

❖ 적극적인 듣기

에스노그라퍼는 끊임없이 스스로 사고해 대화를 분석하고 눈앞에서 벌어지는 행동의 더 큰 의미와 함의를 찾는 적극적인 청취자가 되어야 한다. 연구참여자는 관찰자가 연구참여자의 관심사를 경청하고 공감하고 있다는 증거를 빈번히 요구한다. 에스노그라퍼는 연구참여자의 말을 다시 한번 반복하거나 연구참여자의 관심사를 이해한다는 표시로 가끔씩 대화의 개요를 짤막하게 요약해 주도록 한다.

에스노그라퍼가 적극적으로 이야기를 듣고 있을 때, 연구참여자가 스스로 에스노그라퍼가 듣고 싶어 하는 말을 억지로 하고 있는 것 같다고 느끼지 않도록 주의한다. 에스노그라퍼는 인터뷰 도중에 '연구참여자가 실제로 의미하는 바'를 함부로 단언하거나 해석하지 말아야 한다. 그렇게 하면 연구참여자의 기가 죽는다. 만일 연구참여자의 견해를 연구자가 다른 표현으로 바꾸는 경우, 에스노그라퍼는 언제나 이를 연구참여자에게 재확인받아 연구참여자의 원래 견해가 제대로 표상되었는지를 확실히 해야 한다.

❖ 구체적인 질문과 활동 단계

구체적인 질문과 활동 단계는 일반적으로 현장방문 후 30~45분 정도 지났을 때 시작된다. 방문이 순조롭게 진행되었다면 에스노그라퍼는 연구참여자와 라포를 쌓고 편안한 행동과 대화의 패턴을 발전시켰을 것이다.

인터뷰는 이제 다음과 같은 더 까다로운 단계higher risk mode에 접어들 수 있게 된 것이다.

- 감정 파고들기
- 더 집중적으로 후속질문 하기
- 민감한 주제에 관해 논의하기

20
연구참여자를 더 잘 이해하기

이 장에서는 연구참여자에게서 정보를 얻어 내는 부가적 전략에 대해 서술한다.

1. 후속질문 하기

관찰을 마치거나 질문에 대한 답을 받은 이후에도 더 배울 것은 언제나 남아 있다. 훌륭한 연구자는 요점, 함의, 감정적인 공명을 이해하고 싶어 한다. 게다가 시간에 쫓기거나 자신이 위협받는다는 느낌으로 인해 연구참여자들이 충분히 응답하지 못한 경우도 있다. 이 때문에 후속질문 과정이 매우 중요하다. (참여)관찰자는 더 상세하고 공들인 설명과 정의, 비교, 혹은 맥락을 물어볼 수 있다.

때로 가장 효과적인 후속질문 방법은 소위 '침묵의 후속질문silent probe'이라고 알려진 방법이다. 이는 면담자가 눈썹을 추켜세우는 등의 간단한 보디랭귀지를 통해 응답자에게 더 많은 정보를 요구하는 방법을 말한다.

후속질문의 중요한 기능은 다음과 같다.

- 완결성을 점검하기 위해서
- 타당성 검증을 위한 기술로서
- 적극적으로 듣고 있음을 보여 주기 위해서
- 분석의 출발점으로서

후속질문 목록을 보면 조사자가 훌륭한 에스노그라피 면담자인지를 판별할 수 있다. 다음은 후속질문의 몇 가지 기술과 예이다.

- '왜'라는 단어를 자제해야 한다는 점을 기억하라. 지나치게 자주 '왜'냐고 질문하면 응답자는 불편함을 느끼고 방어적으로 대응하게 된다.
- 비언어적인 후속질문 방법을 다음과 같이 적절하게 사용하라.
  - 침묵으로 추가적인 응답을 유도하기(면담자는 계속 듣기만 하면서 더 많은 것이 나오기를 기다린다).
  - 손짓
  - 넘치는 호기심 혹은 어리둥절함을 표현하는 눈썹 움직임
  - 미소 짓기.
  - 더 자세한 설명, 정의, 맥락, 조건 등을 다음과 같이 요구하기.
    그것에 대해 더 말씀해 주세요.
    ＿＿＿ 이 당신에게 어떤 의미인가요?
    항상 이런 방식으로 하시나요? 아니면 가끔 이렇게 하시나요?
    ＿＿＿ 에 대한 예를 들어 주시겠어요?
    당신이 ＿＿＿ 에 대해 마지막으로 보고/느끼고/생각한 때가 언제인가요?
    무엇/누구/어떠한 것들이 더 있나요?

그것을 다른 말로는 뭐라고 하시나요?

_____을 할 때 무슨 생각을 하셨나요?

- 몇 가지 반향적 후속질문 방법을 목록에 추가하라.
  - 메아리 후속질문echo probe : 응답자가 한 말을 그대로 되풀이한다.
  - 요약 후속질문summary probe : 응답자가 한 말을 요약해 보고, 응답자의 느낌이 제대로 표현되었는지를 직접 확인받는다.
  - 해석적 후속질문interpretive probe : 응답자가 말한 것을 다른 표현으로 바꾸어 말해 본다.

반향적 후속질문을 할 때 면담자는 응답자가 자신이 말한 단어들이 마치 자신의 입으로 다시 쏟아져 들어오는 것처럼 느끼지 않도록 유의한다.

- 반박하는 후속질문은 서로 신뢰할 때에만 사용한다. 이는 응답자의 발언과 주장에 도전하는 것이다. 예를 들면 다음과 같은 질문이다. "그걸 진심으로 믿지 않으시는 것 같은데요?"
- 상상, 추정projection , 또는 이와 유사한 창의적인 내용을 질문하여 응답자의 더 깊은 감정을 끌어내라. (예를 들면 다음과 같이 질문한다.)
  - 만약 당신이 20/70/90살이라면 어떻게 생각하실까요?
  - 당신이 이 제품을 사지 못하게 하려면 제가 뭐라고 말하면 될까요?
  - 만약 돈이 목적이 아니라면 무엇을 선택하시겠어요?
  - _____ 에 관해서 다른 사람에게 뭐라고 말씀하시겠어요?

2. 보디랭귀지 해석하기

에스노그라피 연구에서 보디랭귀지를 이해하는 것은 매우 중요하다. 특히 현장에서는 연구참여자의 행동에 주의를 기울임으로써 연구참여자의 마음속에 있는 감정을 해석할 수 있다. 공개적으로 언급하기 싫다는 연구참여자의 마음이 제품 사용 과정에서 얼굴을 찌푸리거나 실망스러운 표정을 짓는 등의 행동을 통해 확실하게 드러날 수 있다.

연구자는 연구참여자의 비언어적 커뮤니케이션의 잠재적 영향력도 인식할 필요가 있다. 에스노그라퍼가 느끼는 지루함이나 불쾌함 등은 제스처와 말투, 어휘 등을 통해 연구참여자에게 전해질 수 있다. 이러한 신호는 연구참여자를 혼란시키고 그들의 행동을 왜곡하게 된다. 그러므로 에스노그라퍼는 라포를 최대화하고 부정적인 태도의 추정을 통제하기 위해 중립적인 자세를 취해야 한다.

보디랭귀지와 비언어적 소통은 다음에서 검토하는 다양한 경로를 통해서 표현될 수 있다.

얼굴 표정: 얼굴 근육은 풍부한 표현 수단이다. 폴 에크먼Paul Ekman(2003)의 주장에 따르면 우리는 외부 세계에 감정을 표시하는 수단을 타고나며, 숙련된 관찰자는 이러한 감정적 메시지를 성공적으로 해석한다. 얼굴의 신호는 우리의 두뇌와 신경학적으로 직접 연결되어 있으며, 브루클린에서든, 베를린에서든, 보르네오에서든 본질적으로 똑같이 작동한다고 에크먼은 역설한다. 얼굴 표정이 보편적인가 아닌가에 대해서는 상당한 논쟁이 이루어져 왔다. 에드워드 홀Edward Hall(1959, 1977)과 레이 버드위스텔Ray Birdwhistell(1970) 등의 보디랭귀지 이론가들은 내적인 신호를 외부로 표현하는 측과 해석하는 측 양자의 문화적 배경을 강조한다. 반면 에크먼은 '아니요'라고 말하기 위해 고개를 흔드는 것 등 감정을 표현하는 몸짓들이 문화에 의해 패턴화된 것이라고 할지라도, 얼굴의 감정 표현 자체는 생리적 현상이므로 모든 문화에서 동일하다고 주장한다.

에크먼은 사람들이 얼굴 표정을 통해 감정을 거의 정확하게 읽어 내는 방법을 학습하고 숙달할 수 있다고 주장했고 또 증명한 바 있다. 그의 접근법의 기본은 감정을 표현하는 미묘한 얼굴 표정이 감정을 노골적으로 나타내는 몸짓보다 더 일반적이라는 점이다. 감정적인 신호는 일반적으로 1/5초도 안 되는 시간 동안 유지되는 찰나의 미세표현^{microexpressions}* 으로써 나타난다. 각 사회에도 무의식적이고 문화적으로 이루어진 표현 규칙이 있어서, 우리가 실제로 느끼는 것들을 억제하고, 가리고, 혹은 과장할 것을 요구한다. 만일 사람들이 모든 상황에서 자신들이 실제로 느끼는 바를 드러낸다면 규율화된 사회적 삶이 얼마나 어려워질지 우리 모두 잘 알고 있다. 언어는 기저에 깔린 감정들을 제한적으로만 전달할 수 있을 뿐이다. 결과적으로, 에크먼은 감정을 전달하는 수단으로서의 말하기를 완전히 신뢰할 수는 없다고 주장한다. 우리는 사람들이 말하는 바를 들을 뿐만 아니라 얼굴 표정도 세심히 보아야 할 필요가 있다.

몸의 움직임과 특징: 얼굴뿐만 아니라 손, 다리, 전체적인 자세 등 우리 몸의 많은 부분이 정보를 전달한다. 예를 들어 응답자의 말을 들으면서 눈을 맞추고 적당한 미소를 지으며 적극적인 태도로 청취하는 행동은 연구자가 열려 있고 숨김이 없으며 믿을 만하다는 점을 암묵적으로 표현한다. 특정 상황의 지휘권 또한 똑바로 선 자세와 요점을 강조하는 단호한 손동작을 통해 표현된다. 연구참여자에게서 관찰되는 보디랭귀지의 예를 몇 가지 들어보면 다음과 같다.

- 힘을 주어 팔짱을 끼거나 다리를 꼬는 행동은 방어적 심리를 나타내며, 불편함이나 기저에 깔린 감정을 감추려는 의도를 표현할 수 있다.
- 입이나 눈에 손을 갖다 대거나 눈을 피하는 것은 종종 불신감, 속임수, 과장을

---

* 이 문장에서 필자가 강조하는 바가 분명히 드러나지는 않으나, 감정이 의식적으로 억제되고 가려지기 전에 얼굴에 미묘하게 나타나는 감정 표현을 잘 관찰해야 한다는 의미인 것 같다.

감추기 위한 행동이다.
- 듣는 사람을 향해서 손바닥을 펴 보이는 것은 솔직함과 개방성을 나타내는 전형적인 행동이다.

말하기의 비언어적 측면: 성량, 억양, 높낮이 등 말하기의 비언어적 양상은 기저에 깔린 감정을 추측할 수 있는 단서이다. 예컨대

- 점점 높아지는 목소리는 거짓말이나 불안, 긴장을 나타낸다.
- 점점 작아지는 성량은 의심이나 불확실성을 나타낸다.
- 정보제공자가 진술을 최대한 빨리 끝내려는 듯이 서둘러서 또는 애매하게 말한다면 그는 거짓말을 하고 있거나 자신감이 결여된 상태라고 볼 수 있다. 이와 비슷하게, 정보제공자가 아주 천천히 말한다면 정보제공자가 특별히 숙고하고 있거나 혹은 그와 반대로 심사숙고하지 않고 생각나는 대로 말하고 있음을 의미할 수 있다.

공간 및 다른 사람과의 관계 속에 존재하는 인간: 홀(1959)은 영역과 공간을 조작하고 관리하는 방식이 내적인 감정을 알려 주는 단서를 제공한다는 사실을 보여 주었다. 저녁 식탁에서 가족 구성원들이 앉는 방식이나 회담 석상에서 경영자들이 자리를 정하는 방식을 생각해 보라. 권위 관계와 위계, 그리고 자기 자리를 차지한 특정 개인들의 권력에 대해 많은 정보를 얻을 수 있다. 예를 들어 서구 문화에서는 가장 권위 있는 인물이 테이블의 머리 부분에 앉는다.

개인적인 공간이 조작되는 방식은 더 많은 것을 말해 준다. 우리는 모두 문화적으로 만들어진 친밀영역intimacy zone 을 갖고 있다. 정중함과 신중함의 규칙에 따라 누가 그 영역 안에 들어올 수 있는가를 엄격하게 규제한다. 일반적으로 타인의 친밀영역에 침입하는 사람은 상대방에게 불쾌함을 야기하

거나, 다른 사람이 가까이 오는 것을 허용하는 것과 관련된 분명한 문화적 규칙을 따르지 않아 무례한 사람이 되고 만다.

시간: 우리가 어떻게 시간을 사용하고 조작하는가는 비언어적 소통의 또 다른 차원이다. 사람들이 얼마나 빨리 혹은 천천히 말을 하는가, 어떤 활동을 얼마나 빨리 완수하는가, 그들이 시간을 엄수하는가 아니면 예사로 지각하는가, 하던 일을 얼마나 빈번하게 중단하는가 등은 과업을 완수하는 일에 관한 상대적인 영향력, 관심, 불확실성과 그 외의 여러 가지 감정들에 대해 많은 것을 알려 준다. 예를 들어 가정 청소에 대한 에스노그라피적 관찰을 해보면, 소비자들은 물건을 닦거나 윤을 낼 때 실질적인 결과에 거의 관심을 쏟지 않고 청소를 아주 빨리 끝내 버린다. 이처럼 과업을 빨리 끝내 버리는 것을 실질적인 결과보다 더 중시하는 소비자들을 우리는 '청소를 해치우려는 사람'이라고 부른다.

비언어적 신호를 알아차리기는 쉽지만 해석하기는 어렵다. 부정직함 또는 죄의식을 한 가지 몸짓만으로는 추론할 수 없다. 반대로 보디랭귀지를 읽어 내려면, 특정 질문을 했을 때 발생하는 단절이나 혼란뿐만 아니라 각 개인의 자연스러운 비언어적 소통 패턴을 세심하게 검토해야 한다. 개인의 몸짓은 분리된 조건에서가 아니라 그 순간에 다른 어떤 일들이 함께 일어나고 있는가라는 맥락에서 해석되어야 한다.

비언어적 소통은 문화에 따라서 그 양상이 매우 상이하다. 따라서 해석할 때 이 요소를 고려해야 한다. 예를 들어 대부분의 서구 문화에서 질문에 늦게 반응하는 행동은 대답을 회피한다는 뜻이다. 하지만 아시아 문화에서는 신중함으로 받아들여진다. 지역적, 민족적, 인종적, 혹은 인구학적 차이들에 기초한 문화적 변이들이 존재하기 때문에, 연구참여자들의 자연스러운 패턴에 대한 가설을 세울 때에는 보디랭귀지의 문화적 패턴도 고려해야 한다.

보디랭귀지 해석자는 '새어 나오는 채널leaky channels'을 노린다. 즉 말, 눈빛, 손짓 등이 불일치하는 순간을 포착하는 것이다. 거짓말을 하는 사람은 여러 개의 소통 채널 중 몇 개를 통제할 수는 있겠지만 동시에 모든 것을 관리하기는 어렵다. 그러므로 연구참여자가 어떤 제품을 좋아한다고 말하지만 말투에 감정이 묻어나지 않거나 에스노그라퍼와 눈을 맞추지 않는다면 그의 말이 거짓이라고 추측할 수 있다.

보디랭귀지를 따라 하기: 숙련된 면담자는 연구참여자의 자세나 말하는 속도, 눈맞춤 수준 등의 소통 특징들을 모방함으로써 라포와 친밀한 접촉 관계를 유지한다. 이로써 유사성, 동정심, 연대감 등 인터뷰 상황에서 유용한 감정들을 전달하게 된다.

참여자들 역시 당연히 에스노그라피 관찰자의 보디랭귀지를 따라 한다. 만약 에스노그라퍼가 고양된 기분으로 열정적으로 면담에 임한다면 연구참여자들은 그 신호를 따르는 경향이 있다. 만일 에스노그라퍼가 활기 없고 단조롭게 말한다면 연구참여자들의 경험에 부정적인 영향을 미치고, 가치가 없는 관찰 결과를 얻게 될 수도 있다.

21
현장방문의 관리와 마무리

이 장에서는 현장방문 중에 맞닥뜨릴 수 있는 장애요소에 대처하는 방법과 현장방문을 효과적으로 마무리하는 방법에 대해 살펴본다.

1. 시간 제약과 우발적인 요소

현장을 방문한 에스노그라퍼는 현실세계의 다양한 압력에 노출되기 마련이며, 이는 에스노그라퍼가 유용한 자료를 수집하는 데에 영향을 끼치곤 한다.

외부 문제로 현장방문을 방해받을 때: 외부 문제가 현장에 끼어들면 현장방문을 계획한 대로 차질 없이 진행하기가 어려워진다. 전화, 친척과 친구의 방문, 또는 아이들의 방해와 같은 개인적인 일들은 현장방문을 완전히 중단시키지는 않더라도 지연시킬 가능성이 있다. 만약 연구참여자가 어떤 과업을 수행해 보는 것이 매우 중요한 사항이라면, 그 시간 동안에는 아이나 애완동물을 다른 사람에게 맡겨 달라고 연구참여자에게 사전에 요청한다. 그러나 에스노그라퍼는 유연하게 행동해야 한다. 사적인 일 때문에 연구참여자의 주의가 분산되는 상황을 이해해야 하며, 연구참여자의 개인적인 관심사에 충분히 신경을 써야 한다. 무엇보다 우리는 소비자를 실시간으로 그들의 공간 안에서 관찰하는 것이므로 어쩔 수 없이 방해받을 때가 있다는 점을 염두에 두어야 한다.

연구참여자가 비非가구 구성원과 함께 있기를 원할 때: 최근 우리는 사회적으로 만연한 안전과 방범에 관한 걱정 때문에 연구참여자들이 현장방문이 진행되는 동안 다른 사람과 같이 있기를 바란다는 사실을 알게 되었다. 이는 특히 혼자 사는 여성이나 젊은 엄마들에게 두드러진 현상이다. 대개 손님을 관찰에 포함시키지 않는 조건으로 이와 같은 요청을 수용할 수 있다. 외부 보호자가 현장에 함께 머무르기로 했다면 그로 인해 연구참여자가 행동의 진정성을 유지하는 데 방해를 받지 않도록 외부 보호자에게 간단한 사전교육을 실시한다.

충분한 시간을 배정할 것: 조사에 필요한 과업을 완수하기에 충분한 정도의 시간적 여유를 감안하여 현장방문 일정을 짜야 한다. 또한 연구팀의 편익을 위해 연구참여자에게 일상생활이나 습관을 바꾸어 달라고 강요해서는 안 된다. 연구참여자의 시간과 행동을 제약하면 결국 라포가 파괴되고 관계가 끊어지기 때문이다. 만약 어쩔 수 없는 중요한 시간적 제약이 존재한다면 —예를 들어 미리 계획된 이동 일정을 따라야 하는 경우—연구자는 이와 같은 제한사항을 사전에 연구참여자에게 설명해 주어야 한다.

연구자가 연구참여자의 이야기를 경청하고 있다는 느낌을 줄 것: 현장방문을 하다 보면 때때로 다음 단계로 넘어가 달라고 연구참여자를 재촉해야 하는 경우가 생긴다. 연구참여자가 장황하게 말을 많이 하는 경우나, 연구 목적에서 봤을 때 중심적이지 않은 영역에서 헤매는 경우 등이 그러하다. 현실 세계의 복잡함과 혼란스러움, 또는 시간 지연이나 외부 요소의 개입과 방해도 현장방문 계획에 지장을 초래할 수 있다. 만약 조사를 완수하기 위해 연구참여자를 압박해야 하는 상황이라면, 연구자는 반드시 연구참여자에게 자신이 그들의 이야기에 집중하고 있고, 이야기가 중간에 끊긴 것이 아니라는 인상을 주어야 한다. 과업을 빨리 끝내라고 연구참여자를 재촉하는 행위는 라포를 무너뜨리는 가장 빠른 길이다.

관련성의 판단: 현장방문의 매 진행단계마다 관찰자는 연구참여자의 특정 진술이나 행동이 조사 주제와 얼마만큼 관련되어 있고 중요한지를 판단해야 한다. 예를 들면 다음과 같은 점들을 자문해야 한다. 어떤 사안을 알아내기 위해 연구자가 후속질문을 던져야 하는가? 연구자가 특정 행동이나 말을 노트에 기록해야 하는가? 대개의 경우 관찰자는 자신이 상황을 통제하는 듯한 행동을 삼가는 것이 좋다. 관찰자는 연구참여자가 주체적으로 행동하도록 두고, 그들이 특정 요소를 중요하게 간주하는 이유를 이해하기 위해 노력해야 한다.

주제의 전환: 주제를 전환해야 할 때 연구자는 반드시 예의바르고 상냥하게 행동해야 한다. 즉, 완성하고 성취했기 때문에 주제를 전환하는 것이지, 절대로 관심이 사라졌기 때문이 아님을 확실히 한다. 예를 들면 "드디어 욕실을 끝냈네요! 이제 다음으로 넘어가죠."라고 말하는 것이 바람직하다.

우발적 요소의 관리: 어떤 현장에서든 문제가 발생할 가능성은 항상 존재한다. (참여)관찰팀은 적대적이거나 진지함이 결여된 연구참여자와 마주할

수 있다. 응답자가 자신의 태도와 느낌을 정확하게 표현하지 못하거나, 지나치게 감정적이거나 정직하지 않을 수도 있다. 이와 같은 우발적 요소들에 대처하는 최선의 방법은 긍정적인 태도와 전문가로서의 자세를 잃지 않는 것이다. 연구자는 언제나 연구의 목적이 유익함을 강조함으로써 라포를 재정립하고자 노력해야 한다. 사례금을 지불하지 않겠다고 협박하거나 갑작스럽게 자리를 뜨는 것은 잘못된 행동이다.

연구자에 대한 위협: 에스노그라피적 현장방문을 팀 단위로 수행하는 이유 중 하나는 때때로 조사자의 안전과 존엄성이 위협받는 상황이 발생하기 때문이다. 실제로 우리 방문팀은 현장에서 만취한 연구참여자를 만난 적이 있다. 그는 벌거벗은 채로 현관에 나타났다. 만약 기본 예의가 갖추어지지 않은 상황이라면 에스노그라퍼는 어떤 경우에도 집 안으로 들어가서는 안 된다.

흔히 마주하는 우발적 요소에 대한 대처법은 다음과 같다.

- **관심이 사그라들 때**: 만약 현장에서 활기나 관심의 정도가 수그러드는 조짐이 보인다면 연구자는 자기 자신과 방문팀의 행동, 보디랭귀지, 활기의 정도를 검토해 본다. 그중에 바꿀 수 있는 것은 무엇인가? 어쩌면 연구자 자신의 관심과 활기를 고취하거나 연구자와 만나는 방식을 조정해야 할 수도 있다.
- **연구자나 연구 후원자에 대한 적대감**: 소비자가 특정 브랜드나 회사, 제품군에 대해 부정적인 경험을 해 불만이 있는 경우 관찰자는 그러한 적대감을 표출하기에 더할 나위 없이 좋은 표적이다. 실제로 어떤 이들은 "그 자식들에게 메시지를 전달하기 위해" 조사연구에 참여한다. 그러나 이 같은 상황에 대처하는 과정에서 소비자의 비판의 타당성을 부정하거나 회사를 옹호해서는 안 된다. 그와 같은 행동은 상황을 더욱 악화시킬 뿐이다. 대신 연구자는 문제를 인식하고 그에 대하여 연구참여자에게서 피드백을 받은 뒤 다음 단계로 넘어가야 한다. 예

를 들면 다음과 같다.

귀하께서 서비스 부서에서 그런 대우를 받으셨을 때 느낌이 어떠했을지 이해합니다. 하지만 바로 그런 문제를 개선하기 위해 이 조사를 수행한다는 점을 알아주셨으면 합니다. 귀하께서는 어떻게 하기를 원하십니까?

• **감정적인 반응:** 일반적인 (참여)관찰 연구를 수행하다 보면, 어떤 요소가 연구 참여자의 특정 기억을 촉발하거나 또는 잠재해 있던 감정을 격렬하게 만드는 일이 있다. 이와 같은 상황은 특히 당뇨병 같은 건강 문제에 관한 연구를 수행할 때 자주 나타난다. 정신적인 상처와 관계된 잊을 수 없는 경험에 대해 이야기하다 보면 연구참여자가 갑자기 감정적으로 반응—화를 내거나 눈물을 흘리거나 신경질적으로 웃는 등—할 수 있다.

사실 감정적인 반응을 이끌어 냈다는 것은 성공의 신호이다. 그것은 솔직한 감정을 내보일 만큼 연구참여자와 연구자 사이에 라포와 신뢰가 충분히 쌓였음을 알려 주는 증거이기 때문이다. 그러나 동시에 불편하고 당혹스러운 경험이기도 하다. 감정적인 반응에 연구자가 대처하는 최선의 방법은, 앞서 말했듯이 연구참여자에게 공감을 표현하고 그가 처한 특별한 조건을 이해하는 것이다.

2. 현장방문 마무리하기

효과적인 마무리는 현장방문에서 매우 중요한 부분 중 하나이므로 부적절하게 빨리 끝내서는 절대 안 된다. 현장방문이 진척되는 과정에서 종종 강렬한 감정이 생겨나기 때문에, 연구참여자는 자신의 말을 경청해 주고 자신의 감정을 이해해 주는 연구자를 떠나보내기 어려워할 수도 있다. 이 같은 상황은 노인처럼 쉽게 상처받는 사회집단을 연구할 때 특히 잘 발생한다. 북캘리포니아에서 87세의 암 생존자에 대한 하루 동안의 관찰 연구를 끝냈을 때 그녀는 아주 솔직하게 고백했다. "지난 몇 년 동안 다른 사람이 이렇게 오랜 시간 내 이야기를 들어준 적은 없었다오. 부탁하는데 다음에 또 와주시구려."

소외계층을 보호하는 것이 효과적인 마무리를 계획해야 하는 유일한 이유는 아니다. 효과적인 마무리는 연구참여자에게 모든 것이 제대로 완료되었고 성취되었다는 느낌을 안겨 주는 것 외에도 많은 장점을 가지고 있다. 또한 연구참여자에게 미래를 곰곰이 예상해 볼 기회를 준다. 예를 들어 이런 조사가 아니라면 연구참여자들은 구매 행동이나 의사결정 습관을 바꿀 생각을 해보지 않았을 것이다.

마무리 과정에서 연구참여자는 연구자에게 피드백을 해주고 앞으로 현장방문을 할 때 개선할 점을 알려줄 수 있다. 또한 이 과정에서 관찰기간 동안 연구참여자의 행동이 얼마나 실제에 가까웠는지를 평가하여 관찰 결과의 타당성을 확인할 수도 있다.

에스노그라퍼는 현장방문이 완전히 끝나기 15~30분 전 무렵 "이제 슬슬 마무리하는 것이 좋겠습니다. 앞으로 29분이 남았거든요."처럼 예상 시간을 알려 줌으로써 마무리를 시작해야 한다.

연구자는 마무리 발언이나 질문을 할 때, 현장방문을 잘 끝냈고 목표를 성취했다는 점을 강조한다. 그리고 반드시 연구참여자에게 협력해 주어 감사하다는 말을 전한다. 또한 그들의 특정한 행동이나 태도와 상관없이, 그들의 협력이 제품을 점진적으로 개선하는 데 좋은 영향을 미칠 것이라는 점을 재확인시켜 주어야 한다.

마무리를 하면서 연구참여자의 생각을 알아보기 위해 던질 수 있는 질문은 다음과 같다.

"조사를 의뢰한 회사가 고객에게 더 좋은 서비스를 제공하는 데 도움이 될 만한 조언을 해주시겠습니까?"

"귀하께 광고지를 보낼 때 저희가 반드시 넣어야 할 말이나 아이디어가 있다면 어떤 것이 있을까요?"

"이번 조사를 경험하신 후, 귀하께서 그동안 하신 일들 중 바꾸고 싶으신 부분이 생겼나요?"

"귀하께서 원하시는 바를 더 잘 충족시키려면 어떤 종류의 제품이나 변화가 필요할까요?"

현장방문의 마무리 단계에서 연구자는 조사가 이루어진 가정의 모든 사람들에게 따뜻한 인사를 전해야 한다. 그다음에 사례금을 지급하거나 최소한 사례금을 전달할 방법에 대해 의견을 교환한다. 모든 자료와 조사팀의 소지품을 챙겼다면 드디어 마지막 감사의 말과 작별의 인사를 나눌 때이다. 이제 연구자는 다음의 현장방문과 그 뒤에 이어질 분석 단계에 초점을 맞추어야 한다.

#4

분석과 발표

22
들어가기

.

에스노그라피 자료 분석은 매우 매력적인 과정이다. 현장조사를 조직하고 고객들과 상호작용하는 일을 끝내고 나면 연구자는 수집된 자료를 의미 있는 것으로 만들어야 한다. 에스노그라피는 고객의 행동을 나타내는 방대한 양의 의미 있는 정보들을 생산할 수 있다. 현장조사가 끝날 때쯤이면 제품에 대한 태도를 경험한 그대로 묘사한 기록, 사용 절차와 결과에 대한 서술, 제품 사용 결과의 물질적 흔적, 사후 보고 노트 등을 비롯한 모든 것들이 산처럼 쌓여 있을 것이다. 이 자료들을 지식과 행동으로 변환시키기 위해서 연구자는 조사에 쏟은 노력이 마케팅에 관한 통찰력으로 연결될 수 있음을 컨설턴트의 입장이 되어 보여 주어야 한다. 에스노그라피 자료가 생산적인 함의를 가지려면 마케팅 전략과 전술을 수립하는 데 필요한 구체적인 조언으로 전환되어야 한다.

날것인 관찰 결과에서 잘 가공된 통찰력을 도출하기 위해서, 그리고 섣부른 결론을 내지 않기 위해서 다음 네 단계를 이행한다.

자료를 체계적으로 편집하기: 모든 것들이 체계적으로 조직되어 있는지를 확인하여 주의를 기울이지 않은 부분이 없게끔 한다.

자료 검토하기: 모든 기록을 체계적으로 점검하여 본래의 의미를 찾아내어야 한다. 현장의 조건에 따라 조사 전략을 적용하거나 수정해야 할 수 있으므로 현장조사를 시작한 후에도 자료를 계속 검토한다.

자료 해독하기|decoding: 영상 및 음성 기록 안에서 일어난 일들을 판단하여 그 하나하나의 의미를 찾아낸다. 관찰 기록에 내재한 의미를 묘사하는 개념, 일반화, 은유 등을 통해서 무엇을 검토하고 있는가를 설명하라. 연구참여자를 처음 만날 때부터 관찰에 기초하여 뚜렷이 예측하고 가설을 세울 수 있으므로 조사를 개시함과 동시에 자료 해독을 시작한다.

자료의 기반 위에서 창의적 마케팅으로 '도약'하기: 전략적 의사결정에 영향을 미치는 통찰을 공유하라. 그래야 연구의뢰인이 자료 수집과 분석 작업을 후원한 가치가 있다. 마케팅 에스노그라피는, 그것이 아무리 가치 있더라도, 간단하게 정리한 관찰 보고서 이상이어야 하며, 참여관찰 결과를 해석한 자료를 통해 사업적 결정 과정을 주도할 수 있어야 한다.

23
보고하기

본격적으로 분석 과정을 시작하기에 앞서서 에스노그라퍼는 연구의뢰인이 기대하는 보고서가 어떤 것인지를 확실히 이해할 필요가 있다. 길고 전문적인 보고서는 학문적인 목적에는 적합하겠지만, 에스노그라피적 연구에 기초하여 결정을 내릴 마케팅 담당자에게는 아이디어를 얻는 최선의 방법이라고는 할 수 없다.

먼저, 특정 연구의뢰인의 의뢰를 받아 조사를 수행하는 연구자는 반드시 업계의 전통적인 보고 방식을 익혀 두어야 한다. 전형적으로 기업 문화에는 보고서의 길이와 매체에 대해 고유한 기대치가 있다. 정보를 최적화하는 데에 단 하나의 기준만 존재하지는 않는다. 그러나 최소한 에스노그라피를 의뢰한 사람은 컨설턴트가 단순히 자료를 기술하는 수준을 훨씬 넘어서서 자신들의 사업에 유용한 시사점implications들을 논의하기를 기대한다. 그런데 한편으로는 두꺼운 보고서와 첨부자료를 요구하는 연구의뢰인이 있는 반면, 주요한 결론과 권고사항만을 담은 간단한 요약을 요구하는 연구의뢰인도 있다.

어떤 연구의뢰인은 분석 과정에 깊이 개입하기를 원하는 반면, 연구자가 전적으로 결론 내려 주기를 바라는 연구의뢰인도 있다. 연구의뢰인을 최대한 만족시키려면 연구자는 연구의뢰인이 어느 정도까지 분석에 참여하고 싶어 하는지를 알아야 함은 물론이고, 어떠한 형태의 성과물을 원하는지도 알아야 한다.

1. 성과물 제작

자료 수집과 분석을 마치면 연구자는 현장방문의 최종 성과물로서 서면 보고서를 제출한다. 보고서에는 연구의뢰인의 단기적 니즈와 장기적 니즈 모두에 대응하는 신뢰성 있는 관찰 결과를 적는다. 최종 보고서는 기술적記述的인 동시에 지시적이어야 하는데, 소비자의 행동과 의견 패턴을 풍부하고 자세히 기술할 뿐만 아니라 전략적 마케팅과 신제품 개발을 위한 시사점을 폭넓게 제시해야 한다.

만약 현장방문 시에 영상 기록을 남겨 두었다면 조사 결과에 관한 영상 보고서를 만들어 보조 성과물로 제출할 수도 있다. 연구자는 연구의뢰인에게 서면 보고서에서 강조한 사항들을 영상 기록에서 발췌한 클립을 통해서 생생하게 보여줄 수 있다. 영상 보고서는 서면 보고서에 비해 계획, 자료 검토, 각본 쓰기 등 몇 가지 단계를 더 거친다.

2. 보고서 유형

정보를 어떻게 이용할 것인가라는 문제는 보고 형식과 분석 유형을 결정하는 데 좋은 지침이 되어 준다. 앞서 말했듯이 에스노그라피 연구는 기업 경영자에게 소비자 감응感應 경험을 제공하기 위해 이루어지는 경우가 많다.

이런 경우 현장연구 직후에 조사의 함의를 점검하고 브레인스토밍을 하는 시간을 가지면 매우 유익하다. 연구의뢰인은 대개 아이디어 생산 결과를 검토하는 작업 이상을 요구하지 않는다.

또 다른 극단적인 상황은, 연구의뢰인이 소비자 행동에 대한 문서 기록을 만들어 연구를 종료한 후에도 가끔씩 검토하고 싶어 하는 경우이다. 이런 연구의뢰인은 요약 보고 외에 상세한 사례 보고도 요구하며, 질적 자료 분석 소프트웨어 패키지 같은 검색 수단을 잘 사용한다.

기업 에스노그라피의 몇 가지 보고 형식을 검토해 보자.

아이디어 구상의 요약ideation summary: 소비자 감응 경험을 따라가면서 그들과의 만남을 통해 얻은 통찰, 관찰한 바, 아이디어 등을 기록한 보고서이다.

현장 보고서: 사례 분석으로도 불리는 이 형식은 한 현장에서 조사한 행동과 태도를 빠짐없이 기록한 보고서이다. 일반적으로 서식template이나 형식 용지format sheet에 맞추어서 정리하므로 관찰 결과를 체계화하여 다양한 범주들을 서로 비교할 수 있다.

요약 보고서: 연구의뢰인의 요구에 따라 3페이지에서 15페이지까지 분량이 다양하며, 일반적으로 조사에서 가장 중요한 시사점과 결론에 집중한다. 에스노그라피 기록을 검토하거나 방문팀의 기억에 기초하여 요약 보고서를 작성한다. 중요한 세부 묘사가 필요한 경우에는 모든 개별 주제들에 관하여 수집한 현장 보고서 전체를 검토할 것을 권한다. 연구참여자들의 행동의 다양한 범주나 통계적 최빈치를 매우 정확하게 보고할 수 있다.

상세 보고서full reports: 연구의 발견과 시사점 및 결론을 철저히 검토한 보고서로서, 특징적인 관찰 내용과 연구참여자의 언급에 기초한 상세한 해석으로 구성된다. 분량은 35~100페이지 정도이다. 우리 경험에 따르면 상세 보고서의 인기는 점차 떨어지고 있다. 전략적 가치를 지닌 연구의 통찰 결과를 빨리 보고받고 싶어 하는 기업들의 압박이 커지고 있는 데다, 마케팅 매니저들이 더 이상 그렇게 긴 보고서를 정리·요약할 만한 시간이 없기 때문이다. 한편, 사전 준비를 강조하는 문화가 발달한 조직에서는 신입사원과 기존 사원의 훈련 자료로 사용하기 위해 상세 보고서를 요구하기도 한다.

파워포인트 보고서: 마이크로소프트 사의 파워포인트 등 프레젠테이션 소프트웨어의 인기가 점점 높아지면서 연구의뢰인들이 이러한 형식의 보고서를 요구하기 시작했다. 파워포인트 보고서는 빨리 읽을 수 있고, 텍스트를 소리 파일이나 이미지 파일, 동영상 파일과 쉽게 결합할 수 있어 인터넷 자료를 효율적으로 관리할 수 있다. 파워포인트 보고서를 구두로 발표하는 방법도 서비스 수준을 높이려는 컨설턴트들에게 인기를 얻고 있다. 반면, 프레젠테이션 소프트웨어의 틀에 맞춰서 보고서를 작성하기 때문에 에스노그라피적 발견의 미묘함과 복잡함이 무뎌지는 면이 있다. 하지만 이런 소프트웨어가 이해당사자인 기업들이 연구 결과에 대한 의견을 서로 주고받는 과정을 간소화해 준다는 점은 분명하다.

영상 보고서: 앞서 언급했듯이, 점점 높아지는 디지털 비디오의 인기와 간편한 멀티미디어 제작 도구—예를 들어 마이크로미디어 디렉터^{Micromedia Director}—의 보급에 힘입어 다양한 대안적 보고 형식이 등장하여 많은 에스노그라퍼들의 지지를 얻고 있다. CD-ROM이나 DVD, 비디오 키오스크 발표^{video kiosk presentation} 형식으로 제작된 비디오 보고서는 정보에 대한 접근방법이 비선형적이므로 사용자 간의 상호활동을 촉진한다는 이점도 가지고 있다.
세련된 영상 보고서를 제작하기 위해 컨설턴트는 제작 도구 사용법을 익

히고, 평균 비용보다 높은 예산을 얻어 내야 하는 어려움을 겪게 된다. 그렇지만 영상 보고서는 고위 관리자나 고객 서비스 부서, 판매원 같은 다양한 부류의 이해당사자들이 조사 결과를 서로 주고받는 데 매우 효과적이기 때문에 크게 환영받고 있다.

24
에스노그라피 자료의 편집과 정리, 그리고 분석

앞서 말했듯이, 자료의 분석은 에스노그라피팀이 현장방문에서 받은 첫인상에서부터 시작한다. 연구팀원들은 처음 시작할 때부터 서로 관찰한 것과 가설의 일반화에 대한 의견을 주고받으면서 자연스럽게 다음 현장방문을 어떻게 진행할 것인지를 생각하게 된다. 이와 같은 초기 활동은 최종 분석의 기초가 된다. 이때 명심해야 할 점은, 최종 분석은 자료 수집이 모두 끝난 뒤에 시작하는 별개의 과정이 아니라 조사 기간 내내 지속적으로 이루어지는 과정이라는 것이다. 다시 말해 자료를 논리적으로 편집하고 정리하는 것은 분석 이전 단계가 아니라 분석 과정의 일부이다. 또한 여러 사람들이 협력하여 에스노그라피 조사를 진행하기 때문에 타당하고 설득력 있는 결론에 다다르기 위해서는 현장연구 내내 팀원 간의 지속적이고 활발한 의사소통이 필수적이다.

1. 점검을 위한 회의^{debriefing meetings}

현장방문팀의 점검^{debriefing}을 위한 회의: 관찰자들 간에 정보를 공유하기 위한 중간보고 회의는 현장방문을 마친 뒤 가능한 한 빨리, 아직 당시의 인상이 머릿속에 남아 있을 때 실시한다. 점검 시에 해야 할 일과 유의할 점은 다음과 같다.

- 현장방문에서 받은 인상을 공유하라.
- 미팅 참여자의 의견을 하나로 모을 수 있는지를 확인하고 만약 의견 차이가 있다면 해결을 시도하라.
- 현장방문에서 받은 인상이 (참여)관찰자들마다 조금씩 다른 경우에는 회의가 끝나기 전에 의견 차이를 반드시 정리하라.
- 인상에 대한 의견 차이가 있다면 그 원인이 무엇인지를 확인해 보라. (참여)관찰자들의 서로 다른 사회적 조건 때문일 수도 있다. 예를 들어 에스노그라퍼의 성별, 즉 남성이냐 여성이냐에 따라 상황을 이해하는 방식이 상당히 다를 수 있다. 그런 경우에는 개별 의견을 모두 분석에 반영하는 것이 옳다.
- 현장 기록 가운데 차후에 분석할 때 더 자세히 살펴볼 필요가 있는 부분을 표시해 둔다.
- 조사한 바의 함의에 관한 생각이나 예감, 가설을 공유하라.
- 차후 현장방문 일정 및 현장방문에 사용할 접근법과 관련하여 보완하거나 수정할 점을 찾아보라. 이는 논쟁거리를 줄이고 연구 결과를 구체화하는 데 도움이 될 것이다.

점검을 위한 회의는 일반적으로 조사팀의 재량에 따라 시행한다. 그러므로 특별한 논의사항이 없거나 현실적인 어려움이 있다면 회의 시간을 줄이거나 회의를 취소해도 무방하다. 예를 들어 팀원들이 심하게 지쳐 있거나 현장방문에서 받은 인상이 모두 일치한다면 굳이 예정된 회의를 강행할 필요가 없다.

리서치 회사 내부 회의: 중간보고나 브레인스토밍이 목적인 리서치 회사의 회의는 현장방문 일정이 모두 끝난 뒤 프로젝트에 관여한 모든 조사자들을 한자리에 모아 실시하도록 한다. 이 같은 회의는 프로젝트의 시사점과 결론에 관한 조사자들의 의견을 조율할 때 특히 유용하다.

회의에서 현장을 재방문하기로 결정한 경우: 점검 회의 후 조사 기록에서 애매한 부분을 구체적으로 확인하기로 결정하여 연구참여자나 현장을 다시 찾아야 하는 경우가 있다. 그런 상황에서는 우선 연구참여자 모집책과 이야기를 나누어 본다. 연구참여자와 기본 연락망을 유지하는 것은 연구참여자 모집책의 임무이므로 그를 통해서 연구참여자가 재조사에 협력해줄 의사와 시간이 있는지를 확인할 수 있다.

2. 보고서 작성하기

❖ 사례 파일^{case files} 만들기

본격적으로 보고서를 작성하기 전에 우선 사례 파일을 만들고 색인표를 붙이는 작업을 해놓는 것이 좋다. 수집한 자료를 다양한 범주로 구분하는 색인화 작업을 해두면 필요한 자료를 더 빠르게 찾아볼 수 있다. 병원에서 의무기록을 관리할 때 사용하는 컬러탭^{colored tabs}을 색인표로 쓰면 효과적이다. 연구참여자 기록을 쉽게 찾을 수 있도록 사례 파일의 색인표에는 조사가 이루어진 날짜와 시간, 장소, 관찰한 제품의 범주, 성별이나 연령 같은 연구참여자의 기본 인적사항 등을 적어 놓는다.

❖ 사례 분석 및 현장 보고서 만들기

현장에서 수집한 다양한 자료를 분석에 포함시키려면 먼저 기록들을 종합해야 하는데, 이때 많은 에스노그라퍼들이 사용하는 방법이 현장 보고서 site reports 작성이다. 현장 보고서에는 관찰 기록과 잠정적 조사결과, 연구참여자의 발언 등을 기록하며, 정해 놓은 양식에 따라 일관성 있게 보고서를 작성한다. 주제별로 구성하고, (참여)관찰 가이드의 지시사항 전부 혹은 대부분을 반영하여 작성하는 것이 좋다.

현장 보고서를 작성하면 무질서하게 흩어진 기록들 가운데 분석 시 가장 먼저 다루어야 할 중요한 정보들을 추려낼 수 있다. 수집한 자료를 검토하기 전에 현장 보고서 양식을 완벽하게 익혀 두면 자료 검토 과정에서 필요한 정보를 손쉽게 찾아낼 수 있다.

이와 같은 과정을 거쳐 작성한 현장 보고서는 선별한 자료들을 체계적으로 조직한 결과물이므로 최종 보고서의 기반자료로 활용된다. 이렇게 수집한 자료를 중요한 것 위주로 살펴봄으로써 연구자는 특정 행위와 연구참여자 범주의 관계, 행위 범위 등에 관하여 유의미한 결론을 효과적으로 도출해낼 수 있다.

❖ 질적 자료 분석 소프트웨어

질적 자료 분석 Qualitative Data Analysis; QDA 소프트웨어로 에스노그라피 자료를 한결 간편하게 분석할 수 있다. 연구참여자 소프트웨어는 단어와 문장, 이미지 등의 다양한 기록 자료를 자동으로 검토하고 재조직하는 기능을 갖추고 있다. 조사자가 소프트웨어에 특정한 분석 양식을 입력하면 소프트웨어가 그에 맞추어 자동으로 분석을 수행한다. 또한 자료를 검색하고 가설에 맞추어 결론을 도출해 내는 기능도 가지고 있다. 예를 들어 인터뷰 내용의 인용 verbatim quotations 을 주제별로 분류해 놓으면 언제든지 잘라내기와 붙여넣기 기능을 이용하여 간단하게 필요한 부분을 보고서에 삽입할 수 있다. 질적 자료 분석 소프트웨어를 이용하면 비디오와 오디오 자료, 노트북에서 작성한 문서 기록을 하나로 정리할 수도 있다.

질적 자료 분석 소프트웨어는 팀워크에도 도움이 된다. 하나의 자료를 여러 개로 분리할 수 있으므로 여러 사람이 동시에 하나의 자료를 나누어 분석하면 분석의 효율을 높일 수 있다.

❖ 질적 자료 분석 소프트웨어 사용하기

질적 자료 분석 소프트웨어를 사용하려면 우선 원본 자료를 소프트웨어에 맞는 형식으로 변환해야 한다. 구체적으로 말하자면, 대부분의 질적 자료 분석 소프트웨어가 읽을 수 있는 문서 형식은 양식이 포함되지 않은 텍스트 파일과 ASCII 형식으로 작성한 문서로 제한되므로, 워드 프로그램으로 작성한 문서를 질적 자료 분석 소프트웨어에서 분석하고 싶다면 먼저 그 문서를 소프트웨어가 지원하는 형식, 즉 ASCII 형식으로 변환해야 한다. 이 작업은 '다른 이름으로 저장Save as' 기능으로 손쉽게 해결할 수 있다.

자료를 소프트웨어로 불러들이면 종이 자료를 정리할 때처럼 중요한 문장이나 문단에 표시를 해두고 주제에 따라 분류한다. 즉, 주제별 자료 보관함을 생성한다. 자동구성 기능을 이용하면 중요 단어를 기준 삼아 자료를 재구성할 수 있다. 예를 들어 집안 청소에 관한 연구를 진행할 때 소프트웨어에 자료를 입력한 뒤 '나무', '세라믹', '대리석' 등의 바닥 종류를 나타내는 단어를 선택하면 전체 자료가 그 단어에 맞추어 자동으로 정렬된다.

현재 시판되는 20여 종의 질적 자료 분석 소프트웨어 가운데 가장 널리 쓰이는 프로그램 5가지(NVivo, ATLAS.ti, HyperRESEARCH, MAXqda, The Ethnograph)를 비교 평가한 결과(William Han 2004)를 표로 정리했다(297쪽 참조). 각 프로그램의 종합 등급은 기능의 다양성 및 사용의 편리성에 따라 매겼다. 프로그램 가격은 개인 사용자 기준으로 가장 싼 것이 370달러, 가장 비싼 것이 745달러이다.

질적 자료 분석 프로그램이 지루하고 따분한 자료 검토 및 정리 과정을 간편하게 처리해 주는 것은 사실이지만 창의력까지 제공하지는 않는다. 연구의뢰인이 연구자에게 요구하는 것은 창의적인 도약imaginative leaps으로서, 이는 겉으로 보이는 정보의 이면을 파고들어야만 얻을 수 있는 결과물이다. 이를 위해 연구자는 반드시 도출된 조사 결과를 시장 지식의 맥락 및 그 맥락의 변화 양상과 비교·검토해 보아야 하며, 연구의뢰인의 현재 사업 현황과 희망하는 사업 현황을 이해해야 한다.

3. 타당성과 신뢰성

　　사회현상에 관한 지식을 생산하는 사람은 그 토대가 되는 관찰이 타당하고 신뢰할 만한 것인지를 자문해 보아야 한다. 글린 윈터Glyn Winter(2000)는 선행 연구를 검토한 결과를 바탕으로 타당성validity은 "주어진 현상을 '서로 다른' 두 가지 방법으로 측정해도 같은 결과가 나온다는 보장", "자료의 정확성", "소위 '현실'에 가까운 정도", "스스로 생각하는 자신의 모습을 제대로 측정할 수 있는가에 대한 답"을 의미한다고 말했다. 신뢰성reliability은 "주어진 현상을 '같은' 방법으로 두 번 측정해도 같은 결과가 나온다는 보장", "측정 수단의 정확성", "측정 과정의 재현 가능성, 즉 안정성"을 뜻한다고 보았다. 간단히 말해, 신뢰성이란 똑같은 연구 결과를 얼마나 반복적으로 보여줄 수 있는지를 나타내는 척도이다.
　　질적 연구 맥락에서의 타당성과 신뢰성의 의미는 양적 연구 맥락에서의 의미와는 다르다. 사회과학 내에서 종종 질적 방법론은 '덜' 과학적인 접근법으로 치부되는 반면, 양적 방법론은 '더' 과학적인 것으로 이해되는 경향이 있다. 양적 방법론은 연구 절차가 더 정형화되어서 확실성을 보장해 주는 방법으로 받아들여지고 있고, 타당성 및 신뢰성 면에서도 상대적으로 더 분명한 기준을 내세우기 때문이다. 그러나 그런 이유로 질적 방법론을 평가절하하는 것은 온당하지 않다. 과학혁명에 관한 쿤의 연구(Kuhn 1962) 이후 수많은 철학자와 이론가들이 지적했듯이, 특정한 법칙이나 구체적인 방법을 근거 삼아 하나의 접근법이 다른 접근법보다 더 과학적이라고 주장하는 것은 오류이다. 그렇지만 우리는 양적 연구의 전통에서 정의된 타당성과 신뢰성의 개념을 짚어 보고 그에 대응하는 질적 방법론의 기준에 대해 생각해 볼 필요가 있다.

무엇보다 에스노그라퍼는 연구의 질에 관심을 가져야 한다. 편향성을 내포하고 있어 연구의 질에 악영향을 끼칠 가능성이 있는 요소를 반드시 제거해야 한다. 그런 요소의 대표적인 예로, 대표성을 갖추지 못한 연구참여자를 선택하는 것, 관찰하려는 행위 과정의 핵심 부분을 놓친 상태에서 에스노그라피 조사를 진행하는 것, 충분한 수의 연구참여자를 조사했으나 그로부터 유의미한 통찰을 이끌어 내지 못하는 것, 소비자 행동에 관한 표면적인 관찰 결과만으로 해석을 이끌어 내는 것을 들 수 있다. 그러나 편향성을 주의하라는 말을 통계적이고 객관적인 단 하나의 진실만을 추구하라는 의미로만 받아들여서는 안 된다.

산제이Sanjay는 다음과 같은 세 가지 기준으로 에스노그라피를 평가할 수 있다고 제안한 바 있다(Arnould & Wallendorf 1994 참조).

> 편향되지 않은 이론적 입장theoretical candor, 자료 수집 과정에 대한 에스노그라퍼의 솔직한 고백, 그리고 에스노그라피의 분석과 현장 기록 간의 관계에 대한 설명. (p.485)

한 가지 강조하고 싶은 것은 모든 질적 연구가 어느 정도 주관적일 수밖에 없다는 사실이다. 복수의 관찰자가 각각 다른 복수의 진실을 내놓는 상황은 당연한 일이다. 오히려 우리는 자료의 다양성을 없애고 서로 다른 관점을 하나로 통합하려는 시도를 경계해야 한다. 그런 시도는 편향된 결과를 낳을

널리 쓰이는 5가지 질적 분석 소프트웨어 프로그램

	NVivo 2.0	ATLAS.ti 4.2	HyperRESEARCH 2.6	MAXqda	The Ethnograph v5.0
제품 이름					
제조 회사	QSR International	Scientific Software Development	ResearchWare, Inc.	VERBI GmbH Marburg	Qualis Research Associates
종합 등급(등수)	최고	탁월	우수	매우 우수	우수
웹사이트	www.qsr.com	www.atlasti.de	www.researchware.com	www.maxqda.com	www.qualisresearch.com
가격(개인 사용자)	$735	$715	$370	$745	$515
시스템 요구사항	PC에서만 사용 가능 400MHz CPU 64MB RAM 윈도우 2000, XP	PC, Mac, Sun Ultra 펜티엄/AMD 133MHz 32MB RAM 윈도우 9X, 2000, NT, ME, XP. Mac, Sun Ultra	PC, Mac OS 7.6~9.2.2, X10.1 윈도우 98, 2000, NT, ME, XP	PC에서만 사용 가능 펜티엄 64MB RAM 윈도우 9X, 2000, ME, NT 4.0	PC에서만 사용 가능 12MB RAM 12MB 하드디스크 펜티엄 프로세서 윈도우 95 이상
읽기 가능한 문서 형식	RTF, ASCII Text	ASCII Text	ASCII Text	RTF	ASCII Text
쓰기 코드 형식	RTF	ASCII Text, RTF	ASCII Text	RTF	ASCII Text
특징	강력한 오른쪽 클릭 메뉴 자동 코딩 가능 편리한 브라우저 시각화된 이론 형성 작업 멀티미디어 자료 읽기 가능 팀워크 설정 가능 직접 따라 하며 배우는 튜토리얼	드래그 & 드롭 방식의 코딩 가능 자동 코딩 가능 자세한 오른쪽 클릭 메뉴 네트워크 편집 가능 XML 자료의 읽기/쓰기 가능 멀티미디어 자료 코딩 가능	포인트 & 클릭 인터페이스 멀티미디어 자료 읽기 가능 코드 메모 가능 케이스 카드 기능 향상된 자동 코딩 가능 코드 매핑 가설 검증 가능	온라인에서 드래그 & 드롭 가능 지원 단어 사용빈도 통계 계산 가능 코딩 가중치 계산 가능 메모 관리 기능 분석 명령 기능 팀워크 설정 가능	문서 내 코딩 표시 메모 작성 가능
지원	사용자 그룹 글로벌 워크숍 이메일	워크숍 사용자 포럼 이메일	이메일 전화	재미있는 학습용 웹사이트 이메일 워크숍	기본적인 이메일 온라인 도움말

출처: Han, W., "Automating analysis: Selecting and using qualitative analysis software," *QRCA Views* 2(3), Spring 2004. 자료 사용 허락받음.

수 있기 때문이다. 반대로 우리는 현상에서 보이는 작은 차이에 관심을 기울여야 하며, 실질적 타당성^{substantive validity}을 확보하기 위해 노력해야 한다. 연구 결과가 실용적 관점에서 마케팅 전략과 전술에 관한 의사결정에 얼마나 유의미한 영향을 끼칠 수 있는지를 고려해야만 질적 방법론의 실재적 타당성을 이루어낼 수 있다.

25
해석과 결론의 도출

시장조사를 수행하는 에스노그라퍼는 지식을 생산하기 위해 순수하게 학문적인 연구에 몰두하는 에스노그라퍼와는 지향점이 달라야 한다. 즉, 시장조사를 후원하는 연구의뢰인의 입장을 분석에 반영해야 한다.

1. 에스노그라피 자료 해석하기

시장 지향적인 에스노그라피의 조사 결과를 분석할 때는 연구의뢰인이 관심을 가진 의사결정 사안에 초점을 맞춘다. 아무리 흥미롭더라도 관찰 결과를 상세하게 보고하는 것만으로는 부족하다. 에스노그라퍼는 수집한 자료의 이면을 파고들어야 한다. 조사 결과를 뛰어넘는 창의적인 도약을 이루어내려면 숙련된 분석가가 필요하다. 스미스[D. V. L. Smith]와 플레처[J. H. Fletcher] (2004)는 시장조사를 다음과 같이 설명했다.

시장조사는 그와 관계된 사람들이 구체적인 정보에 기초하여 판단하고 결정할 수 있도록 도와준다. 그것은 제품과 서비스의 현재 사용자 및 잠재적 사용자에게 그들의 경험과 의견을 묻고 그들이 말하는 것을 주의 깊게 들은 뒤 그 안에 담긴 함의를 해석해 내는 과정이다. (p.2)

에스노그라피적 정보의 해석자는 조사의 맥락, 즉 조사를 발주한 기업체의 내적 역학관계를 이해해야 한다. 즉 자신이 수행하는 조사가 마케팅 담당자들이 의사결정에 참고하는 수많은 정보 가운데 하나로서, 마케팅의 이해관계자들 사이에서 영향력과 신뢰를 얻기 위해 서로 경쟁하는 다양한 방법들 중 하나라는 점을 자각해야 한다. 에스노그라퍼는 이 같은 맥락을 이해하고 다른 방법론에 기초한 연구자들, 예를 들어 호감도나 사용성에 대한 서베이나 포커스 그룹 면담 등의 방법을 사용하는 다른 실천가들과 함께 상호 보완적으로 연구의뢰인이 찾고 있는 소비자에 대한 정보의 그림을 채워 나간다는 생각으로 조사를 수행함으로써 자신의 권위를 향상시킬 수 있다.

오늘날 연구의뢰자들은 더 많은 독창성과 혁신, 통찰력을 필요로 한다. 또한 더욱 매력적이고 참신하게 구성된 자료를 원한다. 왜냐하면 이들 역시 회사 내부 인사들로부터 명확하지만 덜 복잡한 자료를 내놓으라는 요구를 끊임없이 받고 있기 때문이다. 기업의 회의실에는 이미 수많은 정보가 쌓여 있다. 이 산더미 같은 정보 속에서 연구의뢰자가 선택하는 것은 상세한 정보 뭉치가 아니라 간단하고 깊이 있는 통찰력이라는 점을 명심하기 바란다.

에스노그라퍼는 연구의뢰자의 사업 내용을 이해함으로써 자신의 영향력을 높일 수 있다. 특히 연구의뢰 기업의 문화와 목표, 동기를 이해하고 연구의뢰 기업에서 출시한 제품이 시장에서 어떻게 평가되고 있는지를 알아두면 유용하다.

2. 일반화하기

에스노그라피 자료의 분석은 서로 다른 수준의 다양한 일반화를 통해 이루어진다.

- 잠재적 소비자 유형의 제시: 소비자의 행동이나 감정적 대응에 관한 관찰 결과를 범주화함으로써 조사자는 잠재적 소비자 유형을 도출해낼 수 있다. 구체적인 사례를 살펴보자. 퀄리데이터 사의 에스노그라퍼들은 집안 청소에 관한 조사에서 소비자들을 두 가지 유형으로 나눌 것을 제안했다. 간편하고 신속하게 집안을 정리하는 소비자는 '청소를 해치우려는 사람get-it-done cleaner'으로, 청소의 완성도를 중요하게 생각하는 소비자는 '진지하게 청소하는 사람serious cleaner'으로 분류했다. 이 같은 잠재적 소비자 유형의 분류는 연구의뢰인이 신제품을 구상하는 데 도움이 된다.
- 브랜드 선택 및 제품 사용 과정의 재구성: 관찰한 소비자 행동을 의미 있는 몇 가지 단계로 재구성할 수 있다. 예를 들어 아침식사 준비는 필요한 재료들을 적절히 조합하고 그것을 특정한 방식으로 식탁에 차리는 과정으로 설명할 수 있다. 그 과정에서 소비자는 냉장고에서 꺼낸 차가운 음식을 먹을 수도 있고, 다양한 재료로 토스트를 만들어 먹을 수도 있다.
- 소비자층에 따른 브랜드 선호도와 인구학적 특징의 비교: 에스노그라피 조사를 할 때 우리는 서로 다른 연구참여자들을 비교함으로써 많은 것을 알 수 있다. 다시 말해, 우리는 노인과 아이, 특정한 브랜드에 충성하는 사람과 그렇지 않은 사람, 변화를 추구하는 사람과 습관에 따라 행동하는 사람을 비교해볼 수 있으며, 이와 같은 비교 분석을 통해 서로 다른 유형의 소비자 사이에서 나타나는 행동의 차이를 짚어낼 수 있다.
- 소비자에게 나타나는 특정한 습관이나 선호의 원인 규명: 소비자에게 영향을 끼치는 변수를 이해함으로써 마케터는 소비자의 기대를 충족시키는

방법을 배울 수 있다.

- 중층기술thick description: 에스노그라퍼는 소비자의 민간요법이나 제품을 조
합하는 방식, 혹은 충족되지 않은 욕구 등 현장에서 찾아낸 흥미로운 정
보들을 상세히 기술함으로써 연구의뢰인에게 유용한 통찰을 제공할 수
있다. 즉 이런 발견들은 연구의뢰인이 신제품을 개발하고 새로운 시장을
개척하는 데 기여할 것이다.

3. 창의적인 해석 이끌어 내기

창의적인 성찰에 이르는 체계적인 과정을 수립하는 것은 쉬운 일이 아니
다. 근본적으로 이는 분석가의 경험과 지적 능력, 연구의뢰자의 요구에 반
응하는 감수성에 좌우되는 문제이기 때문이다. 그러한 근본적인 한계에도
불구하고 몇 가지 유용한 접근법을 살펴보면 도움이 될 것이다. 에릭 J. 아
놀드Eric J. Arnould와 멜라니 월렌도르프Melanie Wallendorf(1994)는 분석의 원칙에
관한 연구에서 이 절에 알맞은 몇 가지 조언을 제시했다. 그들은 분석 과정
이 단순하지 않으므로 간단한 명제 몇 개만을 가지고 그 과정을 모두 설명
하기는 어렵다고 경고했지만, 그래도 그들의 조언은 새겨들을 만한 가치가
있다.

이론적 방향: 많은 분석가들이 사회과학 이론을 적용해 자료를 분석하는
방법을 선호하는데, 특히 학계에 몸담은 사람일수록 그런 경향이 심하다
(Ezzy 2002). 이런 사람들은 흔히 상징적 상호작용론이나 프로이트의 정신
분석학, 또는 포스트모던 이론에 기초해 관찰한 현상을 이해하려 한다. 그
러나 대부분의 연구의뢰자는 그런 분석보다 의사결정에 도움이 되는 실용
적 분석을 원한다. 따라서 연구의뢰자가 분석 결과에 내포된 이론적 함의에
까지 관심을 갖기를 기대하면 안 된다.

간극에 대한 설명: 에스노그라피 조사를 진행하다 보면 관찰 결과가 기존에 알고 있던 정보와 미묘하게 다를 때가 있다. 예를 들어 연구참여자가 자신이 말한 바와 다르게 행동하는 순간이 있다. 이런 경우 에스노그라퍼가 그 간극을 이해하려고 노력한다면 의미 있는 통찰을 얻을 수 있다.

깨달음의 순간: 현장에서 조사를 진행하다 보면 때때로 단번에 전체적인 맥락이 이해되고 모든 것이 선명해지는 순간이 찾아온다. 우리가 흔히 '아하!' 하는 순간이라고 부르는 경험이다. 퀄리데이터 사의 한 에스노그라퍼는 종이 타월에 관한 연구를 진행할 때 소비자들이 종이 냅킨을 사용해야 마땅한 상황에서 종이 타월을 사용하는 광경을 목격하게 되었다. 그 이유를 알 수 없어서 연구참여자에게 물어보았더니, 당시 유행하던 '핑거 푸드finger foods'를 먹을 때에는 종이 냅킨보다 종이 타월을 사용하는 것이 더 편하기 때문이라는 답이 돌아왔다. 이 발견은 보고서로 작성되어 연구의뢰인에게 전달되었으며, 이는 신제품 개발로 이어졌다. '아하!' 하는 순간에 대해서는 다음 절에서 더 자세히 살펴볼 것이다.

자기 분석: 더욱 명확한 분석 결과를 내놓기 위해서 자신의 행동에 관한 연구참여자의 해석에 귀 기울일 필요가 있다. 조사를 진행하다 보면 연구자는 때때로 소비자가 현실과 다른 주장을 펴는 것을 보게 된다. 예를 들어 말로는 유명한 브랜드 제품을 사용한다고 주장하면서 실제로는 어느 브랜드인지 알 수 없는 제품을 사용하는 것이다. 이처럼 소비자가 주장하는 입장과 실제 행동 사이에 차이가 있을 때, 그 이유를 따져 봄으로써 에스노그라퍼는 소비자의 제품 선택 기준을 더 명확히 이해할 수 있으며 그에 대해 의미 있는 통찰을 얻을 수 있다.

문화적 맥락: 관찰한 행동을 고유한 문화적 맥락 속에서 읽어냄으로써 에

스노그라퍼는 표면적인 관찰만으로는 알 수 없는 한층 높은 차원의 의미에 도달하게 된다. 몸을 단장하는 의례를 예로 들어 보자. 몸을 단장하는 의례는 특정한 행위 유형의 하나로 이해될 수 있으며 그와 같은 행위는 다양한 미용제품 및 위생용품의 사용을 동반한다. 이와 같은 소비자의 행위를 자기표현과 관련된 거시적인 문화적 맥락에서 이해하고자 노력한다면 에스노그라퍼는 소비자의 선택 패턴을 제한하는 다양한 의미 요소들을 새롭게 찾아낼 수 있을 것이다. 예를 들어 젊음의 가치가 강조되는 사회에서 노화 방지 크림은 나이를 먹는 데 대한 불안이 반영된 대상이다.

비유tropes: 아놀드와 월렌도르프(1994, p.498)는 소비자의 제품 사용에 관한 통찰력을 이끌어 내기 위한 수단으로서 비유를 통해 "다양한 행동과 언설을 연결하는 유의미한 상징적 다리"를 놓을 것을 강조했다. 어떤 행동이 무엇을 나타내는지 혹은 무엇과 비슷한지를 묘사하여 거시적인 의미의 구조를 파악함으로써 판매촉진 전략과 신제품 개발에 관한 영감을 얻을 수 있을 것이다.

은유metaphor: 은유란 관찰한 현상을 유사성에 기초해 더 거시적인 문화적 현상이나 의미의 구조로 표현하는 것을 뜻한다. 은유의 익숙한 예로는 추수감사절의 칠면조 요리를 들 수 있다. 속을 가득 채워 구워낸 칠면조 요리는 풍요로움과 욕구의 해방을 경험하는 순간으로서 추수감사절이라는 명절이 지니는 중요성을 상징한다. 쉽게 말해서, 추수감사절 식탁에 모인 사람들이 식사를 마치고 부풀어 오른 배를 두드리는 상황을 칠면조 요리가 보여 주는 것이다.

4. 에스노그라피 자료에서 마케팅 지식으로

어떤 신제품을 개발하고 언제 그것을 시장에 내놓아야 하는지를 어떻게 알 수 있을까? 우리의 경험에 따르면 신제품 개발에 필요한 아이디어는 현장에서 수집한 자료 속에 숨어 있다. 그러나 관찰에서 통찰로 넘어가는 과정은 쉽지 않다. 이를 위해서는 에드워드 드 보노[Edward de Bono](1970)가 수평사고[lateral thinking]라고 이름 붙인 능력을 함양시킬 필요가 있다. 수평사고란 이성적 계산에서 창의적 도약으로 발돋움해 숨어 있던 가능성을 잡아내게 해주는 능력을 말한다.

'어떤 신제품이 소비자의 욕구와 필요를 채워줄 수 있는가'라는 질문에 대한 답을 소비자 자신이 언제나 정확하게 알고 있을 것이라고 생각하면 안 된다. 때때로 소비자들은 현재 매장에 진열된 제품이면 충분하다고 믿어 버리기 때문이다. 만약 소비자에게 당신이 원하고 필요로 하는 것이 무엇이냐고 직접적으로 묻는다면 더 낮은 가격, 더 많은 양, 다양한 색깔과 같은 상투적인 대답만 돌려받을 가능성이 높다. 분명한 점은, 이런 대답만으로는 상식에 대한 돌파구나 혁신적인 아이디어를 얻기 어렵다는 것이다.

이 절에서는 연구자에게 신제품 개발의 아이디어를 불어넣어 주는 다양한 관찰 유형을 살펴볼 것이다. 사람들의 말보다 행동이 그들의 욕구와 필요에 대한 정보를 더 잘 알려 준다는 사실을 이 관찰 유형을 통해 알 수 있다. 혁신적인 사고를 끌어내줄 열 가지 관찰 유형은 다음과 같다.

제품 사용 패턴을 관찰하여 과정상의 단계를 알아낼 수 있다. 소비자가 제품을 사용하는 모습을 주의 깊게 관찰하면 그가 '의도'에서 시작해 '만족'에 이르는 과정의 단계를 발견할 수 있다. 소비자의 제품 사용 과정은 필요한 물건을 모으거나 옷을 용도에 맞게 갈아입는 것에서 시작해서, 그들이 이루어낸 빛나는 결과에 감격하는 것으로 끝나곤 한다. 이처럼 소비자의 제품 사용 단계를 처음부터 끝까지 관찰함으로써 연구자는 소비자의 기대와 두려움, 의심, 그리고 소망에 관한 정보를 얻을 수 있다.

좀 더 구체적인 예로 세탁기를 사용하는 과정을 관찰해 보자. 세탁기를 돌리기에 앞서서 소비자는 원하는 바와 예상되는 문제점을 고려해 빨랫감을 분류한다. 흔히 하얀색 빨랫감을 다른 색깔의 빨랫감과 섞이지 않도록 분리하는데, 이는 색깔 있는 빨랫감이 하얀색 빨랫감을 물들일 수 있다는 두려움 때문일 수도 있고, 하얀색 빨랫감은 염소표백 같은 특별한 과정을 거쳐야 깨끗해진다는 기대 때문일 수도 있다. 어떤 소비자들은 얼룩제거제를 사용하거나 세제를 푼 물에 미리 담가 두기 위해 얼룩이 심한 빨랫감을 따로 모아 둔다.

이처럼 소비자의 제품 사용 단계를 주의 깊게 관찰함으로써 연구자는 책상 위에서 생각해낼 수 있는 아이디어 이상의 혁신을 이끌어낼 수 있다. 예를 들어 세탁기를 사용하는 과정을 관찰하고 이에 기초해 무염소 표백의 필요성을 발견해낼 수 있는 것이다. 나아가 또 다른 가능성을 찾기 위해서 이런 관찰을 계속 실행한다면 연구자는 신제품이 필요한 새로운 소비자층을 발견할 수도 있다. 퀄리데이터의 에스노그라퍼들은 터키 소비자들의 세탁 과정을 연구하면서 여성들이 이슬람 관습에 따라 남성의 옷가지와 여성의 옷가지를 분류해서 세탁한다는 사실을 발견하고는 깜짝 놀랐다. 이러한 관찰 결과는 터키 시장 혹은 이슬람 시장에 현재 출시된 제품이 충족시켜 주지 못하는 소비자의 욕구와 필요가 존재한다는 점을 보여 준다. 즉, 혁신이 요구되고 있는 것이다.

소비자는 실수를 한다. 도널드 A. 노먼^{Donald A. Norman}(1990)이 지적했듯이 사람들은 제품을 사용하다가 실수를 저질렀을 때 자기 자신을 책망하는 경향이 있다. 그들은 자신의 경험 부족을 탓하거나, 사용설명서를 꼼꼼히 읽지 않은 것을 후회하거나, 자신이 기계치라는 점에 모든 문제의 원인을 돌린다.

실수는 보통 제품의 사용법을 직관적으로 이해하기 어려울 때, 소비자의 경험이 모순되는 기대를 만들어낼 때, 일이 돌아가는 방식에 대해 소비자가 마음에 가진 이미지를 제품이 침해할 때 일어난다. 사용성 및 사용자 인터페이스와 관련된 이런 문제는 단지 컴퓨터 프로그램이나 휴대전화, VCR를 사용할 때에만 발생하지는 않는다. 소비자의 실수는 제품의 종류와 상관없이 언제나 발생할 수 있다. 그리고 이런 소비자의 실수에 관한 관찰 결과는 신제품 개발의 좋은 밑거름이 된다.

제4장에서도 언급했던 사례인데, 몇 년 전에 수행한 살충제 사용에 관한 관찰조사에서 우리는 소비자들이 미끼형 살충제와 스프레이형 살충제를 동시에 사용하는 경향이 있다는 사실을 발견하고 크게 놀란 적이 있다. 소비자들은 두 종류의 살충제를 함께 사용하면 효과가 반감된다는 사실을 몰랐다. 좀 더 자세히 설명하면, 미끼형 살충제는 제품 안으로 유인된 소수의 개미나 바퀴가 독이 든 먹이를 섭취한 후 서식지로 돌아가 다른 개체에게 독을 퍼뜨리는 방식으로 해충을 박멸한다. 그러나 많은 소비자들은 미끼형 살충제가 즉각적으로 해충을 죽이거나 타격을 입힌다고 착각하고 있었다. 즉, 미끼형 살충제가 해충을 가두어 둔다거나, 수많은 개미와 바퀴가 제품 안으로 들어와 독이 든 먹이를 섭취하여 그 자리에서 죽는다고 이해했던 것이다. 이 같은 관찰 결과를 바탕으로 미끼형 살충제의 작동 방식에 대해 더 이해하기 쉬운 설명을 포장지에 인쇄하여 이 문제를 해결했다.

소비자는 독자적인 방법으로 제품을 조합한다. 상점에서 팔리는 제품이 기대만큼 효과적이지 않다고 판단되면 소비자는 독자적인 방식으로 여러 종류의 제품을 조합해 사용한다. 현명한 에스노그라퍼는 이런 상황을 관찰하여 기존의 제품군을 확장하거나 혁신적 신제품을 개발하는 데 필요한 영감을 얻는다.

우리는 몇 년 전 카운터와 바닥 청소에 관한 관찰조사를 수행하다가 흥미로운 사실 하나를 발견했다. 소비자들이 청소용품과 함께 가정용 표백제를 사용한다는 점이었다. 한 여성은 도마와 식탁을 청소하면서 식기세척제와 염소표백제를 섞어서 사용했다. 연구참여자들에게 그런 행동의 목적과 의도를 물었을 때 되돌아온 대답은 그 맥락에서 충분히 예상되는 것이었다. 이와 비슷한 예로, 최근 대장균에 감염된 닭고기를 먹고 여러 명이 병에 걸리는 사건이 일어나 음식 조리 구역의 세균 오염 위험성이 심각하다는 지적이 이슈로 떠오르자 주부들이 세균 오염의 가능성을 줄이는 방법으로 표백제를 소개하는 뉴스에 큰 관심을 보인 바 있다.

　　이와 같은 관찰 결과를 통해 마케터들은 소비자들이 항균 기능을 원하고 있다는 점을 분명하게 인지했다. 그전까지는 병실을 청소하거나 어린아이를 키우는 사람들만 항균 제품에 관심을 가졌기 때문에 항균 제품군은 비교적 작은 시장으로 여겨졌다. 그러나 한 비누회사가 최근 악취 제거 기능이 강화된 항균 제품을 출시하여 기존 인식에 도전했다. 그 회사는 우리에게 연구를 의뢰한 기업 중 하나로, 우리의 관찰 결과를 통해 마케터들이 항균 기능을 갖춘 다양한 제품군을 출시하면 상당수의 소비자들이 관심을 가질 것이라고 새로이 인식하게 되었다. 게다가 연구의뢰인의 제품군은 이미 소비자들이 원하는 살균 기능을 갖추고 있었으며 브랜드 이미지 또한 그에 부합했기 때문에, 그들은 단지 현재 판매되는 카운터 및 바닥 청소용 제품에 항균 기능이 있음을 소비자들에게 새롭게 알려 주는 것만으로 원하는 바를 이룰 수 있었다.

　　소비자는 독특한 사용법이나 새로운 제품을 만들어 낸다. 판매되는 제품의 효과가 기대 이하일 때 창의적인 소비자는 자신만의 해결책을 만들어 낸다. 여분의 철사 옷걸이와 고무줄, 종이에서 새로운 기능을 찾아내고, 요리 재료나 세척제로 새로운 제품을 발명해 낸다. 그리고 에스노그라퍼에게 자신이 발명한 것을 기꺼이 보여 주고 싶어 한다. 만약 창의적인 마케터가 소비자들이 발명한 제품을 관찰한다면 그 아이디어는 신제품 개발의 밑거름이 되어 상품으로 재탄생하게 될 것이다.

소비자의 창의성을 쉽게 관찰할 수 있는 상황 중 하나가 집에서 바비큐 요리를 할 때이다. 세계의 다른 지역은 물론 미국에서 남자라고 하는 사람들은 하나같이 바비큐 그릴에 고기를 굽는 자신만의 기술에 자부심을 가지고 있다. 한가로운 여름 주말의 바비큐 파티에 관찰조사차 참석한 에스노그라퍼는 다양한 현지의 발명품을 볼 수 있다. 흑설탕이나 피클즙, 와인, 마리네이드를 섞은 우스터소스 같은 특별한 재료나 뒷마당에서 채집해 숯을 첨가한 훈제용 메스키트 같은 까다롭게 고른 장작을 볼 수 있을지도 모른다. 어쩌면 불을 붙일 때 바닥에 구멍을 뚫고 종잇조각을 넣은 빈 커피캔을 숯과 함께 넣는 광경을 보게 될 수도 있다. 이 방법은 불을 붙일 때 유해 화학물질의 위험을 피하고 싶어 하는 소비자들이 특히 선호하는 것 같다. 지금까지 살펴본 것과 같은 소비자의 발명을 관찰한 결과는 가시적이고 효과적인 신제품 개발로 이어질 것이다.

제품 사용 방식을 관찰함으로써 제품의 새로운 장점을 찾아낼 수 있다. 제품이 가진 장점에 대한 소비자의 경험은 지극히 주관적이다. 그것은 개인적기대, 제품의 특징, 브랜드 이미지, 그리고 생애 단계와 같은 요소에 따라 달라지는 심리적 상태이기 때문이다. 에스노그라퍼는 소비자의 제품 사용 경험을 이해함으로써 소비자가 제품의 장점에 대해 어떤 느낌과 감정을 가지는지를 알아내고, 나아가 혁신적인 아이디어를 이끌어낼 수 있다.

모엔 레볼루션 샤워 꼭지Moen Revolution Showerhead*에 관한 조사를 보자. 우리는 샤워를 통해 소비자들이 얻는 이득을 기능적인 것—모발과 피부를 씻는

---

* 샤워할 때 사용되는 물의 양을 절감할 수 있도록 설계된 대표적인 기능성 샤워기 제품. 디자인이 훌륭하다. 기존의 샤워 꼭지와는 달리 미끄러질 염려가 없는 손잡이가 샤워 꼭지에 달려 있어 '회전Revolution'이 쉬우므로 가히 샤워 꼭지의 '혁명Revolution'이라고 할 만하다.

행위가 가져다주는 청결함―과 심리적인 것―편안한 마음 상태―으로 나눌 수 있다고 생각하고 조사를 시작했다. 소비자들의 샤워 행위를 면밀하게 관찰하고 샤워가 주는 느낌에 관한 폭넓은 인터뷰를 수행한 결과, 우리는 샤워가 제공하는 심리적 측면의 이득을 깊이 이해할 수 있었다. 그동안 우리는 샤워가 가져다주는 감정적 이득을 심각하게 과소평가하고 있었음이 분명했다. 물에 흠뻑 젖는 경험, 고립된 상태에서 물과 나누는 교감, 그리고 발가벗은 상태는 어떤 이에게는 편안한 기분을, 다른 이에게는 활력을 가져다주었다. 또한 연구참여자들은 마치 아로마 테라피를 하듯이 기도와 명상을 하고, 뜨거운 스팀을 깊이 들이마시면서 샤워를 즐겼다. 그들은 마치 작은 공간 안에서 정화 의례를 하는 것처럼 보였다. 우리는 이 관찰 결과를 토대로 소비자들이 샤워를 하면서 얻는 감정적 이득을 직접적으로 강화하기 위하여 샤워기를 더 고급스럽게 디자인해야 한다고 제안했다.

제품 사용 방식의 관찰을 통해서 소비자가 제품 사용 결과에 수긍하는지, 불만스러워하는지, 혹은 대단히 만족스러워하는지를 알게 된다. 연구참여자의 말과 보디랭귀지 사이에 차이가 있을 때, 혹은 연구참여자가 말한 것과 에스노그라퍼가 관찰한 것이 서로 모순될 때가 바로 소비자들이 자기 자신을 가장 적나라하게 보여 주는 순간이다. 그리고 이런 상황을 주의 깊게 관찰함으로써 우리는 신제품 개발의 아이디어를 이끌어낼 수 있다.

다시 한번 집안 청소의 사례를 살펴보자. 소비자가 최선을 다해 화장실 청소를 끝마쳤음에도 불구하고 여전히 말라붙은 비누 거품과 얼룩이 타일 위에 남아 있을 때, 우리는 "좋아, 다 끝났어."라는 그의 말보다 찌푸린 얼굴 표정, 축 늘어진 어깨, 지친 눈빛을 통해서 그의 속내에 더 가까이 다가갈 수 있다. 그리고 소비자가 이처럼 불만족스러운 결과를 수용하는 태도를 통해 조사자는 새로운 해결책의 필요성을 읽어낼 수 있어야 한다. 청소를 마친 소비자는 노력할 만큼 했고 제품도 기대한 만큼의 효과가 있었다고 생각할

지도 모른다. 어쩌면 그는 처음부터 완벽하게 청결한 집을 목표로 하지 않았을 수도 있다. 그러나 제품 개발자는 이런 '현실 안주'를 '만족'의 의미로 받아들여서는 안 된다. 제품 사용 결과에 대해 말로 불평하지 않았다고 해서 소비자가 제품에 만족했다고 볼 수는 없다.

제품 사용 방식의 관찰을 통해서 가사분담 방식을 알아낼 수 있다. 일상적인 집안일이 사회적 범주에 따라 구분되는 현상을 관찰함으로써 우리는 기저에 깔려 있는 전제와 자신의 책임에 대한 소비자의 태도를 이해할 수 있다. 예를 들어 어떤 일은 어른보다 아이가 하는 것이 마땅하다고 여겨지며, 어떤 일은 여성보다 남성에게 어울린다고 간주된다. 배관공이나 세탁업자 같은 전문가에게 맡겨지는 일이 있는가 하면, 정원 관리나 카펫 청소 같은 일은 가족 구성원 중 항상 그 일을 해온 사람에게 계속 맡겨지곤 한다. 현장을 방문했을 때 이런 가사분담 방식을 관찰할 기회를 얻은 에스노그라퍼는 그로부터 마케팅 아이디어를 이끌어 내기 위해 노력해야 한다.

만약 연구참여자가 주어진 문제를 오로지 전문가만이 해결할 수 있다고 생각한다면, 그 기저에는 현재 사용하는 방식이 만족할 만한 효과를 내지 못한다는 믿음이 깔려 있다고 보아야 한다. 그리고 이와 같은 관찰 결과는 일부 브랜드가 '전문가 제품군'을 출시하는 계기가 되었다. 한편, 아버지가 요리에 대한 의무를 아들과 나누고 싶어 한다면 그의 의도는 요리를 통해 공통의 추억을 쌓는 것이며, 나아가 협동해서 임무를 완수하고 성공에 따르는 기쁨을 공유하고자 한다는 의미로 해석될 수 있을 것이다.

관찰을 통해서 제품을 사용하는 장소를 알아낼 수 있다. 특정한 제품이 '살고 있는' 장소를 찾아내는 것은 현장에서 에스노그라퍼가 얻는 즐거움 가운데 하나이다. 현장방문 중 조사자는 집 안에서 쓰는 제품이 집 밖에 나와 있거나 창고에 있는 것을 보게 될 수도 있다. 또는 주방용품이 화장실에 있거나 반대로 화장실용품이 주방에 놓여 있을지도 모른다. 놀이방에 있어야 할 제품이 침실에서 발견되기도 한다. 이처럼 소비자는 마케터가 상정한 제품 사용의 패턴을 가볍게 무시하곤 한다. 조사자는 제품 사용 장소를 주의 깊게 관찰해 소비자의 사고방식과 기대, 내면의 욕구를 알아낼 수 있으며, 나아가 혁신적인 신제품을 개발할 수 있다.

최근에 수행된 종이 제품에 관한 조사를 예로 들어 보자. 우리는 한 가정에서 저녁식사용 대형 냅킨이 화장실에 놓여 있는 것을 발견했다. 알고 보니 사람들이 서로에게 세균을 감염시킬까봐 걱정한 주부가 공용으로 사용하는 직물 타월 대신 종이 타월을 놓아두고 싶었는데, 종이 타월이 너무 비싸고 구하기도 어려워서 그 대신 저녁식사용 대형 냅킨을 화장실에 비치해 두었던 것이다. 조사자는 이런 관찰 결과에서 제품군 확장을 위한 아이디어를 얻게 된다.

소비자는 제품을 사용하기 전에 용기를 바꾸거나 포장을 변형하곤 한다. 조사자는 제품을 사용하기 전 준비단계에서 소비자가 제품을 어떻게 다루는지, 어떻게 조작하는지를 주의 깊게 관찰함으로써 소비자의 욕구나 새로운 사용법을 알아낼 수 있다. 소비자가 특정한 방식으로 포장이나 내용물을 변형하고 조정하는 행동을 보인다면, 디자이너와 제품 개발자는 그와 같은 관찰 결과로부터 신제품 개발을 위한 아이디어를 이끌어낼 수 있을 것이다.

단적인 예로, 바쁜 가족을 위해 아침식사를 준비하는 주부가 가족 구성원에 따라 개개인의 식사 분량을 조절하는 경우를 들 수 있다. 이와 같은 관찰 결과에 기초해 몇몇 냉동식품 제조회사는 양을 쉽게 조절할 수 있는 제품을 출시했다.

소비자가 가정에서 다 쓴 제품 용기를 재사용하는 방식도 흥미로운 관찰 주제이다. 예를 들어 어떤 소비자들은 옷에 묻은 얼룩을 간단히 지우기 위해 다 쓴 머스터드 용기에 표백제를 넣어 얼룩진 부분에만 살짝 바른다. 코스트코 같은 대형 할인매장에서 구입한 대용량 제품을 작은 단위로 나누어 재포장해 사용하기도 한다. 대량으로 구입한 냅킨을 작은 플라스틱 상자에 조금씩 옮겨 담아서 사용하는 경우가 대표적이다. 똑똑한 마케터라면 이런 관찰 결과에 주목하여 제품 포장을 개량하는 방법을 찾아낼 것이다.

소비자는 이루어질 수 없는 일을 꿈꾼다. 소비자가 제품을 사용하는 모습을 관찰하면서 한 번쯤 그와 먼 미래에 이루어지기를 바라는 일에 대해서 이야기를 나누어 본다면 끝없이 이어지는 가능성과 기회를 만나게 될 것이다. 왜 그런지는 모르지만, 제품을 사용하는 가운데 이루어지는 자유연상은 현실적인 사고와 상상력을 동시에 부추기는 경향이 있다. 그런 소비자의 바람은 한편으로 너무나 이상적이고 이룰 수 없는 것처럼 보인다. 그러나 혁신적인 영감은 바로 그런 생각으로부터 나온다는 점을 명심해야 한다.

당뇨병 환자가 혈당측정기를 사용하는 모습은 제품에 대한 혼란스러운 감정을 보여 주는 대표적인 예이다. 완쾌가 없는 만성 질환이라는 근심, 식단을 지키고 자기관리를 게을리하지 않겠다는 각오, 채혈을 하려면 손가락을 찔러야 한다는 껄끄러움, 건강 유지에 도움이 된다는 각종 의학기술의 효용에 대한 의구심 등 제품을 사용할 때 이 모든 감정들이 서로 충돌하며 소비자를 혼란스럽게 한다. 이런 상황에서 소비자가 채혈할 필요가 없는 혈당측정기를 상상하거나, 손에 들고 있는 혈당측정기가 문제없이 잘 작동하고 혈당수치를 더 정확히 측정하기를 원하는 것은 전혀 이상한 일이 아니다. 이러한 경험을 통해 현재의 제품을 직시하는 순간, 새로운 가능성이 잉태된다.

이 절에서는 신제품 개발자가 관심을 가져야 하는 에스노그라피적 순간들에 대해 살펴보았다. 소비자들이 특정 과정에 따라 제품을 사용할 때, 실수를 저지를 때, 제품을 독특하게 조합해 사용하거나 갖고 있는 제품을 이용해서 새로운 것을 만들어낼 때, 그들의 행동이 제품의 숨은 장점을 암시할 때, 제품 사용 결과에 만족감을 표현하거나 무관심한 태도를 보일 때, 독특한 방식으로 가사를 분담할 때, 생각지도 못한 장소에서 제품을 사용할 때, 제품의 포장이나 용기를 변형해서 사용할 때, 그리고 현실의 장벽 너머에 있는 가능성을 꿈꿀 때, 이 모든 상황은 대안적 해결책과 새로운 가능성, 그리고 창의적 신제품이 소비자의 바람을 이루어줄 수 있다는 결론을 향하고 있다. 앞서 언급했듯이, 표면적인 관찰의 이면으로 파고들기 위해서는 충분한 통찰력과 창의력을 갖추어야 한다. 그 과정이 쉽지는 않지만 그 결과가 충분히 보상해줄 것이다.

26
성취도 평가

    에스노그라피 연구의 마지막 단계는 프로젝트의 성취도를 평가하는 것이다. 프로젝트의 성취도 평가는 보통 프로젝트 책임자와 매니저가 담당하며, 다른 프로젝트 팀이나 연구의뢰인 측에서 평가에 참여하는 경우도 있지만 참여하지 않아도 무방하다. 성취도 평가의 목적은 조사 활동의 강점과 약점을 확인하고, 프로젝트의 각 요소들이 얼마나 효율적이었는지를 검토하며, 인적 자원이 얼마나 적절하게 배분되었는지를 되짚어 보는 데 있다.

    성취도 평가는 프로젝트의 각 요소들을 질적인 방법과 양적인 방법을 모두 사용해서 간단하게 검토하는 방식으로 진행하는 것이 좋다. 평가 시 다루는 프로젝트 요소들은 다음과 같다.

- **프로젝트 디자인**: 프로젝트가 연구의뢰인의 요구사항을 얼마나 효과적이고 정확하게 반영했는가?
- **착수 자료**: 연구참여자 신상명세서, 스크리너, 관찰 가이드, 연구참여자를 위

한 정보 안내지, 계약서 등이다.

- **하청업체의 성과**: 비디오 촬영 등 특수한 과업을 수행하기 위해 프리랜서를 고용했을 경우 그 성과를 검토한다.
- **연구참여자 모집**: 연구참여자 모집책의 성과와 더불어 신상명세서나 스크리너 등 연구참여자 모집에 사용된 도구의 효과를 평가한다.
- **현장**site**방문**: 현장방문과 관련해 방문 시기의 선택, 효율성, 인적 구성 등의 요소를 검토한다.
- **자료 수집**: 필요한 자료를 전부 수집했으며 그 과정이 효과적이었는가? 각 (참여)관찰자들은 어떤 역할을 수행했는가?
- **문화적 민감성**: 조사자가 연구참여자와 상호작용하는 과정에서 그리고 분석 과정에서 문화적 요소를 충분히 고려했는가?
- **현장 조정력**field coordination: 현장 계획의 조직과 조정이 순조로웠는가?
- **보고서**: 보고서의 양식과 내용이 적절했는가?
- **연구의뢰인과의 접점**client interface: 연구의뢰인과의 상호관계와 관련해 의사소통과 피드백, 현장에서의 상호 협조, 조사 결과물에 대한 만족도 등의 요소를 검토한다.
- **수익성**: 연구의뢰인에게 지급받은 비용이 계획, 관리, 현장조사 수행, 분석, 보고서 작성 등 프로젝트의 모든 과정을 수행하기에 충분했는가?

성취도 평가는 연구의뢰인에게 더 나은 서비스를 제공하기 위한 노력이며 에스노그라피 조사 사업을 확장해 나가는 데 밑거름이 된다는 점을 명심하기 바란다.

1. 기록 관리와 문서 보관

에스노그라피 조사를 통해 수집한 자료는 나중에 재검토하고 재분석할 경우에 대비해 프로젝트 일정이 종료된 뒤에도 일정기간 동안 보관해야 한다. 만약 연구자가 자료를 추가로 분석하고 새로운 시사점을 찾아내어 그 결과를 연구의뢰인에게 제공한다면 연구자와 연구의뢰인의 관계는 한층 돈독해질 것이다. 이를 위해 협력업체나 하청업체에 그들이 수집한 기록을 최소 7년 이상 보관하도록 요구하는 것이 좋다.

보관해야 하는 기록 중 가장 중요한 것은 현장에서 수집한 자료의 파일이다. 각 현장 파일에는 테이프, 노트, 중간보고서, 스크리너, 문서자료 등 현장방문 시에 사용하거나 수집한 모든 자료를 망라해야 한다. 현장 파일을 만들 때 보관함으로 대형 마닐라 봉투를 사용하면 이 모든 자료들을 어려움 없이 담을 수 있을 것이다. 현장 파일을 모두 만들었으면 전체 파일을 한 개의 상자에 넣은 뒤 지나치게 덥거나 춥지 않고, 또 너무 건조하거나 습하지 않은 장소에 보관한다.

현장 파일과 더불어 각종 보고서와 브레인스토밍 노트도 보관해둘 필요가 있다. 또한 전자문서를 이동식 저장매체에 백업해 두는 것도 잊지 말아야 한다.

2. 에스노그라피에 대한 사랑을 바치며

이 책은 기업 경영과 에스노그라피의 만남을 도모하고 장려하는 실용적인 지침서로서 기획되었다. 우리는 이런 형태의 연구가 필요한 근본적인 이유에서 시작하여, 연구를 조직하는 과정과 현장연구를 수행하는 구체적인 과정을 거쳐, 연구의뢰인의 관심을 반영한 자료 분석 방식에 이르는 길고 세밀한 여정을 독자 여러분과 함께했다. 그렇지만 우리의 연구를 도와준 연구 참여자들에게 감사의 말을 전하지 않은 채로 이 책을 마무리한다면 무언가가 부족하다는 느낌을 지울 수 없을 것이다.

우리에게 자신의 가정과 직장을 보여 주고 삶의 경험과 내면의 생각을 나누어 준 자발적 참여자들이 없었다면 우리가 수행한 모든 에스노그라피 연구는 성공하지 못했을 것이다. 그들은 그 대가로 상당한 사례를 받았을 수도 있고, 심지어 개인적인 일들이 공식적으로 널리 알려져 자신을 과시하는 즐거움을 얻었을 수도 있다. 그럼에도 불구하고 연구참여자들은 각각의 고유한 존재로서 마케터들에게 많은 가르침을 준 특별한 사람들이다.

여러 해에 걸쳐 에스노그라피 연구를 수행하면서 우리 팀은 연구참여자와 수많은 승리의 순간을 함께할 수 있었다. 요리에 능숙하지 않은 주부가 가족을 위해 훌륭한 저녁식사를 차려냈을 때 우리도 그 자리에 있었다. 또한 우리 팀은 연구참여자와 고통의 순간도 함께했다. 우리는 당뇨병 환자가 제대로 작동하지 않는 혈당측정기와 고투하던 순간을 잊지 못한다. 에스노그라피의 기쁨은 바로 이런 꾸밈없는 순간에서 나온다고 나는 믿는다. 모든 일들이 제대로 이루어지는 순간에, 우리와 연구참여자들이 현장방문 상황을 편안하게 느끼는 순간에 우리는 연구참여자들과 인간적인 교감을 나눌 수 있었다. 그런 순간들마다 우리는 통찰력과 이해를 얻었고 기쁨과 연민을 느꼈다.

그런 이유로 나는 우리 팀과 연구의뢰인을 위해 기꺼이 연구에 참여해준 수백 명의 연구참여자들에게 감사의 말을 전하며 이 책을 마무리하고자 한다.

"감사합니다. 당신과 동행하며 삶의 상세한 부분들을 함께 나눌 수 있어서 기뻤습니다. 이 모든 노력이 값진 결실을 맺게 된 것은 모두 당신 덕분입니다."

부록

훌륭한 에스노그라피를 위한 십계명

1. 우선 관찰자가 되어라

    우리가 소비자의 가정을 방문하는 이유는 보고 듣고 배우기 위해서이다. 우리의 목적
    은 그들의 생각을 바꾸거나, 어떤 확신을 주거나, 판촉행위를 하는 것이 아니다(그것
    은 나중의 일이다). 정보제공자가 흐름의 주도권을 잡게 하라. 관찰자로서 우리는 소
    비자보다 제품에 대해 더 알고 있는 것처럼, 또는 마치 책임자처럼 행동하고 싶은 유
    혹을 이겨내야 한다.

2. 현장의 규율protocol을 존중하라

    현장의 규율과 관찰 가이드는 현장에서의 일반적인 행동 절차의 윤곽을 결정한다. 팀
    의 리더를 따르고 협조적으로 행동하라.

3. 객관적으로 생각하라

    사람들의 실제 행동에 대해서 어떠한 것도 기대하거나 예상하지 말라. 모든 경험을
    열린 마음으로 받아들여야 한다. 소비자의 관점에서 사물들을 이해하려고 노력하
    라. 마케팅 전문용어나 내부자끼리 사용하는 단어가 아닌 소비자들의 언어를 사용
    하라.

4. 정보제공자를 무조건적으로 사랑하라

    존중과 배려심을 보여라(우리는 정보제공자에게 어느 정도 민감한 내용을 노출해 주
    기를 요청한다). 선량한 손님이 되어라. 따뜻하고 우호적으로 행동하라. 평가하려 들
    지 말라. 정보제공자의 반응을 강화하고자 할 때에는 그 방식에 유의해야 한다. 예를
    들어 "그거 좋네요."라는 반응은 특정한 행동을 유도할 수 있다.

5. 현장방문의 단계를 차근차근 따라가라

    현장방문을 천천히 진행시킨다. 현장방문 초기에는 라포를 형성하고 편안한 관계를
    구축하면서 보내라. 지극히 일반적인 질문에서 구체적인 질문으로 옮겨 가라. 세부적
    인 내용을 파고드는 것은 방문 후반 단계를 위해 아껴 두어라.

6. 모든 것을 자료로 여겨라

에스노그라퍼로서 우리는 보고, 듣고, 질문한다. 이는 잠재적인 관찰 항목이 무한하다는 것을 뜻한다. 즉, 누군가가 일을 처리하는 방식, 정보제공자의 감정을 드러내는 보디랭귀지, 사물의 이전 모습과 이후 모습, 가족들이 서로에게 하는 말들, 그리고 당신의 질문에 대한 정보제공자의 대답 등 모든 것이 우리의 관찰 대상이다.

7. 적절한 질문을 하라

'예/아니요'로 답할 만한 질문이 아닌, 열려 있는 질문을 하라. 질문으로 정보제공자를 가르치거나 지도하려 해서는 안 된다. '설명해 주세요' 혹은 '묘사해 주세요'라고 물어보아 정보제공자가 자신의 생각을 정교화할 수 있도록 북돋운다.

8. 후속질문을 할 때는 긍정적인 표현을 사용하라

'왜'라고 묻거나, 대립각을 세우고 계속 질문을 던지면 응답자는 문책당하는 것처럼 느끼고 대답을 기피하게 된다. 좀 더 자세한 설명이 필요한 경우, "더 말해 주실 수 있나요?"라거나 "항상 그런가요? 아니면 가끔 그런가요?" 같은 긍정적인 표현으로 설명을 요청한다.

9. 당신이 보고 있는 상황을 바꾸려 하지 말라

정보제공자들이 자연스러운 흐름에 따라서 일상의 과업을 처리해 내는 흐름을 관찰하는 것이 우리의 임무이다. 기대감을 드러내거나 보디랭귀지 등을 통해서 그들의 행동을 변화시킬 수 있는 실마리를 주지 않도록 유의한다. 정보제공자들을 재촉하지 말라. 도와주지도 말라. 조언을 하지도 말라.

10. 잘 기록하라

우리는 당신에게 현지조사용 노트를 제공할 것이다. 관찰 내용을 분명하고 꼼꼼하게 기록하라. 읽기 쉽게 작성하라. 도형과 도표, 기호를 이용하라. 필요한 경우 흩어져서 여러 장소에서 관찰하라. 카메라와 녹음기를 잘 활용하라.

프로젝트 관리의 흐름

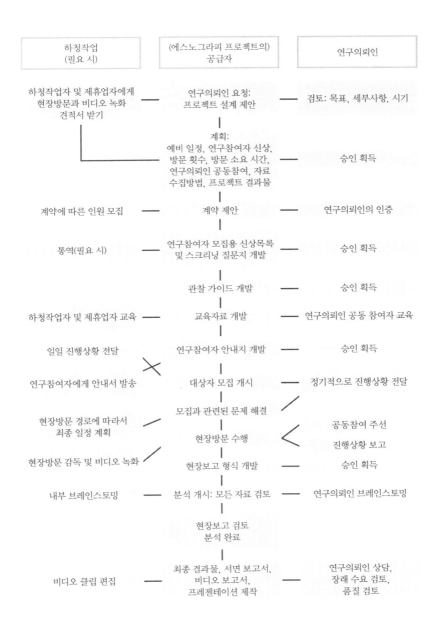

하청작업 (필요 시)	(에스노그라피 프로젝트의) 공급자	연구의뢰인
하청작업자 및 제휴업자에게 현장방문과 비디오 녹화 견적서 받기	연구의뢰인 요청: 프로젝트 설계 제안	검토: 목표, 세부사항, 시기
	계획: 예비 일정, 연구참여자 신상, 방문 횟수, 방문 소요 시간, 연구의뢰인 공동참여, 자료 수집방법, 프로젝트 결과물	승인 획득
계약에 따른 인원 모집	계약 제안	연구의뢰인의 인증
통역(필요 시)	연구참여자 모집용 신상목록 및 스크리닝 질문지 개발	승인 획득
	관찰 가이드 개발	승인 획득
하청작업자 및 제휴업자 교육	교육자료 개발	연구의뢰인 공동 참여자 교육
일일 진행상황 전달	연구참여자 안내지 개발	승인 획득
연구참여자에게 안내서 발송	대상자 모집 개시	정기적으로 진행상황 전달
현장방문 경로에 따라서 최종 일정 계획	모집과 관련된 문제 해결	공동참여 주선
현장방문 감독 및 비디오 녹화	현장방문 수행	진행상황 보고
	현장보고 형식 개발	승인 획득
내부 브레인스토밍	분석 개시: 모든 자료 검토	연구의뢰인 브레인스토밍
	현장보고 검토 분석 완료	
비디오 클립 편집	최종 결과물, 서면 보고서, 비디오 보고서, 프레젠테이션 제작	연구의뢰인 상담, 장래 수요 검토, 품질 검토

프로젝트 문서의 예시

연구참여자(정보제공자) 동의서

주의: 이 문서는 독자의 이해를 돕기 위한 예시입니다. 이 내용은 법적 영향력이 없습니다. 실제 조사에서 사용할 연구참여자 배부지는 자격을 갖춘 상담자와 상의하여 작성하시기 바랍니다.

이름(연구참여자) _____

주소 _____

나이 _____

기록 수단: 음성 및/또는 영상(스틸 사진, 비디오테이프, 오디오테이프, 컴퓨터 이미지 등 포함)

프로젝트 설명: 나의 일상을 포함한 나에 대한 기록은 …… [여기에 연구 대상이 되는 주 활동들을 서술한다.] …… 와 기타 활동을 기록하는 것으로서, 그 내용은 [당신의 회사 이름] 및 그 회사의 연구의뢰인, 직원, 에이전트, 광고 대행사, 사진가, 기록 담당 전문가, 그리고 그 후임자와 위임인에 의해 마케팅 조사 목적으로 사용됩니다. 나에 대한 기록물은 오로지 앞에 열거한 기업과 개인에 의해서만 사용되며, 일반 대중을 상대로 한 광고 목적으로는 사용되지 않습니다.

나는 '허가, 동의, 승인, 면제, 포기, 보상규정'에 서명함으로써 이 프로젝트에 참여하고 위임장을 제공한 데 대한 보답으로 총 $_____를 받습니다. 이 금액을 받음으로써 나는 위의 프로젝트 설명에 따라 나를 대상으로 한 스틸 사진, 비디오테이프, 오디오테이프, 컴퓨터 이미지(이하 '기록') 등의 음성 및 영상 기록을 위임·승인·허용하며 이를 번복할 수 없음을 받아들입니다.

나는 '허가, 동의, 승인, 면제, 포기, 보상규정'에 서명함으로써 나에 대한 기록이 이루어진다는 점을 이해합니다. 나는 이 기록 행위에 동의하며, 나에 대한 기록과 관련하여 퀄리데이터 리서치 및 이 회사의 연구의뢰인, 직원, 에이전트, 광고 대행사, 사진가, 기록 담당 전문가, 그리고 그의 후임자와 위임인에게 아무런 책임을 묻지 않을 것이며, 그들 모두에게 프로젝트 설명에 명시된 대로 나에 대한 기록 및 유사 사례를 마케팅 조사에 이용할 권리를 승인합니다.

또한 나는 기록을 승인 혹은 감독할 권리, 기록의 사본을 받을 권리, 마케팅 조사 범위에 포함되는 기록을 온당하게 사용하는 데 반대할 권리를 포기합니다.

또한 내가 18세 이상이며, '허가, 동의, 승인, 면제, 포기, 보상규정'에 서명하는 데 어떠한 제한도 없음을 인정합니다.

퀄리데이터와 연구의뢰인들이 유용한 기록을 생산할 수 있도록 [여기에 연구하려는 주요 활동들을 서술한다.]에 대한 일상생활에 집중하고 그와 상관없는 다른 활동들을 자제하는 데 동의합니다. 선정적이거나, 불쾌하거나, 외설적이거나, 그 밖의 방식으로 조사 목적에 부합하지 않는 행동을 요구받지 않으며, 그러한 행동을 하지도 않겠다는 데 상호 동의합니다.

또한 이 프로젝트에 관계된 모든 기업과 개인이 내가 서명한 '허가, 동의, 승인, 면제, 포기, 보상규정'과 나의 진술을 신뢰한다는 점을 인식합니다. 따라서 나는 '허가, 동의, 승인, 면제, 포기, 보상규정'의 나의 서명 혹은 '허가, 동의, 승인, 면제, 포기, 보상규정'이 부적절하게 작성되었거나 자의로 작성하지 않았다는 주장, 또는 나의 상속인, 배우자, 혹은 가족 구성원 등은 위임장이 규정하는 사람들에 해당하지 않는다는 주장으로 인해 발생하거나 그와 관계하여 나 또는 그 외의 사람들이 이의를 제기하더라도 퀄리데이터 리서치 및 그의 연구의뢰인, 직원, 에이전트, 광고 대행사, 사진가, 기록 담당 전문가, 그리고 그의 후임자와 위임인에게는 법적 책임이 전혀 없음을 인정합니다.

나는 프로젝트에 참여하면서 알게 된 모든 정보를 비밀로 할 것이며, 그 정보를 퀄리데이터 리서치와 그의 연구의뢰인들을 포함하여 다른 어떤 개인이나 기업에도 공개하지 않겠습니다.

날짜 _____   서명 _____

증인 _____

□ 스크리너

스크리닝(예비 타당성 조사) **질문지**
멕시코 음식 에스노그라피

이름 _____

주소 _____

전화(오전) _____ 전화(오후) _____

휴대전화 _____ 이메일 _____

뉴욕과 시카고 지역을 대상으로 한 스크리너(예비 타당성 조사)

자격 재검토: 모든 가구에 해당하는 요구 조건

- 여행, 문화적 헌신, 민족적 유산 등을 통해서 멕시코 문화와 연관성이 높을 것. 그러나 가구 내에서 주로 사용하는 언어는 영어일 것
- 연령 또는 가구 범주가 다양할 것
- 가구 내 자녀들의 연령이 다양할 것(11세 미만, 11세 이상)
- 최저 학력: 대학 재학 경험
- 연구참여자는 모두 가장으로서 식료품 구매와 요리를 책임지고 있을 것
- 여성 가장의 경우 취업자와 미취업자를 혼합할 것
- 오락적·공식적·비공식적 식사 상황을 적절히 섞어서 관찰할 수 있을 것
- 다양한 민족적 구성(멕시코계 미국인에 한정되면 안 됨)
- 다양한 가구 소득 수준: 최소 연 5만 달러부터(모든 출처의 소득을 합산한 과세 전 소득)

도입

안녕하십니까, 제 이름은 _____ 이고 _____ 에서 일하고 있습니다. 저희는 오늘날의 소비자 라이프스타일을 더욱 잘 이해하기 위해 〔뉴욕〕〔시카고〕 지역에서 각 가구를 대상으로 독특한 마케팅 조사를 수행하고 있습니다. 이 조사에서는 귀하의 가정을 방문하여

귀하가 평상시에 음식을 준비하고 소비하는 과정을 관찰하고자 합니다. 가정에서 인터뷰할 때 비디오 녹화도 함께 이루어질 수 있습니다. 이 조사는 상품을 판매하거나 광고하기 위한 것이 아닙니다. 귀하가 이 조사에 적합하신지 간단히 알아보겠습니다. 이런 종류의 조사에 참여하는 데 흥미가 있으신지요?

Q0. 저희는 멕시코 문화, 음식, 라이프스타일에 진지한 관심을 가진 개인과 가구를 대상으로 이 조사를 수행하고자 합니다. 귀하와 가족은 이러한 유형에 속합니까?
[ ] 예
[ ] 아니요

보안 검사

귀하의 직업과 조사 참여 경험 등에 대해 몇 가지 질문을 드리겠습니다.

S1. 귀하 혹은 가까운 가족이 아래에 열거한 종류의 기업에서 일하고 계십니까? (목록을 읽어 주고 해당하는 곳에 표시할 것)
[ ] 은행 혹은 중개업
[ ] 학교 혹은 교육기관
[ ] 제조업 혹은 식료품 도매업   (중단할 것)
[ ] 광고 대행사   (중단할 것)
[ ] 마케팅 혹은 시장조사 회사   (중단할 것)
[ ] 소매점   (중단할 것)
[ ] 라디오, TV, 케이블 회사   (중단할 것)
[ ] 잡지사, 신문사, 출판사   (중단할 것)

S2. 이전에 가정 내에서의 활동을 관찰하기 위해 가정을 방문하는 마케팅 조사 연구에 참여하신 적이 있으십니까?
[ ] 예   (중단할 것)
[ ] 아니요

S3. 심층면접이나 연구 토론 그룹에 마지막으로 참여하셨던 적이 언제입니까? (목록을 읽

어 주지 말고 자발적으로 응답하는 내용을 들을 것. 응답자가 대답한 후 아래에 표시할 것)

[ ] 1년 미만

[ ] 1년 이상

[ ] 없다.   (Q1으로 넘어감)

S4. 있다면 주제가 무엇이었습니까?

_____

(음식과 관련된 주제라면 질문을 끝낸다.)

자격 요건 확인

귀하께서 이 조사에 알맞은 조건을 가지고 계신지를 확인하기 위해 몇 가지 질문을 드리
겠습니다.

Q1. (분명하다면 질문하지 말 것. 응답자는)

[ ] 남자

[ ] 여자

(우리는 대부분의 응답자들이 여성일 것이라고 예상하지만 남성이어도 좋다.)

Q2. 귀하는 몇 세이십니까?   (에 구체적인 나이를 적고 아래에 표시할 것)

[ ] 21세 미만   (중단할 것)

[ ] 21~34세

[ ] 35~54세   다양한 집단을 혼합할 것

[ ] 55세 이상

Q3. 다음 중 어느 것이 귀하의 가정을 가장 잘 묘사하고 있습니까? (목록을 읽고 해당하
는 곳에 표시할 것)

[ ] 배우자 혹은 인생의 파트너와 함께 살고 있다.   다양한 집단을 혼합할 것

[ ] 11세 미만 어린이를 보호·양육 중이다.

[ ] 11세 이상 어린이를 보호·양육 중이다.

[ ] 보호·양육 중인 어린이가 없다.

Q4. 다음 중 귀하의 최종 학력에 해당하는 사항을 골라 주십시오. (목록을 읽어 주고 하나에 표시)

[ ] 석사 이상 학위

[ ] 대학원 재학 경험

[ ] 대학교 졸업

[ ] 대학교 재학 경험   다양한 집단을 혼합할 것

[ ] 직업학교 혹은 전문학교 졸업   (중단할 것)

[ ] 고등학교 졸업   (중단할 것)

[ ] 고등학교 졸업 미만   (중단할 것)

Q4B. 세금을 제외한 귀하의 총 소득액은 얼마입니까? (봉급, 연금, 투자수익 포함)
제가 목록을 읽겠습니다. 해당사항이 나오면 말씀해 주십시오.

[ ] A. $25,000 미만   (중단할 것)

[ ] B. $25,000 이상, $50,000 미만   (중단할 것)

[ ] C. $50,000 이상, $100,000 미만

[ ] D. $100,000 이상, $200,000 미만

[ ] E. $200,000 이상   다양한 집단을 혼합할 것

Q5. 귀하는 도심 지역에 사십니까, 아니면 교외 지역에 사십니까? (주소를 보고 명확하게 알 수 있으면 질문하지 않는다.)

[ ] 도심

[ ] 교외   다양한 집단을 혼합할 것

취업과 관련된 질문으로 넘어가겠습니다.

Q6A. 귀하의 취업 상태는 어떻습니까? 귀하는 …… (목록을 읽을 것)

[ ] 풀타임 상근직employed full time

[ ] 파트타임 비상근직employed part time   다양한 집단을 혼합할 것

[ ] 퇴직

[ ] 미취업 또는 가정주부

Q6B. 귀하의 직업은 무엇입니까?

Q6C. 귀하의 배우자 혹은 파트너의 취업 상태는 어떻습니까? (목록을 읽어줄 것)
[ ] 풀타임 상근직
[ ] 파트타임 비상근직
[ ] 퇴직
[ ] 미취업 또는 가정주부

Q6D. 배우자 혹은 파트너의 직업은 무엇입니까?

Q7A. 가정에서 주로 음식 구매를 책임지는 사람은 누구입니까?
[ ] 나
[ ] 나와 배우자의 공동 책임
[ ] 나의 배우자 혹은 다른 사람   (중단할 것)

Q7B. 가정에서 식사 준비를 책임지는 사람은 누구입니까?
[ ] 나
[ ] 나와 배우자의 공동 책임
[ ] 나의 배우자 혹은 다른 사람   (중단할 것)

Q8. 앞서 말씀드렸듯이 저희는 멕시코 문화, 음식, 라이프스타일에 깊은 관심을 가진 사람들을 대상으로 연구를 수행하고자 합니다. 귀하가 이 범주에 속하는 이유를 알려 주시기 바랍니다. (아무런 도움 없이 응답자 혼자 설명하게 하고, 체크되지 않은 범주에 대해서 후속질문을 진행한다.)

('예'라고 대답했거나 앞에서 설명한 경우에 표시)
[ ] 스페인어를 할 줄 아시거나 배우신 적이 있습니까?
[ ] 멕시코 신문이나 잡지를 구독하십니까? 구독하신다면 어떤 것을 보십니까?
[ ] 멕시코 음식을 자주 요리하십니까? 얼마나 자주 하십니까?

[ ] 멕시코 요리나 문화에 대한 강좌를 수강하신 적이 있습니까? 있다면 그에 대해 설명
해 주십시오.

[ ] 업무상으로 혹은 여가를 즐기기 위해 멕시코를 정기적으로 여행하십니까? 그렇다면
얼마나 자주 여행하십니까?

[ ] 멕시코에 재산을 소유하고 계십니까?

[ ] 멕시코 음악, 영화, 문화에 개인적으로 혹은 직업적으로 관심이 있으십니까? 그렇다
면 그에 대해 설명해 주십시오.

[ ] 멕시코 스타일이나 디자인에 개인적으로 혹은 직업적으로 관심이 있으십니까? 그렇
다면 그에 대해 설명해 주십시오.

(중요사항: 위와 같은 관심과 활동이 잘 조화된 사람이 자격을 갖춘 응답자이다. 확신하
기 어려운 경우에는 체크를 할 것)

지금까지 협조해 주셔서 감사합니다. 다음은 조사대상을 분류하는 데 필요한 간단한 질
문입니다.

Q9A. 귀하는 스스로를 스페인인, 히스패닉, 혹은 라티노라고 생각하십니까?

[ ] 예

[ ] 아니요

Q9B. 귀하는 스스로를 멕시코계 미국인이라고 생각하십니까?

[ ] 예

[ ] 아니요

Q9C. 귀하의 가정에서 가장 많이 쓰는 언어는 무엇입니까?

[ ] 영어만 (선호)

[ ] 대부분 영어 (수용 가능)

[ ] 대부분 스페인어 (비히스패닉 가구일 경우에만 수용 가능)

[ ] 스페인어만 (중단할 것)

Q10. 귀하는 다음 중 어느 인종에 속한다고 생각하십니까? (가능한 한 다양한 집단을

혼합할 것)

[ ] 코카서스인 혹은 백인

[ ] 아시아계 미국인 혹은 태평양 제도민

[ ] 아프리카계 미국인 혹은 흑인

[ ] 아메리카 원주민 혹은 아메리칸 인디언

[ ] 혼합 인종

[ ] 기타 _____

초대하기

질문에 응해 주셔서 감사합니다. 귀하의 응답을 토대로, 귀하를 대단히 재미있고 독특한 시장조사 연구에 초대합니다. 저희는 귀하의 집안과 같은 일반적인 집안에서 필요로 하고 기대하는 바가 무엇인지를 배우고자 하며, 이를 도와주신다면 귀하께서도 소중한 경험을 하시게 될 것입니다.

가정방문 기간 동안에는 판촉 행위를 하거나 제품을 판매하는 행위는 절대로 없을 것입니다. 저희는 오직 귀하의 행동, 생각, 의견에만 관심이 있습니다.

이 조사 연구는 대략 4~6시간 동안 진행됩니다. 저희 조사팀은 귀하의 가정을 방문하여 귀하가 평범한 일상적 일들을 완수하는 모습을 관찰할 것입니다. 그리고 감사의 증표로 매번 가정방문을 마칠 때마다 사례금을 드릴 예정입니다.

마지막으로, 연구 목적에 알맞은 방문을 하기 위해 귀하의 가정을 저희가 방문하는 일정을 잡고자 합니다. 저희는 귀하의 일정을 〔주중: 가족 저녁식사(뉴욕과 시카고)〕〔주말: 손님 접대(시카고)〕 으로 잡고 다음의 사항을 관찰하고자 합니다.

[ ] 식재료 쇼핑

[ ] 식재료 조합assembling

[ ] 식품, 조리기구, 편의 설비의 재고 목록

[ ] 식사 준비

[ ] 식사하기

[ ] 뒷정리와 보관

마치기

□ 관찰 가이드

멕시코 음식 전략 연구 에스노그라피

1. 도입부
- 팀원 소개
- 관찰 조사의 기본적인 규칙 검토
- 가족 구성, 직업, 취미 등에 대한 잡담
- 토르티야나 살사 등의 멕시코 음식을 먹는 것과 관련된 일반적인 태도와 동기

2. 거주지: 관찰의 맥락
- 위치, 주변 환경, 거주 유형, 건물 연식, 크기, 방의 개수
- 소유 혹은 임대 여부
- 주택의 상태
- 구조
- 가구, 가전제품, 실내장식: 이런 요소들에 '멕시코다움'이 어떻게 반영되어 있는가? (혹은 반영되지 않았는가?)

3. 연구참여자의 특징
- 연령, 성별
- 기타 인구학적 특징
- 가구 구성
- 건강, 체력, 장애
- 자기소개 사항
- 식사 준비 및 식료품 구입 시 연구참여자의 역할, 다른 사람의 참여 포함

4. 라이프스타일
가구에 대해 '생생한full-color' 그림을 그릴 수 있도록 심층적으로 탐색하는 질문을 한다.
- 가족 내의 역학dynamics, 가족 구성원의 역할
- 애완동물

- 취미
- 휴가: 언제, 어디로, 얼마나 자주
- 컴퓨터, 비디오 게임, 기계 장비
- 수집품
- 매체의 활용
- 잡지, 정기 간행물
- TV쇼
- 인터넷
- 옷, 신발: 브랜드, 스타일, 구매처
- 자동차: 보유 대수, 메이커와 모델
- 손님 초대: 가족? 친구? 모여서 어떤 일들을 하는가?
- 연구참여자의 라이프 스타일의 선택과 활동이 멕시코, 멕시코 문화, 그리고 멕시코 스타일과 얼마나 깊이 연관되어 있는가?

5. 구매 및 보관 관련사항
- (관찰할 것) 멕시코 음식 조리에 사용하는 식재료의 저장 및 보관의 역학에 대해 기록할 것
    - 채소 통조림(토마토, 콩, 선인장 줄기 등)
    - 만들어 놓은 소스(치포틀레, 몰레, 하바네로 등)
    - 올리브유
    - 양념: 마른 것 혹은 신선한 것 (예를 들어 칠리(종류: 할라피뇨, 세라뇨 등), 오레가노, 실란트로, 마늘, 양파, 후추 등)
    - 마사^{masa}*/호자^{hoja}**/기타 말린 식자재
    - 냉동 식재료 및 즉석 조리용 식사
    - 신선한 재료
    - 와인, 술, 음료
- (질문할 것) 특정 식재료가 멕시코음식의 재료라고 인정받도록 만드는 요소는 무엇인가?
- (관찰할 것) 멕시코 음식용 식재료를 어디에 저장하는가? (찬장, 벽장 등)

---

* 물에 불린 옥수수인 닉스타말^{nixtamal}을 으깬 것. 토르티야의 재료로 쓰인다.
** 멕시코의 대중적인 허브식물로, 잎을 말려서 향신료로 사용한다.

기타 식재료는 어디에 저장하는가? (주의: 포장 상품은 차고, 창고, 지하실 등 장소에
상관없이 저장할 수 있다는 점에 유념하면서 재고 목록을 작성할 것.)
- (관찰할 것) 어떤 브랜드의 제품을 주로 사용하거나 저장하는가? (주의: 브랜드를 기
  록할 때에는 품질과 등급을 자세히 밝히고 수입품인지 아닌지도 표시한다.)
  – 양
  – 맛과 향, 종류
  – 포장
- (질문할 것) 특정한 장소에 이러한 식재료를 저장하는 이유는 무엇인가?
- (질문할 것) 응답자가 의도하는 각 제품의 용도는 무엇인가?
- (질문할 것) 구매 과정의 역학
  – 특정 식품을 구입한 이유
  – 특정 브랜드를 구입한 이유
  – 특정한 크기의 포장을 고른 이유
  – 구매 단위: 한 특정 식품을 한 단위씩 또는 여러 단위씩 구입한 이유
  – 쿠폰 또는 판촉할인 이용 여부
- 구매 의사결정을 할 때의 고려사항(가격, 품질, 크기, 브랜드, 식품을 구매하는 가게 등)
- **탐색하는 후속질문을 하여 자세히 물어볼 것**. 품질의 차원, 식품 구매 시 고려사항 또
  는 그 식품을 선택한 이유는 무엇인가?
- 멀티팩 제품
- 낱개 포장 혹은 대량 포장
- 일인용 포장, 가족용 포장, 그 외 크기의 포장

쇼핑
- 식품 선택의 기준은 무엇인가?
- 어떤 것을 주의 깊게 보았는가? 구매에 영향을 미치는 중요한 것은 무엇인가?
- 의도적으로 선택했는가, 아니면 습관적으로 선택했는가?
- 최종 선택을 앞두고 고려한 식품은 무엇이며, 그중 어떤 것이 탈락했고 어떤 것이 선택
  되었는가?
- 멕시코 음식과 함께 구매한 식품 혹은 식품군은 무엇인가?

6. 멕시코 음식 사용 관련사항

- (물어보고 관찰할 것) 멕시코 음식 및 재료를 어떤 경우에 사용하는지 그리고 이와 관련된 사항들을 기술한다.
- 미국식 멕시코 음식(텍사스-멕시코 음식, 캘리포니아-멕시코 음식 등)과 진정한 멕시코 음식 사이에 과연 차이가 존재하는가?
- 용도에 따라 식재료의 브랜드, 품질 등급 등이 달라지는가? (예를 들어 캐서롤 casserole*에 들어갈 때와 보조요리로 만들 때)
- 상황에 따라 브랜드, 품질 등급 등이 달라지는가? (예를 들어 가족끼리 식사할 때와 손님을 초대했을 때, 혹은 평일일 때와 주말일 때, 명절일 때)
- 만족, 불만족, 좌절, 절충
- **탐색하는 후속질문을 하여 자세히 물어볼 것:** 앞에서 살펴본 상황 외에 멕시코 음식용 식재료를 사용하는 상황
- (물어보고 관찰할 것) 자녀 및/또는 다른 가구 구성원의 영향
- (물어보고 관찰할 것) 건강관리를 위한 고려사항(칼로리, 지방, 염분, 당도, 유기물 식재료)
- (물어보고 관찰할 것) 윤리ethical 또는 종교와 관련된 사항(금주, 채식주의, 코셔, 할랄)
- (물어볼 것) 주 단위, 월 단위로 멕시코 음식을 먹는 빈도
- (물어볼 것) 예상 또는 기대
  - 멕시코 식품에 기대하는 이득
  - 브랜드의 중요성
  - 감각적 차원의 중요성
  - 자극적인 음식 혹은 자극적이지 않은 음식
  - 라벨 디자인, 정보
  - 원하는 바, 충족되지 않은 욕구

7. 음식 준비와 식사 관찰하기
- 조리하려는 음식, 식사 유형
- (물어볼 것) 조리에 대한 태도
- 선호하는 메뉴와 조리법: 선호하는 조리법 두 가지를 선택해 달라고 요청하고 그 이유

＊ 서양식 찜냄비 요리

를 물어볼 것

- (관찰할 것) 조리 준비와 조리법
  - 조리법의 출처(집안 대대로 내려오는 비법, 잡지, 책, 식품 포장 등)
  - 특정 조리법을 선택한 이유
  - 사용하는 식품, 브랜드와 식품의 형태(캔, 상자, 냉동), 조리법은 식재료를 선택하는 데 어떤 영향을 미치는가?
  - 식품의 조합(신선한 것, 즉석조리용, 냉동, 캔에 넣은 채소 등)
- (관찰할 것) 식품을 사용하는 동안 전달되는 태도와 느낌
  - 노력의 정도, 사용의 편의성, 문제점
  - 태도를 반영하는 보디랭귀지
  - 즐거움, 기쁨, 좌절, 불편함
- (관찰할 것) 준비한 양, 식사 시간에 먹은 것과 남은 것
- (관찰할 것) 사용 식품, 브랜드의 조합
- (관찰할 것) 만약 다른 재료가 대체재로 사용되었다면 그 이유를 알아낼 것
  - (물어볼 것) 그 결과를 어떻게 기술하고 있는가?
- 결과에 대한 만족 수준
  - 문제점과 이슈, 식품에 대한 만족도

식사 행위에 대한 관찰
- (관찰할 것) 식사 중의 가족 역학family dynamics
- (관찰하고 물어볼 것) 음식 소비의 감각적 측면
  - 맛
  - 자극성
  - 색
  - 향
  - 질감
- 만족감 혹은 멕시코다움을 달성하는 데 수반되는 감각적 역학은 무엇인가?

8. 포장
- 중요한 정보 / 중요하지 않은 정보
- 누락된 정보 / 광고문안 아이디어

- 포장 크기 문제
- 포장 재사용 문제
- 포장의 편의성
- 일인용 포장, 가족용 포장, 혹은 기타 크기 포장

9. 원하는 바의 목록, 충족되지 않은 욕구
- (물어볼 것) 식품을 개선하는 이상적인 방법은 무엇인가? (주의: 토르티야, 살사, 통조림 식재료, 냉동 식재료에 특히 주의할 것)
  - 감각: 맛, 향, 색, 질감
  - 포장
  - 식품의 다양성, 즉 지역적 다양성이나 식재료의 다양성
- (물어볼 것) 식품을 수년간 사용하는 가운데 기대할 수 있는 변화
- (물어볼 것) 음식을 더 쉽게 조리하기 위해 혹은 가족에게 더 나은 음식을 만들어 주기 위해 멕시코 식품 생산업체에 요구하는 사항

식사 준비 가정방문의 모든 것

친애하는 연구참여자께

식사 준비 가정방문 시장조사 연구에 관심을 가져 주셔서 감사합니다. 이 안내지는 프로젝트에 관하여 귀하께서 궁금해하실 사항들을 설명한 문서입니다. 이 조사의 상세한 목적과, 귀하께서 효과적으로 조사에 협조해 주시는 방법을 알려드리겠습니다.

– 진지한 연구가 맞나요?

조사 프로젝트의 참여자들께 조사자가 집으로 찾아가 흔히 사적인 것이라 간주되는 행동을 관찰하는 것을 허락해 달라고 요청한다면 누구나 무슨 조사연구가 이런가 하는 의구심을 품을 수 있습니다. 그러나 이 조사는 진지한 과학적 조사가 맞습니다. 이 조사는 학자로서 또한 전문가로서 충분한 경험과 자격을 갖춘 박사급 조사연구자의 감독하에 진행됩니다. 이 조사를 수행하는 회사와 조사자에 관해 더 자세히 알고 싶으시다면 저희에게 연락해 주시기 바랍니다.

무엇보다 저희는 연구참여자 모두를 품위 있고 정중하게 대우할 것임을 약속드립니다. 저희의 파트너가 되어 주신 귀하께 진심으로 감사드립니다.

– 누가 이 연구를 수행하나요?

이 연구는 한 유명 식품회사의 의뢰를 받아 퀄리데이터 리서치에서 수행하고 있습니다. 이 프로젝트의 책임자는 하이 매리엄폴스키 박사입니다. 매리엄폴스키 박사는 퀄리데이터 리서치의 대표이며, 조지아 대학교 마케팅 연구 석사학위 프로그램의 이사를 맡고 있습니다.

– 이 연구를 수행하는 이유는 무엇인가요?

저희의 연구의뢰인은 식사 준비와 관련한 사람들의 행동 양상을 더 깊이 이해하고자 합니다. 다시 말해, 저희의 연구의뢰인은 사람들이 가정에서 식사를 준비하면서 어떤 상호작용을 하고, 어떤 느낌을 갖게 되는지를 더 잘 알기 위해 이 조사 프로젝트를 계획했습니다. 이 조사를 통해 얻은 정보는 연구의뢰인이 기존 제품을 개량하고 신제품을 개발하는 데 큰 도움이 될 것입니다. 또한 이 연구는 귀하와 같은 소비자와 소통하기 위한 연구의뢰인의 노력이기도 합니다.

– 연구는 어떻게 진행되나요?

전화 연결을 통한 인터뷰나 실험실 조사만으로는 정보 수집에 한계가 있을 수밖에 없습니다. 그것이 바로 저희가 식사를 준비하실 때 귀하의 가정을 방문하려는 이유입니다. 이를 통해 저희는 식사 준비와 관련된 귀하의 기대와 불만, 선호 양상을 더 깊이 이해하고자 합니다.

귀하의 행동을 관찰할 때 중요한 부분을 무심코 흘려보내는 일이 없도록 경우에 따라 소형 비디오카메라로 녹화를 할 예정입니다. 또는 녹음기나 사진기를 사용할 수도 있습니다. 녹음, 녹화 및 사진 촬영은 수많은 가정을 방문해야 하는 상황에서 귀하에 관한 기록을 보관하는 가장 확실한 방법입니다. 나아가 이 기록은 수많은 사람들이 가정에서 식사를 준비하는 다양한 방법들을 비교 연구하는 데 토대가 되어 줄 것입니다.

– 비밀은 확실히 보장되나요?

인터뷰를 통해 수집한 정보와 저희가 관찰한 내용은 모두 기밀로 엄격하게 관리됩니다. 조사 과정에서 작성하는 어떠한 보고서에도 귀하의 성함, 신원, 거주지 정보를 밝히지 않을 것임을 약속드립니다.

– 가정방문을 하는 데 얼마나 걸리나요?

최소 2시간에서 최대 4시간이 소요될 예정입니다. 사전에 약속한 시간에 찾아 뵙고, 먼저 귀하의 가족께 인사를 드린 뒤 방해가 되지 않는 위치에서 귀하의 행동 과정을 관찰할 것입니다. 경우에 따라 관찰이 끝난 뒤 귀하 및 귀하의 가족께 추가 인터뷰를 요청할 수도 있습니다.

– 누가 내 집을 방문하나요?

귀하의 집을 방문할 사람들은 퀄리데이터 리서치의 조사원이며, 방문하는 조사원의 수는 2~3명 정도입니다. 모든 방문 조사원은 선량한 손님으로서 귀하의 활동을 방해하지 않도록 조심스럽게 행동하고, 귀하의 재산을 존중할 것입니다.

– 조사자는 어떤 일을 하나요?

조사자는 귀하를 관찰하고 귀하가 식사를 준비하는 방식을 기록할 것입니다. 가정마다 식사 준비 과정이 조금씩 다르기 때문에, 저희는 준비 과정의 처음부터 끝까지 빠짐없이 관찰하고자 합니다. 또한 저희는 귀하가 자연스러운 환경에서 평소처럼 행동하는 모습을 관찰하고 싶습니다.

– 가정방문 전에 무엇을 준비해야 할까요?

저희를 위해 귀하께서 준비해 놓으셔야 할 것은 아무것도 없습니다. 손님이 방문할 경우 집안을 깨끗이 정리해 놓는 것이 상례라는 것은 알고 있지만, 저희가 원하는 것은 평소와 똑같은 환경이므로 가정방문 전에 일부러 시간을 내어 청소하시는 것은 필요하지도 않고 또한 바람직하지도 않습니다. 옷도 특별히 차려입지 마시고 평소대로 입어 주시기 바랍니다. 또한 평소에 사용하는 식품 외에 새로운 식품을 구입하는 것도 삼가 주시기 바랍니다.

저희는 귀하의 가정을 평가하려고 찾아가는 것이 아닙니다. 저희가 귀하의 가정을 방문하는 이유는 귀하의 일상적인 활동을 이해하고 귀하의 행동에서 시사점을 발견하는 데에 있습니다.

덧붙여서, 저희를 위해 식사를 준비하실 필요도 없습니다. 저희는 귀하의 식사 시간과 휴식 시간에 직접 참여하기보다는 관찰을 하고자 합니다. 또한 저희는 귀하의 가정을 방문하는 동안 술을 단 한 방울도 마실 수 없다는 점을 알려 드립니다. 물론 귀하께서 평소에 음주를 즐기신다면 저희 때문에 음주를 망설이실 이유는 전혀 없습니다.

– 나한테 물건을 파는 건 아니겠지요?

그런 일은 절대로 없습니다. 저희의 목적은 오직 귀하에게서 배우고, 귀하의 행동 방식과 욕구를 이해하는 것입니다.

– 내가 서명해야 할 문서가 있나요?

프로젝트를 시작하기에 앞서 모든 연구참여자께 허가, 동의, 승인, 면제, 포기, 보상에 관한 문서양식Authorization, Consent, Acknowledgment, Release, Waiver, and Indemnity form에 서명을 받고 있습니다. 이는 저희가 정해진 기준에 맞추어 연구를 수행하고, 연구의 방법론적 측면 때문에 발생할 수 있는 법적 책임으로부터 저희와 연구 결과를 보호하기 위한 조치입니다. 이 문서에는 몇 가지 다른 조항들도 있으니 저희가 귀하의 가정을 방문하기 전까지 찬찬히 읽어 보시기 바랍니다.

- 누가 보고서를 읽게 되나요?

연구 결과는 오직 연구의뢰인의 마케팅 목적으로만 사용되며, 대중에게 공개되거나 광고 목적으로 사용되는 일은 없을 것입니다. 조사 과정에서 확보한 노트와 사진, 문서, 보고서는 연구의뢰인과 리서치 컨설턴트만 열람할 수 있습니다.

- 어떤 사람들이 조사 참여를 권유받았나요?

저희는 다양한 유형의 사람들을 연구참여자로 모집하고자 했습니다. 가족 구성원 중에 자녀가 있는 경우와 없는 경우, 노인이 있는 경우와 없는 경우, 청소년이 있는 경우와 없는 경우를 모두 고려했으며, 다양한 형태의 가정과 삶의 궤적을 가진 사람들을 두루 선발하고자 했습니다. 귀하의 가정이 선택된 이유는 귀하의 조건이 그러한 유형들 중 하나에 속했기 때문입니다.

- 나 말고 또 누가 조사에 참여하나요?

연구참여자들은 모두 기본적으로 귀하와 크게 다르지 않은 사람들입니다. 저희 연구의 참여자들은 전국에 걸쳐 거주하고 있으며, 저희는 각기 다른 환경에서 살아가는 수많은 사람들을 방문하여 연구함으로써 사람들의 다양한 경험을 수집하고 그로부터 깊은 이해를 이끌어 내고자 합니다.

- 만약 조사를 거절하면 어떻게 되나요?

만약 귀하께서 더 이상 조사에 참여하기를 원치 않으신다면 얼마든지 참여를 거부하실 수 있습니다. 그로 인해 저희가 귀하에 대해 고깝게 생각하는 일은 절대 없을 것입니다. 한편, 귀하께서 조사에 참여하는 데 동의하신다면 이는 귀하가 조사 프로젝트 전반에 걸쳐 적극적으로 협조해 주실 것을 약속한다는 의미입니다.

- 이 조사로 내가 무엇을 얻게 되나요?

가정에서의 관찰 조사가 모두 끝난 뒤 귀하께서 제공해 주신 시간과 협력에 대한 감사의 표시로 약속한 사례비를 지급해 드릴 예정입니다.

그러나 더 중요한 점은, 이 프로젝트가 귀하께 즐거운 경험이 될 것이라는 사실입니다. 또한 저희 연구의뢰인으로 하여금 기존 제품의 개량 및 신제품 개발이 가능하도록 구체적인 의견과 제안을 전달하는 기회를 갖게 된다는 점 역시 조사에 참여함으로써 생기는 이득이라 할 수 있습니다.

질문이 있으시거나 더 자세한 정보를 원하신다면 주저하지 마시고 저희 퀼리데이터 리서치로 연락해 주시기 바랍니다. 저희 회사의 전화번호는 718-XXX-XXXX이며, 웹사이트 주소는 www.qualidataresearch.com입니다.

자동차 소유자 에스노그라피(현장 보고서 개요)

중요한 통찰의 요약

다음의 항목들을 반드시 포함시킬 것:

그들의 삶에서 자동차가 하는 역할의 본질은 무엇인가?

소유한 자동차와 관련하여 어떤 행동을 하는가?

그들이 자동차를 생각할 때 타이어는 언제, 어디에서 등장하기 시작하는가?

자동차 휠과 타이어는 서로 어떤 관계에 있는가?

그들의 자동차에서 타이어는 어떤 점이 중요한가?

자동차 마니아 대상의 출판물을 즐겨 보는가?

그들의 매체 이용 습관은 어떠한가? (TV, 라디오, 잡지, 인터넷 등)

참여자의 특징

연령, 성별, 기타 인구학적 특징(가구 구성, 건강·체력·장애, 자기소개)

라이프스타일과 취미, 특히 자동차 동호회와 연관된 관심사 위주로

자동차: 보유 대수, 메이커와 모델

관찰 대상 자동차

자동차를 주차한 장소: 길가에 주차, 옥내 혹은 옥외 차고에 주차

가족용 자동차인가, 개인용 자동차인가?

자동차의 메이커와 모델, 자동차의 내·외장 상태

타이어: 메이커와 모델, 타이어 상태

자동차 관리용품의 보관

– 자동차 관리용품과 장비를 어디에 보관하는가? 어느 방인가? 자동차 근처인가, 아

니면 다른 곳인가?

- 차고, 창고, 지하실 등 자동차 관리용품이 보관된 장소를 모두 살펴보고 각 장소에 어떤 제품과 브랜드가 보관되어 있는지를 파악하라. (주의: 이름, 양, 품질, 등급을 자세히 기록한다.)
- 각 제품의 용도는 무엇인가? 구매 여부를 결정할 때 고려하는 사항은 무엇인가? (가격, 품질, 크기, 브랜드 등)

자동차와 관련된 감정
- 그들의 삶에서 자동차의 역할은 무엇인가? 현재 가진 자동차를 소유한 이유는 무엇인가? 누가 혹은 무엇이 자동차 구매에 영향을 미쳤는가?
- 자동차가 그들의 신분 또는 정체성과 어울리는가? 어떤 방식으로? 그들에게 자동차는 취미인가, 열정인가, 일을 하는 이유인가?
- 그들은 자신들의 자동차를 가지고 어떤 활동을 하는가? (모터쇼 등)
- 자동차를 생각하는 데 얼마나 많은 시간을 보내는가? 자동차를 생각하게 만드는 계기는 무엇인가?
- 운전: 선호하는 시간대와 장소
- 자동차 관리: 하루 중 언제 하는가? 일주일 중 어떤 요일에 하는가? 가장 열심히 관리하는 계절은 언제인가?

자동차를 커스터마이징한 참여자의 경우
- 커스터마이징의 주된 동기는 무엇인가? 성능 향상인가, 미적인 이유인가?
- 정확하게 그들이 바꾼 것은 무엇인가?
- 각 제품과 추가 부품의 용도는 무엇인가?

관찰 대상 운전자
- 자동차와 관련하여 어떻게 행동하는가? 자동차를 타고 어디로 가는가? (만약 당신이 그들의 자동차에 탈 수 있다면)

타이어
- 현재 사용하는 타이어는 무엇이며, 그것을 선택하게 된 이유는 무엇인가?
- 그들이 자동차를 생각할 때 타이어는 언제, 어디에서 등장하는가? 타이어에 관한

정보를 어디에서 얻는가?

– 타이어를 선택할 때 중요하게 생각하는 점은 무엇인가? 그들의 자동차 또는 운전 경험과 관련하여 타이어는 '어떤 일'을 하는가, 혹은 무엇을 대변하는가?

– 브랜드의 역할은 무엇인가? 그들이 선호하는 브랜드는 무엇인가? 브랜드를 선택하는 데 영향을 미치는 요소는 무엇인가?

– 고성능 타이어로서의 특정 브랜드에 대한 그들의 생각은 어떠한가?(경쟁적인 맥락에서 이 특정 브랜드의 인지도는 어떠한가?)

자동차 애호가로서의 취미생활

모터스포츠에 관심이 있는가? 모터스포츠를 관람하거나 쫓아다니는가? 만약 그러하다면 해당하는 대회는 무엇인가?

모터스포츠 대회에서 타이어가 중요한 부분을 차지한다고 생각하는가?

원하는 바의 목록, 충족되지 않은 욕구

자동차 커스터마이징 제품 옵션을 개선하는 이상적인 방법은 무엇인가? 제품 사용과 관련하여 지난 몇 년간 어떠한 변화가 있었는가? 향후 예상되는 변화는 무엇인가?

제품을 더 쉽게 사용할 수 있고, 그들의 특별한 니즈에 부합하는 성능으로 향상시키기 위해 마지막으로 타이어 생산업체에 해주고 싶은 충고는 무엇인가?

□ 관찰/점검 노트

자동차의 역할

그들에게 자동차는 단순한 교통수단 이상이다. 자동차는 그들의 삶을 기분 좋은 것—성공적이고 안락하고 안전하고 "신나는happening"것— 으로 만들어 준다. 좋은 자동차는 자부심을 높여 준다. 자동차는 현실로 나타난 판타지이며, 골치 아픈 일상으로부터 탈출하는 기회이다. 주말에 자동차를 운전하면서 그들은 크나큰 즐거움과 편안함을 느낀다. 그들은 자동차에 애정을 쏟으며, 어떤 이들에게 자동차는 삶의 중요한 일부이다.

[응답자 A]:
"내 차는 나를 기분 좋게 만들어 줘요. 자신감과 자부심이 솟구치죠. 그 순간 나는 내가 진짜 남자임을 느껴요."
"그건 나에 대해서, 내 스타일과 개성에 대해서 많은 것을 말해 준다고 생각해요. 그건 나를, 내가 어떤 사람인지를 표현하는 또 다른 방법이에요."
"그 느낌은, 자유롭다는 느낌은 이런 거예요. 유난히 화창한 날, 옆을 보면 바다가 펼쳐져 있어요. 여기가 천국이라는 느낌, 그건 정말 황홀한 느낌이에요. 그 순간 모든 걱정과 문제, 내가 해야 할 일들이 머릿속에서 사라져요. 오직 나 자신만을 생각하게 되지요. 그게 현재든 미래든 나의 삶에 대해 생각할 수 있게 돼요. 그러니까 나 자신과 이야기할 수 있게 된다는 거예요."
"그건 내게 자신감을 불어넣어 줘요. 자기 자신이 자랑스러워지죠. 또 자부심을 높여 줘요. 좋은 차를 타면 말이죠."
"그건 누가 뭐래도 성공이라는 이미지, 지위를 의미하니까요."
"그 차를 산 뒤로 처음에는 너무 흥분되어서 항상 차를 타고 출근했어요. 그건 내가 가져본 차 중에 최고로 좋은 차예요. 나는 내 차를 생각하면서 잠들고, 내 차를 생각하면서 잠에서 깨어났어요. 지금도 여전히 그 느낌은 남아 있지만 이젠 자제하려고 노력해요. 이제 주말에만 차를 타지요. (그러나) 매 순간 내 차를 생각해요. 매 순간 말이에요. 수업시간에도 차를 생각하기 시작하면—오! 내 차가 포르셰라니!—가만히 있을 수가 없어요. 금요일과 토요일은 내가 가장 좋아하는 날이에요. 오늘 밤에 클럽에 갈 건데, 바로 내 포르셰를 타고 갈 거예요."

"포르셰를 운전할 때에는 행복하고 흥분돼요. 정말 흥분되죠. 솔직히 말해서 내 차는 포르셰 중에서 비싼 모델은 아니지만 그래도 사람들의 시선을 끌어요. 이 차 덕분에 난 데이트를 두 건이나 잡았어요."

[응답자 B]:
"그건 내 사무실 같은 거예요. 나는 물질 신봉자는 아니지만 좋은 차를 갖고 싶어요. 내 자신에 대해 더 좋은 느낌을 갖게 되거든요. 더 좋은 차를 가질 수 있으면 좋겠어요. 내가 가진 물건이 나를 나타낸다고 생각하기는 싫어요. 나는 내 차가 참 좋아요. 내 성격에 딱 맞거든요. 내 차하고 도요타 솔라라 사이에서 한참 동안 고민했어요. 하지만 혼다가 더 끌렸죠. 나와 더 닮았다고 느꼈어요. 특히 계기판이 마음에 들었죠. 즐겁고, 빠르고, 의자에 앉으면 날아갈 것 같고, 흥분되고, 하지만 세련된 느낌. 세련되면서 스포티했어요. 한마디로 매끈했죠. 특별히 보호받고 있다는 느낌, 안전하다는 느낌이 들었어요. 걱정할 필요도, 불안해할 필요도 없죠. 차 안에 앉아 있으면 안전함을 느껴요. 강하고 단단한 느낌 말이에요. 내 차는 나의 열정이에요. 하지만 차를 잘 관리하지는 못해요. 여기저기 작게 긁힌 상처가 있거든요. 그걸 볼 때마다 미칠 것 같아요. 6~7개월 전에는 추돌 사고도 한 번 났어요. 범퍼를 갈았는데, 은색이 잘 안 맞아요. 속상하죠. 나는 내 차를 사랑해요. 내 성격과 맞거든요. 사교적이고 유쾌하고 우아해요."
"좋은 차를 갖는 건 기분 좋은 일이에요. 내가 이 차를 샀을 때 사람들이 차가 진짜 좋다고 말해 줬어요. 자꾸만 차를 보게 되고 웃음이 절로 나오더군요. 기분이 좋았어요. 특히 사람들이 내 타이어랑 휠을 볼 때 그랬어요."

자동차와 관련된 행동:
그들은 자동차의 높은 가치를 강조했다. 마치 인격체처럼 자동차를 존중하면서도 자동차의 성능을 확인하는 경험을 즐겼다.

타이어, 바퀴와의 상호작용, 타이어의 중요성:
응답자들은 타이어에 대해 비교적 지식이 적어 보였다.

"당신이 내 타이어를 시험해 볼 기회, 그러니까 내 차를 운전해 볼 기회가 있으면 좋을 텐데 말이죠. 나는 타이어가 승차감 면에서 큰 차이를 만들어 낸다고 생각해요. 쾌적하고 안락하고 부드러운 느낌이 들 때가 있는가 하면, 딱딱하거나 시끄러울 때도 있거든요. 정말 좋은 타이어가 많아요. 만약 내 링컨 내비게이터*에 지금 쓰는 타이어를 장착하고 시험해 볼 기회가 있었다면 [브랜드 z]를 사지는 않았을 거예요. 절대 안 샀죠." – 응답자 A

"정말이지 좋은 타이어예요. [브랜드 q]는 누구나 아는 브랜드잖아요. 편안해요. 자세한 건 잘 모르지만요." – 응답자 B

---

* SUV 차량 모델 이름

참고문헌

Arnould, E. J., & Wallendorf, M. 1994. Market−oriented ethnography: Interpretation building and marketing strategy formulation. *Journal of Marketing Research, 31*, pp. 484−504.

Benedict, R. 1934. *Patterns of Culture*. Boston: Houghton Mifflin.

Birdwhistell, R. L. 1970. *Kinesics and Context*. Philadelphia: University of Pennsylvania Press.

Bogdan, R., & Talor, S. J. 1975. *Introduction to Qualitative Research Methods: A Phenomenological Approach to the Social Sciences*. Hoboken, NJ: John Wiley.

Bourdieu, P. 1990. *Photography: A Middle−Brow Art*. Pierre Bourdieu with Luc Boltanski and Robert Castel. Translated by Shaun Whiteside. Stanford, CA: Stanford University Press.

Burton, A. 2001, October 2−3. *A Brief Review of the Environment and Behaviour Underlying Trial*. Paper presented at Marketing Week: Creating Product Trial, London.

Corstjens, J., & Corstjens, M. 1995. *Store Wars: The Battle for Mindspace and Shelfspace*. Hoboken, NJ: John Wiley.

DeBenedictis, D. J. 1990, March. Automobile intrigue: Suit claims Nissan spy lived with family to observe lifestyle. *ABA Journal, 76*, 28.

de Bono, E. 1970. *Lateral Thinking*. New York: Harper & Row.

Denzin, N. K., & Lincoln, Y. S. (eds.). 1994. *Handbook of Qualitative Research*. Thousand Oaks, CA: Sage.

Dewan, S. K. 2000, September 19. Washing up is down. *The New York Times*, Section B; 3; column 1.

Dichter, E. 1964. *Handbook of Consumer Motivations*. New York: McGraw−Hill.

Duggan, P., & Eisenstodt, G. 1990, November 12. The new face of Japanese espionage. *Forbes*, p. 96.

Durkheim, E. 1966. *The Rules of the Sociological Method*. New York: Free Press.

Ekman, P. 2003. *Emotions Revealed: Recognizing Faces and Feelings to Improve Communication and Emotional Life*. New York: Henry Holt.

ElBoghdady, D. 2002, February 24. Naked truth meets market research: Perfecting a new shower head? Try watching people shower. *The Washington Post*, pp. H1, H4–H5.

Erard, M. 2004, May 6. For technology, no small world after all. *The New York Times*, p. G5.

Ezzy, D. 2002. *Qualitative Analysis: Practice and Innovation*. New York: Routledge.

Fox, J., & Fisher, S. 2002, August 5. *Usability Testing: Evaluating Your Websites*. Paper presented at the 4th National Customer Service Conference, Washington, DC. Available at www.epa.gov/customerservice/2002conference/visitorfocus.ppt/

Gans, H. J. 1967. *The Levittowners: Ways of Life and Politics in a New Suburban Community*. New York: Pantheon Books.

Garfinkel, H. 1967. *Studies in Ethnomethodology*. Englewood Cliffs, NJ: Prentice Hall.

Gladwell, M. 2000. *The Turning Point*. Boston: Little, Brown.

Glaser, B. G., & Strauss, A. L. 1967. *The Discovery of Grounded Theory: Strategies for Qualitative Research*. Chicago: Aldine–Atherton.

Goffman, E. 1959. *The Presentation of Self in Everyday Life*. New York: Anchor.

Goodall, J. 1991. *Through a Window: My Thirty Years with the Chimpanzees of Gombe*. Boston: Houghton Mifflin.

Gorden, R. L. 1975. *Interviewing: Strategy, Techniques, and Tactics*, Rev. ed. Homewood, IL: Dorsey Press.

Gubrium, J. F. 1975. *Living and Dying at Murray Manor*. New York: St. Martin's.

Hall, E. T. 1959. *The Silent Language*. Garden City, NY: Doubleday.

Hall, E. T. 1977. *Beyond Culture*. Garden City, NY: Anchor.

Han, W. 2004. Automating anlaysis: Selecting and using qualitative analysis software. *QRCA View*, *2*(3), 30–34.

Hirschmann, E. C. (ed.). 1989. *Interpretive Consumer Research*. Provo, UT: Assocation for Consumer Research.

Humphreys, L. 1975. *Tearoom Trade: Impersonal Sex in Public Places*. New York: Aldine De Gruyter.

Kanter, R. M. 1977. *Men and Women of the Corporation*. New York: Basic Books.

Kornblum, W. 1974. *Blue Collar Community*. Chicago: University of Chicago Press.

Kuhn, T. 1962. *The Structure of Scientific Revolutions*. Chicago: University of Chicago Press.

Lester, S. 1999. An introduction to phenomenological research. Stan Lester Developments Home Page. Retrieved June 1, 2002, from http://www.devmts. demon.co.uk/resmethy.htm

Levitt, T. 1983. *The Marketing Imagination*. New York: Free Press.

Lewis, O. 1965. *La Vida: A Puerto Rican Family in the Culture of Poverty—San Juan and New York*. New York: Random House.

Liebow, E. 1967. *Tally's Corner: A Study of Negro Streetcorner Men*. Boston: Little & Brown.

Malinowski, B. 1922. *Argonauts of the Western Pacific*. London: Routledge.

Mariampolski, H. 1988, January 4. Ethnography makes comeback as a research tool. *Marketing News*, *22*(1), 32.

Mariampolski, H. Ethnography as a market research tool: Why, how, where and when. *In* Peter Sampson (ed.). *Qualitative Research: Through a Looking Glass*. New Monograph Series, Volume 4. (ESOMAR, 1998)

Mariampolski, H. The power of ethnography. *Journal of the Market Research Society*. January, 1999.

Mariampolski, H. 2001. *Qualitative Market Research: A Comprehensive Guide*. Thousand Oaks, CA: Sage.

Merton, R. K. 1987. The focused interview and focus groups. *Public Opinion Quarterly*, *51*(4), 550.

Merton, R. K., Fiske, M., & Kendall, P. L. 1990. *The Focused Interview: A*

Manual of Problems and Procedures, 2nd ed. New York: Free Press.

Mestel, R. 1998, March. Avarice. *New Scientist*, 28th March, 38–39.

Meyerhoff, B., & Ruby, J. 1982. Introduction. *In* J. Ruby (ed.). *A Crack in the Mirror: Reflexive Perspectives in Anthropology*. Philadelphia: University of Pennsylvania Press, pp. 1–35.

Mills, C. W. 1967. *The Sociological Imagination*. Oxford, UK: Oxford University Press.

Murphy, E., & Dingwall, R. 2001. The ethics of ethnography. *In* P. Atkinson, A. Coffey, S. Delamont, J. Lofland, & L. Lofland (eds.). *Handbook of Ethnography*. London: Sage, pp. 339–351.

Nielsen, J. 2000. *Designing Web Usability: The Practice of Simplicity*. Indianapolis, IN: New Riders.

Nielsen Marketing Research. 1993. *Category Management*. New York: McGraw–Hill.

Norman, D. A. 1990. *The Design of Everyday Things*. New York: Currency/Doubleday.

Ozanne, J. L. 1989. Exploring diversity in consumer research. *In* E. C. Hirschmann (ed.). *Interpretive Consumer Research*. Provo, UT: Association for Consumer Research.

Pink, S. 2001. *Doing Visual Ethnography*. London: Sage.

Plummer, K. 1983. *Documents of Life: An Introduction to the Problems and Literature of a humanistic Method*. London: Unwin Hyman.

Powdermaker, H. 1966. *Stranger and Friend: The Way of the Anthropologist*. New York: Norton.

Rogers, C. 1951. *Client–centered Therapy*. Boston: Houghton Mifflin.

Rogers, C. 1961. *On Becoming a Person*. Boston: Houghton Mifflin.

Rothenberg, R. 1997, June. How powerful is advertising? *The Atlantic Monthly*, pp. 113–120.

Rothenberg, R. 2003, August 13. Speak, O muse, of strategic synergy. *The New York Times*, p. A25.

Rydholm, J. 2002, June. The revolution is at hand: Moen designs new showerhead after ethnographic research uncovers host of innovation opportunities. *Quirk's Marketing Research Review*, pp. 24–25, 82–83.

Schutz, A. 1970. *On Phenomenology and Social Relations* (H. R. Wagner, ed. and Introduction). Chicago: University of Chicago Press.

Sella, M. 2000, May 21. The electronic fishbowl. *The New York Times Magazine*, p. 50.

Skeggs, B. 2001. Feminist ethnography. *In* P. Atkinson, A. Coffey, S. Delamont, J. Lofland, & L. Lofland (eds.). *Handbook of Ethnography*. London: Sage, pp. 426–442.

Smith, D. V. L., & Fletcher, J. H. 2004. *The Art and Science of Interpreting Market Research Evidence*. New York: John Wiley.

Spradley, J. P. 1979. *The Ethnographic Interview*. Austin, TX: Holt, Rinehart & Winston.

Spradley, J. P., & Mann, B. 1975. *The Cocktail Waitress: Women's Work in a Man's World*. New York: John Wiley.

Stanley, L., & Wise, S. 1993. *Breaking Out Again: Feminist Ontology and Epistemology*. London: Routledge.

Taylor, S. J., & Bogdan, R. 1984. *Introduction to Qualitative Research Methods: The Search for Meanings*, 2nd ed. Hoboken, NJ: John Wiley.

Tse, D. K., Belk, R. W., & Zhou, N. 1989, March. Becoming a consumer society: A longitudinal and cross–cultural content analysis of print ads from Hong Kong, the People's Republic of China, and Taiwan. *Journal of Consumer Research*, *15*, 457–472.

Underhill, P. 2000. *Why We Buy: The Science of Shopping*. New York: Simon & Schuster.

von Oech, R. 1983. *A Whack on the Side of the Head: How to Unlock Your Mind for Innovation*. New York: Warner Books.

Weber, M. 1949. *The Methodology of the Social Sciences*. Glencoe, IL: Free Press.

Whorf, B. 1956. *Language, Thought, and Reality: Selected Writings of Benjamin Lee Whorf*. Cambridge: MIT Press.

Whyte, W. H. 1980. *The Social Life of Small Urban Spaces*. Washington, D.C.:

Conservation Foundation.

Winter, G. 2000. A comparative discussion of the notion of "validity" in qualitative and quantitative research. *The Qualitative Report, 4*(3 & 4). Retrieved June 20, 2004, from http://www.nova.edu/ssss/QR/QR4−3/winter.html

Wirth, L. 1956. *The Ghetto.* Chicago: University of Chicago Press. (Original work published 1928)

Wong, S. M. J. 1993, December. The importance of context in conducting Asian research. *Quirk's Marketing Research Review.* Retrieved June 20, 2004, from http://www.quirks.com/articles/article.asp?arg_ArticleId=182

Wylie, L. 1976. *Village in the Vaucluse,* 3rd ed. Cambridge: Harvard University Press.

Zorbaugh, H. W. 1976. *The Gold Coast and the Slum.* Chicago: University of Chicago Press. (Original work published 1929)

찾아보기

마케터를 위한 에스노그라피
질적 조사 시대를 사는 마케팅 담당자의 생존전략

제1판 1쇄 펴낸날 2012년 6월 15일

지은이 | 하이 매리엄폴스키
옮긴이 | 이용숙 · 한경구 · 전승우 · 김용욱 · 채주헌
펴낸이 | 김시연

펴낸곳 | (주)일조각
등록 | 1953년 9월 3일 제300−1953−1호(구: 제1−298호)
주소 | 110−062 서울시 종로구 신문로2가 1−335
전화 | 734−3545 / 733−8811(편집부)
          733−5430 / 733−5431(영업부)
팩스 | 735−9994(편집부) / 738−5857(영업부)

이메일 | ilchokak@hanmail.net
홈페이지 | www.ilchokak.co.kr

ISBN 978−89−337−0627−5 03320
값 20,000원

* 옮긴이와 협의하여 인지를 생략합니다.
* 이 도서의 국립중앙도서관 출판시도서목록(CIP)은 e−CIP 홈페이지(http://www.nl.go.kr/ecip)와
국가자료공동목록시스템(http://www.nl.go.kr/kolisnet)에서 이용하실 수 있습니다.
(CIP제어번호 : CIP2012002470)